U0497237

Research on the Theory and Practice of
TAX SERVICE
in the New Era

新时代纳税服务理论与实践研究

庞磊 潘启平 / 主编

中国财经出版传媒集团
经济科学出版社
Economic Science Press

编委会

顾　问：于海峰　梁世桃

主　编：庞　磊　潘启平

副主编：陈小安　赵合云　姚维保　郭　葵
　　　　肖　戎　郑　珩

编　委：孙　伟　赵丽萍　陈　淼　张　霄
　　　　米　冰　蔡倩怡　周少君　方元子
　　　　姚雪绯　谭　韵　邓满源　柳　阳
　　　　高　含　王海仁　关　翔　何小群
　　　　方敬芸　苏　澈　廖家旺　熊　睿
　　　　邵一波　欧彩娟　方　飘　张仙良

序 Preface

  自新公共管理理论在我国政府管理部门开始实践以来，随着政府职能转型，税务部门大力实践了"管理+服务"的现代税收管理模式。纳税服务作为税收管理的"两翼"之一，得到了高度重视和快速发展。在税收征管过程中，针对纳税人的痛点、难点、堵点，税务部门以满足纳税人需求、提高纳税服务水平作为处理征纳关系的重要手段，极大地提高了税收征管效率和税收遵从度。近年来，随着我国税收征管体制改革、税法体系优化和系列减税降费政策的出台，以及"一带一路""粤港澳大湾区"等建设的推进，税务部门不断升级纳税服务以适应新时代需求。

  2018年国地税征管体制改革，国家税务总局提出税收征管方式的"四个转变"，即固定管户向流程管事转变、事前审核向事中事后监管转变、无差别管理向风险管理转变、经验管理向大数据管理转变。这种转变使纳税服务成为重要的事前管理方式，通过事前、事中、事后的纳税服务，在明确征纳双方的权利义务、提高纳税人税法遵从度方面发挥了积极而不可或缺的作用。

  随着当前新时代社会经济环境的变化，国地税征管体制改革持续推进，纳税服务工作也不断面临新的挑战，纳税服务研究与实践遇到了很多新的问题。我认为，这些问题主要体现在以下五个方面。一是随着我国减税降费不断深化，税制变动复杂性加剧，如何通过纳税服务做好"最后一公里"的工作，切实解决办税堵点、痛点，提高纳税人获得感。二是随着我国"一带一路"倡议得到越来越多国家的响应，如何为"走出去、引进来"的企业，在境内外投资与经营方面提供纳税服务，优化税收营商环境。三是随着国家"粤港澳大湾区"建设，纳税服务如何在大湾区实现协调，切实降低纳税成本。四是随着我国政府治理理念转变，"放管服"结合的行政改革推进，在取消注册税务师资格及其法定业务情况下，如何发展和监管税务师行业以及涉税服务。五是如何对纳税服务绩效进行有效评价。这些问题既需要我们从理论上拨开迷雾，在实践中进行创新，也需要学术界和实务部门共同开展深入细致的调查研究，使纳税服务更好地服务新时代经济社会健康、稳定发展。

广东财经大学与国家税务总局广东省税务局一直有着密切的校政合作关系，在税法宣传、课题研究等方面也有协同合作的传统。2012年，广东财经大学与广东省税务系统联合成立了广东纳税服务研究中心。作为全国唯一的高校与税务部门共办的地方纳税服务研究机构，研究中心以广东省税务系统业务骨干和广东财经大学中青年学者为依托，联合广东省内外高校、研究机构等的研究力量，大力推进高校税收理论研究与税务部门纳税服务实际工作的深度合作，充分发挥学术研究和业务部门的优势，共同探索建立协同研究创新机制，营造多学科融合、政产学研协同的环境与氛围，形成以成果质量和决策参考价值为导向的评价机制，进一步发挥学术研究机构为社会服务的职能。

2019年，针对新时代我国纳税服务所面临的新问题，国家税务总局广东省税务局委托广东财经大学进行了六项纳税服务课题研究，即"经济高质量发展导向下优化广东税收营商环境研究——以广州优化税收营商环境为例""基于GTSI模型提升广东省纳税人满意度策略研究""粤港澳大湾区纳税服务研究""新形势下广东省涉税专业服务发展研究""纳税便利化指标体系研究"和"基于欧盟国家经验的纳税服务国际比较研究"。课题的研究人员是广东财经大学财政税务学院的中青年学者。广东省税务系统的领导和干部给予了大力的支持。广东省内外的相关高校、研究机构等的专家学者对课题研究工作进行了必要的指导帮助。

现在展现在读者面前的就是2019年度纳税服务课题研究的成果。我认为，该研究成果主题鲜明、针对性强、时代性强，研究过程体现了协同创新的理念。希望该研究成果能为广大读者在研究和工作思路上给予启示，同时也希望读者们能提出更多的批评和建议，帮助课题研究人员更好地完善研究成果，并以此为新的起点，取得更多的高质量研究成果。

于海峰

2020年6月

前言

从2001年《中华人民共和国税收征收管理法》明确规定纳税服务为税务机关法定职责，到2005年制定全国统一的纳税服务工作规范，2009年将纳税服务作为税收工作的核心业务，再到2018年国税地税征管体制改革给纳税服务赋予了新的内涵，我国纳税服务一直在向前发展，但与税收征管体制改革向纵深推进的要求相比、与纳税人日益多元的需求相比、与国际先进的经验做法相比，在思想理念、机制手段、服务内容等方面还存在一定差距。

在当前纳税服务工作面临呼声更急、要求更高、任务更重的新形势下，如何有针对性地改进优化服务举措、提升服务工作质效，推动纳税人满意度和获得感持续提升，成为了税务部门不容回避和亟须解决的问题。2019年，国家税务总局广东省税务局和广东财经大学财政税务学院聚焦新时代纳税服务面临的新问题、新挑战，立足广东实际，深入合作开展纳税服务课题研究项目，以期进一步发挥科学理论指导实践、推动工作的作用，为全省乃至全国各地税务机关纳税服务工作的高质量开展提供启发和参考。

本书所汇集的就是纳税服务课题研究项目中的六个课题成果。其中，课题"经济高质量发展导向下优化广东税收营商环境研究——以广州优化税收营商环境为例"是由姚维保、王永乐、李梅香、李淑一、杨嘉园、陈玥如等完成；课题"基于GTSI模型提升广东省纳税人满意度策略研究"是由赵丽萍、谭韵、邓满源、姚雪绯等完成；课题"粤港澳大湾区纳税服务研究"是由赵合云、周少君、方元子等完成；课题"新形势下广东省涉税专业服务发展研究"是由陈小安、张霄、米冰等完成；课题"纳税便利化指标体系研究"是由孙伟、柳阳等完成；课题"基于欧盟国家经验的纳税服务国际比较研究"是由庞磊、陈淼、蔡倩怡等完成。

课题研究过程中在提纲拟定、课题调研、审稿编撰等方面都得到了国家税务总局广东省税务局领导及纳税服务处的大力支持。在此，特别感谢广东省税务局梁世桃一级巡视员、潘启平处长等领导，以及广州市税务局熊睿、珠海市税务局邵一波、佛山市税务局方飘、惠州市税务局刘振辉、东莞市税务局方敬芸和廖家旺、湛江市税务局欧彩娟和张仙良、清远市税务局吕怡芊、珠海市横琴新区税务局苏澈等同志对课题研究和书籍汇编工作进行的有力指导和帮助。

此外，在课题审稿、定稿过程中，国内有关高校、税校、研究机构等的专家、学者从不同领域、不同角度提出了宝贵的指导意见，为进一步完善课题研究成果提供了多方面的智力支撑。在此，特别感谢向景、王振球、姚凤民、李林木、林平凡、刘佳宁、周君芝、季周、杨森平、王政、马岩、韩晓琴、刘京娟、张峰等同志的指导。

因水平有限、经验不足，本书难免有所疏漏，我们诚挚期望各位读者给予批评指正。

广东财经大学财政税务学院

2020年6月

目 录

- **第一章 经济高质量发展导向下优化广东税收营商环境研究**
  ——以广州优化税收营商环境为例 / 001
  - 一、引言 / 001
  - 二、广东现阶段经济发展的主要特点 / 006
  - 三、税收营商环境与经济高质量发展间的逻辑关系 / 015
  - 四、经济高质量发展对优化税收营商环境的要求 / 027
  - 五、广东优化税收营商环境现状——以广州市为例 / 033
  - 六、经济高质量发展导向下优化广东税收营商环境的对策 / 048

- **第二章 基于 GTSI 模型提升广东省纳税人满意度策略研究 / 058**
  - 一、引言 / 058
  - 二、纳税人满意度评价工作的重要意义 / 059
  - 三、GTSI 模型引入 / 062
  - 四、GTSI 框架下纳税人满意度现状评价 / 068
  - 五、提升广东省纳税人满意度的策略 / 083

- **第三章 粤港澳大湾区纳税服务研究 / 102**
  - 一、粤港澳大湾区建设中纳税服务的重要意义 / 102
  - 二、粤港澳大湾区建设对纳税服务的需求 / 105
  - 三、粤港澳大湾区纳税服务的现状与问题分析 / 108
  - 四、国际经验借鉴 / 116
  - 五、改进粤港澳大湾区纳税服务的建议 / 126

第四章　新形势下广东省涉税专业服务发展研究 / 136

一、引言 / 136

二、新形势下广东省涉税专业服务的基本理论分析 / 143

三、新形势下广东省涉税专业服务现状分析 / 148

四、新形势下广东省涉税专业服务发展面临的挑战 / 153

五、新形势下强化广东省涉税专业服务的必要性 / 160

六、强化广东省涉税专业服务发展的建议 / 170

第五章　纳税便利化指标体系研究 / 179

一、引言 / 179

二、纳税便利化指标体系构建的理论框架 / 190

三、《营商环境报告》中有关纳税便利指数的解读 / 198

四、对标国际的纳税便利化指标体系构建 / 210

五、结论 / 229

第六章　基于欧盟国家经验的纳税服务国际比较研究 / 235

一、引言 / 235

二、纳税服务的概念及相关理论依据 / 238

三、基于欧盟国家经验数据的纳税服务模式选择 / 241

四、欧盟国家纳税服务与我国的比较 / 250

五、思考及政策建议 / 264

第一章

经济高质量发展导向下优化广东税收营商环境研究
——以广州优化税收营商环境为例

一、引言

党的十九大报告指出，中国特色社会主义进入新时代，我国社会主要矛盾已经转化为人民日益增长的美好生活需要和不平衡不充分的发展之间的矛盾。新时代，人民除了满足基本的物质文化生活需要之外，还有更高层次、更深内涵的其他精神层面的需要，包括政治需要、社会需要、生态需要、教育需要等，其中心是现代化、高质量的美好生活。新时代主要矛盾在经济发展方面主要表现为供给侧结构不能适应需求结构的变化，居民对高质量消费品的多元化、多层次、多样化的不断追求，包括教育、医疗、社会保障、食品安全等方面的需求，客观上要求充分发展社会生产力，实现全民的共同富裕。在经济社会发展方面，新时代我国经济仍然存在不平衡不充分发展的问题，不平衡主要包括区域之间、城乡之间、经济发展与生态环保之间、实体经济与虚拟经济之间等的不平衡；不充分则体现在市场公平竞争、新旧动能转换、行政效率提升、产品有效供给等方面的不充分。我国社会主要矛盾的变化，反映了我国经济增长进入新常态之后的现实逻辑，以质量替换数量，以集约接替粗放。新的社会矛盾更加体现以人民群众为核心的价值取向，"人民"是解决主要矛盾的原点，解决不平衡不充分发展的根本目的，就是让人民群众共享改革开放发展成果，获得更多的有品质的生活。

（一）社会主要矛盾化解迫切要求高质量发展经济

解决新时代我国社会主要矛盾，必须推动并依靠经济高质量发展。只有经济高质量发展，才能不断提升人民生活品质，才能够更好满足人民日益增长的美好生活需要。经济的高质量发展按照党的十九大报告的顶层设计，也就是要实现创新、协调、绿色、开放、共享式发展，具备"生产要素投入少、资源配置效率高、资源环境成本低、经济社会效益好"的特性。当前经济高质量发展的主要任务，需要持续深化供给侧结构性改革，实施"三去一降一补"政策，有效匹配需要侧结构的新变化，振兴我国现代化经济，建立现代化的经济体系。深化供给侧结构性改革，除了坚持当前的"去产能""去库存"和"去杠杆"外，更要着力于"降成本"和"补短板"方面的落实，切实帮助企业降低制度性交易成本，包括税费成本、融资成本、交易成本等，提高企业生产效率和创新能力，促进企业转型升级，向低资源耗费、高附加值产品的创新型技术型企业转变，不断推出新产品、新行业、新产业，提升国民经济整体效率和效益，实现我国经济高质量发展。

当前实现经济高质量的重要路径之一就是转换经济发展动能。我国目前经济下行压力较大，经济增长运行在6%~6.5%的区间，2019年上半年，我国31个省（自治区、直辖市）中，多数省份的工业、投资、消费等指标增速回落，经济增速低于全国水平的有山东、上海、重庆、河北、内蒙古、吉林、黑龙江、甘肃和辽宁等14个省份，并且黑龙江、天津、吉林经济增速低于5%。[①] 经济增速放缓更凸显新旧动能转换的现实必要性和迫切性。根据国际发达经济体发展经验，只有当新经济动能增加值占GDP的比重超过30%时，才能有效缓解经济下行压力。经济发展新动能通常主要来自四个方面：一是需求侧动能。需求侧动能指传统的出口、投资、消费"三驾马车"，拉动这"三驾马车"主要依靠的是财政、货币金融和出口政策。二是生产要素投入动能。生产要素投入动能是通过大规模的劳动力、土地、资源、环境、资金等生产要素投入来实现经济发展。三是GDP导向制度动能。GDP导向制度是指政府对经济发展具有很强的主导性，可以利用体制的优势，设计出货币金融、土地、人口等政策促进经济发展。四是效率提高动能。效率提高动能主要是创新驱动，依靠科技和思维创新提高生产效率。我国目前的经济结构中，第三产业增加值占国

---

① 资料来源：21世纪经济研究院。

内生产总值的比重不断上升，第三产业增长对国内生产总值增长的贡献率已经超过60%，潜力巨大的国内需求将成为经济高质量发展的强大动力。

高质量发展要求持续转变发展方式、优化经济结构、转换增长动力。从供给侧结构性改革角度分析，党的十九大报告指出，新旧动能的转换必须"坚持质量与效率优先原则，以供给侧结构性改革为主线，推动经济发展的质量变革、效率变革、动力变革，提高全要素生产率"，着力加快建设实体经济、科技创新、现代金融、人力资源协同发展的产业体系，着力构建市场机制有效、微观主体有活力、宏观调控有度的经济体制，不断增强我国经济创新力和竞争力。供给侧结构性改革就是要从生产端入手，有效化解过剩产能，例如钢铁、煤炭、水泥、船舶、化工、光伏等产能过剩产业；促进产业优化重组，发展战略性新兴产业和现代服务业，例如5G、物联网、高端制造装备、新能源汽车、工业机器人等产业。除了供给侧结构性改革所孕育的新动能之外，在需要侧，消费升级也是重要新动能。由于我国居民收入的持续增长，中等收入群体不断扩大，国内消费需求已经超过投资需求成为经济发展的主要引擎，我国最终消费支出增长对经济增长的贡献率也在不断增长，消费升级被视为经济增长的新动能，可以向发达国家超过80%的消费贡献水平进行追赶。

（二）经济高质量发展需要相匹配的良好营商环境

习近平总书记多次指出，要改善营商环境和创新环境，降低市场运行成本，提高运行效率，提升国际竞争力。李克强总理在2017年6月13日的全国深化"放管服"改革电视电话会议上强调，"营商环境就是生产力"。所谓营商环境，是一个国家或者地区市场环境、政务环境、法治环境、社会环境等方面的综合，它体现商事主体（企业及个人）从事商事组织或经营行为的各种境况和条件，包括影响商事主体行为的政治要素、经济要素、文化要素和法律要素等，是具有综合竞争性的经济软实力。营商环境通常分为硬环境与软环境，硬环境包括自然环境和硬件基础设施环境，软环境则包括政务环境、文化环境、金融环境、人才环境等。营商环境作为一个复杂的生态系统，不单是商事主体自身因素决定的，而是包括政府、社会、市场、文化等诸多因素构成的总和。良好的营商环境，更能激发市场活力，稳定、公平、透明、可预期的营商环境，商事主体才能充分施展生产能力，愿意留下并且为区域经济社会作出贡献。

营商环境也是重要的竞争力，良好的营商环境招商引资才能有吸引力，能够吸引国内外社会资本的投资，对改善区域投融资环境、加强公共基础设施等建设至关重要。市场经济是典型的"候鸟经济",政务环境、金融环境、技术环境、人才环境良好,服务质量上乘,新经济、新业态、新技术、新模式就会聚集,人才、资本、项目就会引入。国务院常务会议多次强调,要进一步优化营商环境作为促进高质量发展、应对复杂形势的重要举措。营商环境中软环境的改善,对营商环境的优化最为明显,也是各个地方差异性最大的方面,特别是金融环境、人才环境、政务环境,很容易影响商事主体是否有兴趣进行投资。从全国范围看,经济发达地区的营商环境整体上具有比较优势,无论是基础设施、人力资源,还是政务环境,都比经济落后地区更具营商吸引力。我国珠三角城市群和长三角城市群的营商环境优势最为突出,拥有重要的金融资源和技术资源,人均基础设施表现良好,城市综合竞争力强,因此也是商事主体较为关注的重要营商之地,截至2018年底,上海已集聚各类总部企业超过1 176家,其中跨国公司地区总部665家;广东集聚各类总部企业超过7 480家,高新技术企业数量为33 356家。[①]

市场主体成长是实现高质量发展的重要基础,高质量发展必须要有高水平的营商环境,营商环境直接关乎市场主体的培育壮大成长。在经济增速下行和国际经贸竞争的新形势下,企业对优化发展环境提出了更高的要求,包括强化产权保护、降低税费负担、避免要素成本过快上涨、优化政务办事环境、降低制度性成本、降低企业税费负担,只有切实为企业减负松绑,为市场主体发展创造良好环境,才能保障经济的高质量运行。

(三) 我国税收营商环境整体上逐年向好趋优

世界银行自2004年开始每年发布《营商环境报告》,其中涉及税收营商环境的几个重要指标,包括纳税时间、纳税次数、总税费率和税后流程指数。我国税收营商环境的全球排名在2008~2019年间不断上升。从税负的角度横向比较分析,根据世界银行2019年10月发布的《营商环境报告(2020)》显示,2018年中国纳税次数7次;纳税时间138小时;总税收和缴费率为52.9%,较2017年下降4.8个百分点。截至2018年底,世界500强企业中有152家企业总部设在或者落户中国。从国内总税费率纵向比较分析,根据世界银行《营商环境报告》数据显示,我国总税收和缴费率处于逐渐下降的趋势,营商主体的税费负担波动中不断减轻,从2008年的79.9%下降到2018年的

---

① 资料来源:课题组整理所得。

59.2%(见图1-1)。

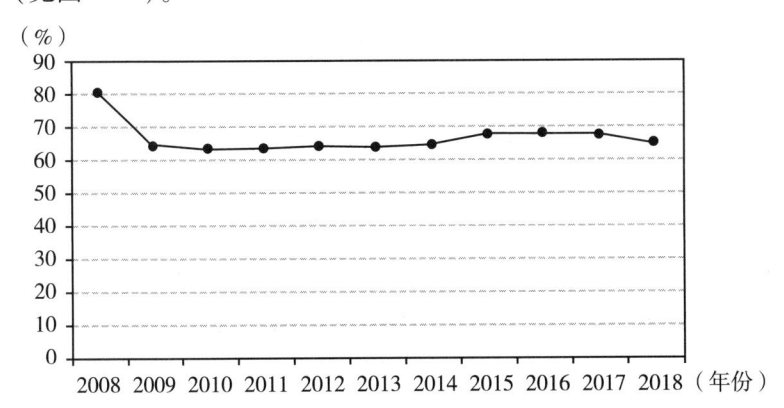

图1-1 2008~2018年我国总税收和缴费率变化

资料来源：2009~2019年世界银行《营商环境报告》。

从占税收收入比重较大的增值税和企业所得税来看，企业税负逐渐减轻。增值税自2014年起一直处在下降趋势，先后经历过4次下调或者并档，2014年起7月1日起，增值税6%、4%和3%的税率统一调整为3%；2017年7月1日起，增值税率从四档降低为三档，取消13%的税率，将农产品、天然气等增值税税率从13%下调至11%；2018年5月1日起，增值税下调税率1个百分比，增值税的三档税率变为16%、10%和6%；2019年4月1日起，增值税16%的税率降至13%，10%的税率降至9%，6%的税率保持不变。而企业所得税方面，从全球国家横向比较来看，我国企业所得税税率水平处在中低水平（见图1-2）。

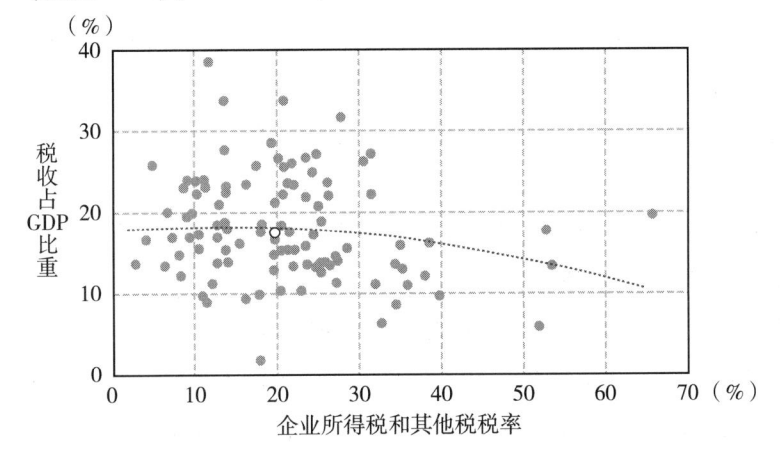

图1-2 我国企业所得税税率与全球横向比较情况

资料来源：2009~2019年世界银行《营商环境报告》。

二、广东现阶段经济发展的主要特点

(一) 改革开放后我国经济发展四个阶段

1987年4月,改革开放总设计师邓小平提出了分"三步走"基本实现现代化的战略。同年10月,"三步走"的发展战略写进党的十三大报告,明确党的十一届三中全会以后,我国经济建设的战略部署大体分三步走,即:第一步,从1981年到1990年,国民生产总值翻一番,解决人民的温饱问题;第二步,从1991年到20世纪末,国民生产总值再翻一番,人民生活水平达到小康水平;第三步,到21世纪中叶,国民生产总值再翻两番,达到中等发达国家水平,人民生活比较富裕,基本实现现代化。改革开放以来,经过40多年的高速发展,中国早已胜利完成第一步、第二步的战略目标,全国人民的生活总体上达到了小康水平。现阶段,中国正处于决胜全面建成小康社会,进而全面建设社会主义现代化强国的关键时期。

回顾改革开放以来中国的经济发展,从中国经济增长总量、中国经济结构升级、中国经济增长动力这三个标准并且结合罗斯托经济成长阶段论,可以将中国经济的发展划分为四个阶段。

1. 准备起飞阶段:改革开放初至20世纪90年代初

这一阶段的一个重要的任务是经济体制改革,为发展创造条件。1982年,党的十二大正式提出计划经济为主,市场经济为辅的观点;1987年,党的十三大正式提出社会主义有计划商品经济的体制应该是,计划是市场内在统一的体制的观点。社会主义市场经济的发展,促进供给大量扩张,但是受资本不足和生产能力的约束,供给能力较低,"短缺经济"成为最主要的阶段性特征;在消费方面,中国居民消费水平仍然停留在基本生存需求层面,消费品结构较为单一,耐用消费品的数量少、品种单一、档次处于较低水平,消费功能主要是满足生存需要。

2. 开始起飞阶段:20世纪90年代初至21世纪初

1992年1月,邓小平南方谈话在国内外产生巨大影响,深刻回答了长期束缚人们思想的许多认识问题;同年10月12日,在党的十四大报告中正式提出,我国经济体制改革的目标是建立社会主义市场经济体制。以这两大事件为标志,中国改革开放和现代化建设进入新阶段。"六五""七五"计划完成后,中国现代化建设的第一步战略目标已经实现。21世纪初,中国现代化建设的第二步战略目标实现,国民经济素质提升,人民生活总体上达到小康水平。随着农业劳动生产率的提高,大量的劳动力从第一产业转移到制造业,有效供给不断提高,"供给约束"大为缓解,主要商品的供求格局发生根本转折变化,由以往供不应求的状态转变为供给相对过剩,有效需求不足的状态;新供给促进新消费,消费者面临的选择增加,从关注"有没有"开始转变为"好不好",名、优、特、新商品占据主导地位,享受型商品也逐步增多,轻工业品的需求和供给迅速增加,成为经济增长的主要动力;在生产要素方面,大量农村富余的劳动力选择从农村流向东部沿海地区,为工业经济发展提供充足的劳动力,国内高储蓄和外资的引入为国内投资提供充足的资本。

3. 快速发展阶段:2001~2012年

我国经济从"快字当头"转向"好字优先",推动经济结构调整和经济增长方式转变。21世纪头10年是我国经济增长最快、增速波动最小、价格水平最稳的10年。2001~2010年,国内生产总值年均增长10.48%,高于1978~1990年的9.18%,也略高于1991~2000年的10.43%,同时居民消费价格年均涨幅只有2.1%,明显低于前两个阶段6.6%和7.2%的水平。① 在快速增长的同时,我国的经济增长动力发生变化,主要是两大动力:一是2001年我国加入世界贸易组织,形成全方位对外开放新格局,国际市场给中国经济发展带来挑战的同时带来了巨大的机遇,在扩大出口、进口先进技术、引进外资及科学的企业管理方式、增加企业竞争力等方面具有重要意义;二是城镇化的大力推进,使得人民的消费日益多样化,新领域的消费和供给良性互动,促进消费结构和生产结构的不断优化。但是,经济的超高速发展累积了许多问题和矛盾,结构性问题成为经济发展中更为突出的矛盾。一是资源环境约束对经济增长的制约明显增强:一直以来经济发展过多地依赖资源的投入和投资驱动,而不是以技术进步和科技创新来换取生产效率的提高,随着工业经济的不断发展和生产规模的不断扩大,资源消耗问题、环境污染问题、企业生产效率问题等都显现,我国经济开始摸索可持续发展道路。二是国民收入差距逐渐扩大,效率和公平之间的关系直接影响到我国经济是否能够稳定增长。

4. 经济发展进入新常态:2012年以来

改革开放进入21世纪第二个10年之后,我国经济发展出现明显的新的

---

① 资料来源:课题组根据历年《国民经济和社会发展统计公报》整理得到。

阶段特征，相比于 2008 年 GDP 增速 9.0%、2009 年 9.1%、2010 年 10.3%、2011 年 9.2%，2012 年我国 GDP 增长速度降到 7.8%，我国经济增速开始从高速转为中高速，经济下行的压力不断增大。党的十八大以来，以习近平总书记的党中央在科学分析国内外经济发展形势，准确把握我国基本国情的基础上，针对我国经济发展的阶段性特征明确表示中国经济发展进入了新常态。党的十九届四中全会提出建立以企业为主体、市场为导向、产学研深度融合的技术创新体系，支持大中小企业和各类主体融通创新，创新促进科技成果转化机制，积极发展新动能，强化标准引领，提升产业基础能力和产业链现代化水平。完善科技人才发现、培养、激励机制，健全符合科研规律的科技管理体制和政策体系，改进科技评价体系，健全科技伦理治理体制；建设更高水平开放型经济新体制。实施更大范围、更宽领域、更深层次的全面开放，推动制造业、服务业、农业扩大开放。经济转型、动能转换以及结构优化的时代特征都要求现阶段经济依靠高质量发展，注重高效率和高质量：以相对较少的要素投入和资源环境代价产出更多的产品，获取更大的经济效益；更加注重科技含量的提高、产品附加值的增加以及产业层次的提升；人民群众能够更好地分享经济增长带来的福祉、生活水平持续提高。

（二）改革开放以来广东经济发展特点

改革开放 40 多年来，广东始终坚持以改革和创新为主线，多年来广东经济总量蝉联全国第一位，随着资源和环境约束逐步增强，广东经济发展的主引擎以创新驱动为主，区域创新综合能力排名保持全国第一位，创新驱动发展成为广东经济发展的新战略，并成为引领广东经济发展的重要动力。全省地区生产总值从 1978 年的 186 亿元增加到 2018 年的 9.73 万亿元，年均增长 12.5%，连续 30 年位居全国第一位；地方一般公共预算收入从 41.8 亿元增加到 1.21 万亿元，成为全国首个超万亿元的省份；外贸进出口总额从 15.9 亿美元增加到超 1 万亿美元，约占全国的 1/4；居民人均可支配收入从 229 元增加到 3.58 万元。全省规模以上工业企业新增 8 439 家，总量超过 5 万家，跃居全国第一位。国家级高新技术企业数量超过 4 万家，总数、总收入、净利润等均居全国第一位。[①]

改革开放以来特别是党的十八大以来广东经济呈现出以下六大特点。

---

① 资料来源：课题组根据广东省《国民经济和社会发展统计公报》整理得到。

1. 经济平稳快速增长，综合实力强

1978~2018年，我国GDP年均增速9.5%，广东则高达12.5%。持续、较快的经济增速使得广东经济总量不断踏上新台阶。1989年，广东经济总量超越江苏，成为中国第一经济大省。之后，1998年，广东地区生产总值超越新加坡，2003年超越中国香港，2007年超越中国台湾，2014年开始广东经济总量高于新加坡、中国香港和中国台湾地区的总和，2016年超越澳大利亚，2018年GDP达1.47万亿美元，进一步追近韩国。2018年广东地区生产总值达9.73万亿元，连续30年在全国居首，是1978年（185.85亿元）的523.5倍，占全国的比重也从1978年的5.1%上升到2017年的10.8%。如图1-3所示，2018年，珠三角、东翼、西翼和北部生态区的地区生产总值分别为81 048.50亿元、6 652.12亿元、7 450.88亿元和5 874.45亿元，分别占全省的80.2%、6.6%、7.4%和5.8%，2014~2018年，珠三角经济总量占比累计提高0.9个百分点。

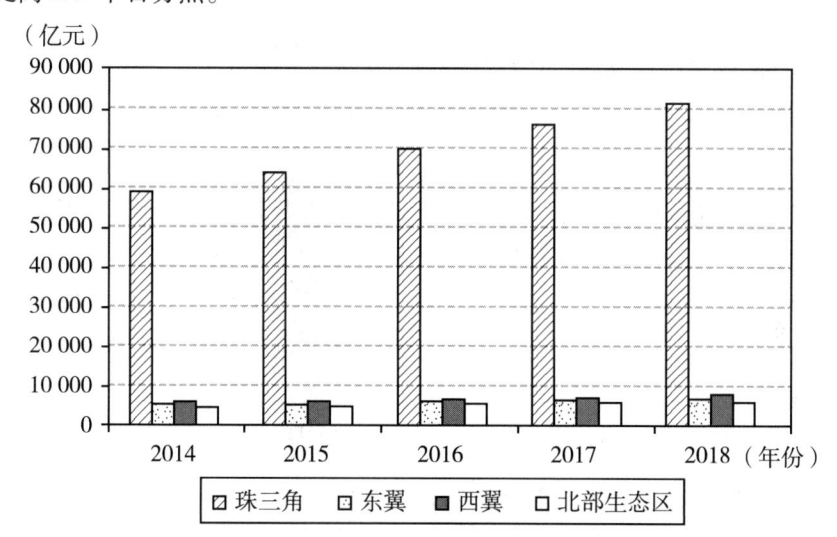

图1-3 2014~2018广东四大区域生产总值结构

资料来源：课题组根据广东省《国民经济和社会发展统计公报》整理得到。

在广东经济总量快速增长的同时，广东人均地区生产总值也不断提高。2018年，中国人均GDP为64 643.5元，广东人均GDP为87 100元，按平均汇率折算为13 200美元，是全国平均水平的1.35倍，40年间年均增速为10.4%。目前，广东人均GDP已达到世界中等偏上收入国家水平。与此同时，广东财政收入实现了快速增长，2017年广东地方一般公共预算收入达1.21万亿元，可比增长7.9%，增速保持在合理区间，在全国排名第一位，是1978

年的289.3倍（见图1-4）。

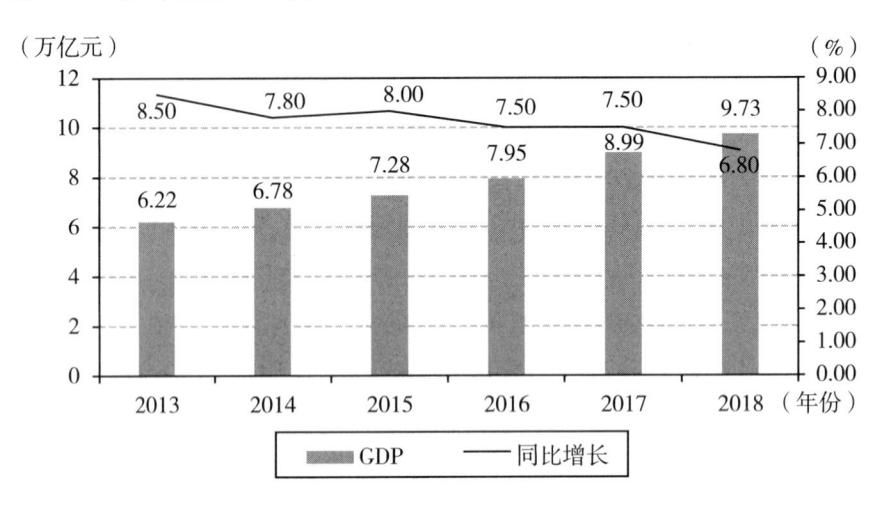

图1-4 2013～2018广东省GDP增长及总量状况

资料来源：课题组根据广东省《国民经济和社会发展统计公报》整理得到。

2. 创新驱动经济发展，产业结构趋于优化

改革开放40多年来，广东始终坚持"科技是第一生产力"，以改革和创新为主线，全面推进科技进步和自主创新，在科技创新体制机制、创新扩散和支撑保障方面取得明显的成效，科技事业实现跨越式发展，助力广东经济高速增长，多年来广东经济总量蝉联全国第一位。随着资源和环境约束逐步增强，广东经济发展的主引擎由以投资拉动、资源消耗为主切换到以创新驱动为主，创新驱动发展成为广东经济发展的新战略；而科技创新是实施创新驱动战略的重要一环，这意味着广东科技创新将向着更高水平、更深层次发展，并成为引领广东经济发展的重要动力。数据显示，2018年广东省R&D经费支出占地区生产总值的比重上升到2.78%，技术自给率达73%，专利申请量和授权量分别达79.38万件和47.81万件，是1990年的408倍和538倍，《专利合作条约》（PCT）国际专利申请量达2.53万件。2017年、2018年区域创新综合能力排名连续两年居全国第一位。2018年，国家级高新技术企业45 280家，总数、总收入、净利润等均居全国第一位。2018年，广东省第一、第二、第三产业增加值分别增长4.2%、5.9%和7.8%。第一产业增加值增速最高的是北部生态区，同比增长5.0%；第二产业增加值增速最快的是珠三角，同比增长7.2%；第三产业增加值增速最快的是西翼，同比增长7.3%（见图1-5）。

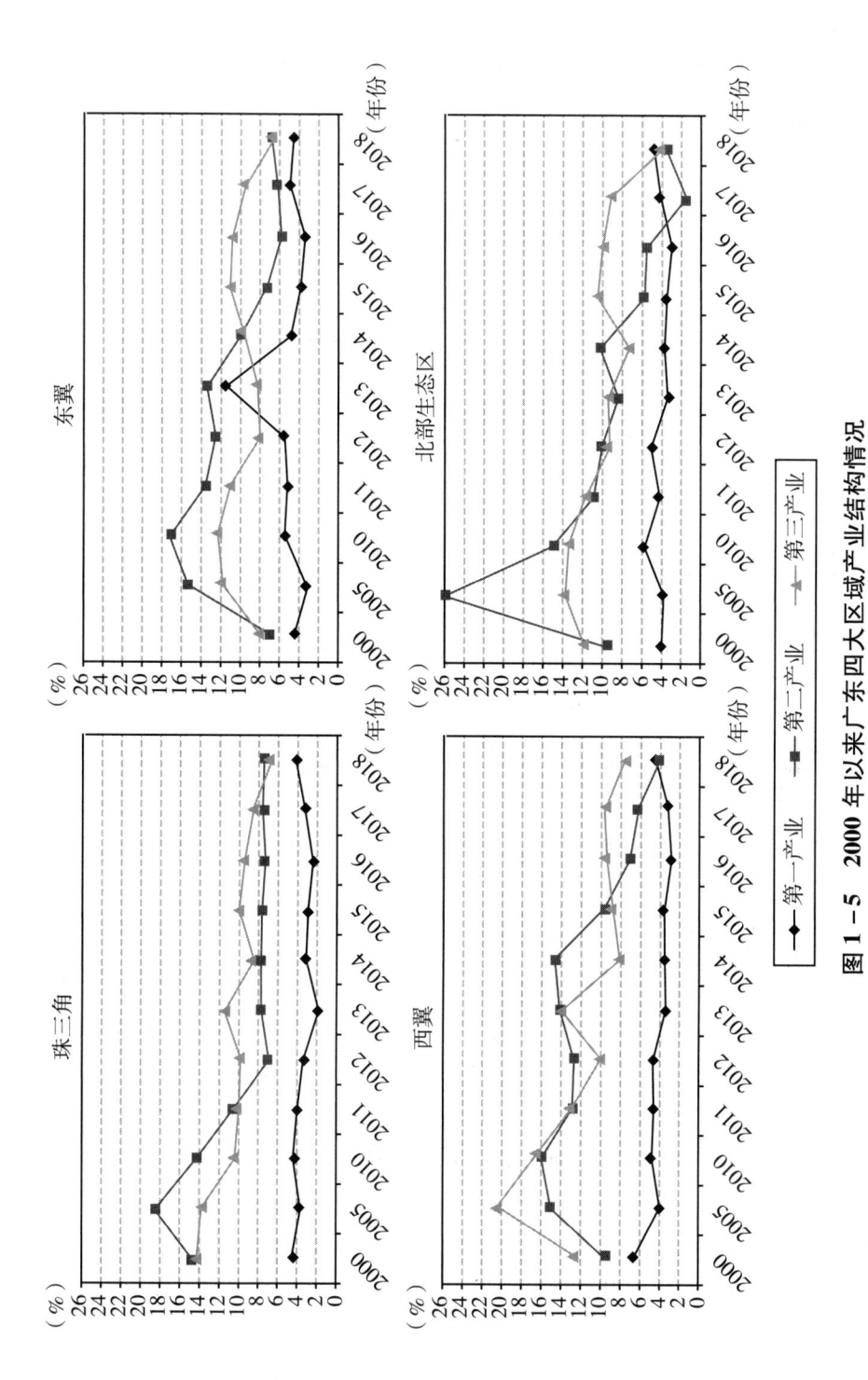

图 1-5　2000 年以来广东四大区域产业结构情况

资料来源：课题组根据广东省《国民经济和社会发展统计公报》整理得到。

随着科学技术的创新驱动发展,广东经济结构也在不断优化调整(见表1-1)。1978年,广东第一、第二、第三次产业比例为29.8%、46.6%和23.6%,2018年该比例调整为4.0%、41.8%、54.2%。改革开放以来,广东农林牧渔业增加值增加,产品产量增加,第一产业比重却下降了25.8个百分点;第二产业比重虽然略降了4.8个百分点,但数量、质量却大大增加,新型工业化进程的加快、先进制造业和高技术产业的快速发展,使得广东工业经济的整体竞争力大大增强。

表1-1　　　　　　广东省及全国三大产业构成

年份	广东	全国
1978	29.8:46.6:23.6	27.7:47.7:24.6
1980	33.2:41.1:25.7	29.6:48.1:22.3
1985	29.8:39.8:30.4	27.9:42.7:29.4
1990	24.7:39.5:35.8	26.6:41.0:32.4
1995	14.6:48.9:36.5	19.6:46.8:33.6
2000	9.2:46.5:44.3	14.7:45.5:39.8
2005	6.3:50.3:43.4	11.6:47.0:41.4
2010	5.0:49.5:45.5	9.5:46.4:44.1
2015	4.6:44.8:50.6	8.4:40.8:50.8
2018	4.0:41.8:54.2	7.0:39.7:53.3

资料来源:课题组根据广东省《国民经济和社会发展统计公报》整理得到。

先进制造业和高技术制造业比重不断提升。2018年,广东规模以上工业企业累计完成增加值比上年增长6.3%,其中,先进制造业和高技术制造业增加值增速分别高于规模以上工业1.5个百分点和3.2个百分点,占规模以上工业比重达56.4%和31.5%。新兴工业产品产量快速增长,新能源汽车比上年增长206.1%,碳纤维增强复合材料增长49.4%,服务器增长35.4%,工业机器人增长28.3%,智能电视增长17%。[①] 需要较高技能的新兴服务业保持快速发展态势。

3. 进出口贸易迅速增长,深入发展开放型经济

改革开放以来,广东对外开放长期走在全国前列。近年来更是紧紧抓住国家"一带一路"倡议的实施、自贸试验区、粤港澳大湾区建设等重大机遇,深入实施开放发展战略,开放型经济发展实现了"螺旋式上升",在全国对外

---

① 资料来源:课题组根据国家及广东省《国民经济和社会发展统计公报》整理得到。

开放格局中的地位进一步增强。2018年广东省深度参与"一带一路"建设,对沿线国家进出口总额和实际投资分别增长7.3%、64.2%。口岸进口和出口通关时间分别比上年压缩56.7%、59.8%,贸易便利化水平明显提升。对外交流合作扎实开展,与8个建交太平洋岛国签署合作备忘录,新增国际友城5对、累计达195对,中新广州知识城升级为国家级双边合作项目,驻境外经贸办事机构达26个。2018年,广东省货物进出口总额达到71 618.35亿元,同比增长5.1%。其中,货物进口规模达到28 900.01亿元,同比增长11.3%,连续33年位居全国货物进出口总量首位。

不仅总量快速发展,对外贸易结构也发生了根本性的改变。1978年广东出口产品中农副产品等初级产品占比高达50%,2016年农产品出口比重下降到只有1.5%,出口产品中绝大部分为机电产品、高新技术产品等高附加值的工业制成品。改革开放之初,广东外贸以"三来一补"的加工贸易为主,2016年广东一般贸易开始超过加工贸易占比(38.8%),达到全省贸易总额的43.4%,2017年这一比例更是提升至46.1%,比加工贸易比重高出了9.0个百分点。在高新技术产品方面不断提升,相比于2017年,2018年高新技术产品进出口增长10.8%,高于进出口总额增速5.7个百分点;外贸新业态持续发展壮大,跨境电商进出口比上年增长72%,市场采购出口增长2倍(见图1-6)。

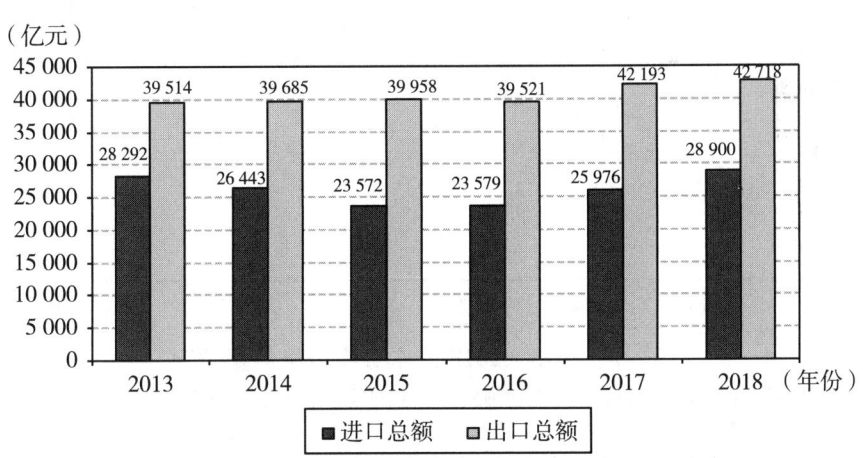

图1-6 2013~2018广东省货物进出口总额情况

资料来源:课题组根据广东省《国民经济和社会发展统计公报》整理得到。

4. 新经济发展迅猛,助力广东经济发展

中国正处于新旧动能转换期。新旧动能转换的重要表现就是新经济的竞争力越来越强。中国的新经济已有一定基础,但与美国相比仍存在较大差距,有较大的发展潜力。其中，广东的创新能力、网络化、智能化指数排名均位居第一位，数字化指数排名位居第二位，全球化、绿色化指数排名位居第三位。高技术和先进制造行业投资活跃，先进制造业、高技术制造业和装备制造业的投资在2018年分别增长11.0%、18.1%和12.5%。新兴消费业态持续较快发展，全省社会消费品零售总额增长8.8%，占全国的10.4%。限额以上单位无店铺零售业态零售额比上年增长10.9%；"互联网+支付"高速增长，限额以上餐饮企业通过公共网络实现的餐费收入比上年增长60.3%，增幅同比提高18.1个百分点；快递业完成业务量增长26.0%。高铁出行大幅增长，全年完成客运量增长27.1%，占铁路客运量的比重达67.4%。通信市场转型升级步伐加快，4G用户大幅增加，移动互联网流量井喷式增长，全年广东4G用户期末数比上年末增长19.0%，占移动电话用户比重达83.2%；互联网宽带接入期末用户增长18.3%；移动互联网期末用户增长18.2%，移动互联网接入流量增长162.9%。大数据、4K电视、人工智能等新一代信息技术产业快速增长，助推全省数字经济蓬勃发展。2018年广东数字经济规模超过4万亿元（见图1-7）。

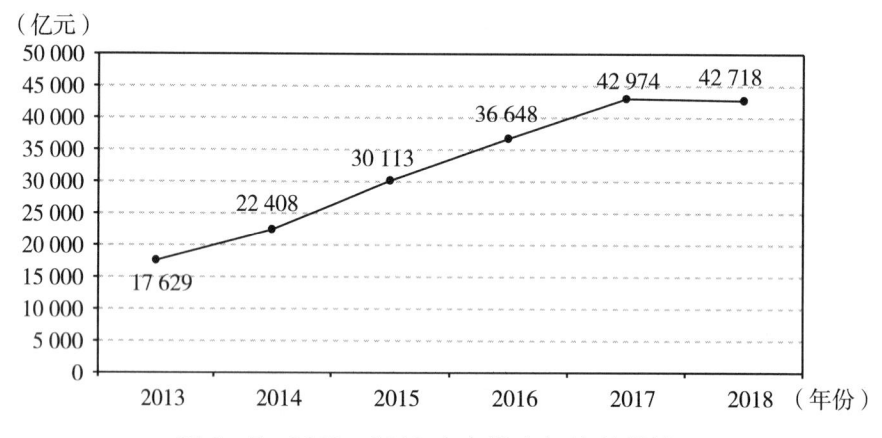

图1-7　2013~2018广东数字经济总量情况

资料来源：课题组根据广东省《国民经济和社会发展统计公报》整理得到。

5. 贯彻绿色发展理念，推动经济绿色化发展

广东省经济和信息化委员会贯彻绿色发展理念，大力开展绿色制造，通过绿色制造体系建设、绿色制造系统集成项目建设，加大能效提升和清洁生产力度，有效地促进广东制造业绿色化水平不断提升，推动全省工业绿色低碳发展。2017年，立足地方产业特点，《广东省绿色制造体系建设实施方案》出台，这份实施方案以促进全产业链和产品全生命周期绿色发展为目的，以企业为建设主体,以第三方评价标准体系为基础,以绿色工厂、绿色产品、绿色园区、绿色供应链为绿色制造体系为主要内容,推进广东绿色制造体系和绿色制造市场化推进机制建设。目前,广东绿色制造体系建设涉及家电、建材、机械、汽车、电子信息、化工、纺织等行业。各企业通过创建绿色制造示范,全面贯彻绿色发展理念,从产品设计到生产制造、销售流通服务各环节都加强了管理,注重能源资源消耗和环境保护控制,对全面推动广东工业转型升级,促进制造业绿色化技术改造,实现工业各领域绿色发展起到了良好的示范引领作用。

为推动海洋经济发展,广东制定出台《广东省六大海洋产业三年实施方案》,加快海洋电子信息、海上风电、海工装备、海洋生物、天然气水合物、海洋公共服务六大海洋产业发展。为推动粤澳港大湾区海洋经济高质量发展,广东将引导大湾区海洋产业进一步创新技术和优化结构,发展海水综合利用等新兴产业,加快推进波浪能、风能等可再生能源利用,2018年广东海洋生产总值估算约1.96万亿元。

三、税收营商环境与经济高质量发展间的逻辑关系

(一)相关概念界定

1. 经济高质量发展

党的十九大报告中指出:"我国经济已由高速增长阶段转向高质量发展阶段,正处在转变发展方式、优化经济结构、转换增长动力的攻关期。"中国经济高质量发展,是能够更好满足人民日益增长的美好生活需要的发展,是体现创新、协调、绿色、开放、共享发展理念的发展,也应是生产要素投入少、资源配置效率高、资源环境成本低、经济社会效益好的发展。

经济高质量发展的内涵主要包括四个方面。

一是提质增效。首先是质量提高,经济发展质量的提高要求产品和服务科技含量增大,企业由中国制造转向中国创造,产业结构进行优化调整,特别是高端制造装备、现代生物制药、人工智能、物联网产业等需要加快速度发展。服务质量提高方面,按照国际化标准,在响应速度、情感投入、信任、设施等方面苦下功夫,大力发展现代服务业,满足人民群众新时代的多元化、多层次、个性化的美好生活需要。其次是效率提高,劳动、资本、资源、土

地的投入，要与产出相比较，在资金、资本、资源的利用效率上讲究绩效，逐渐替代高能耗、低效率的产业行业，着力提高现代金融、智能制造、航空航天等产业的供给效率，引领我国产业迈向现代化、科技化方向，不断升级到国际产业链的高端水平。

二是低碳环保。低碳经济是新时代中国特色社会主义经济发展战略的核心主题，是我国经济增长与环境保护协调演变的高级阶段。我国从1978年改革开放至2010年的经济高速发展时期，经济增长付出高能耗、高污染的社会代价，随着全球气候变化危机和我国严峻的环保形势，整个社会意识到经济增长与生态环境需要协同匹配，转变经济发展方式势在必行，低碳经济因而成为经济发展的主要方向。"坚持把绿色发展、循环发展、低碳发展作为基本途径""按照创新、协调、绿色、开放、共享的发展理念"促进经济可持续健康发展。低碳发展战略要求充分运用金融和财政政策，引导经济增长过程中的绿色生产和绿色消费，推动经济和社会发展。财政的低碳发展战略具有明显的经济促进效应，例如征收碳税，能够实现经济产出稳态水平提高0.27%，碳存量稳态水平下降0.08%。低碳经济能够让我国经济增长摆脱对资源使用、碳排放和环境破坏的过度依赖，推动经济高质量发展。

三是创新驱动。我国经济高质量发展的目标实现必须依靠创新动力，包括制度创新、理论创新、科技创新、文化创新、思维创新，国际上综合国力的竞争，其中创新就是最重要的衡量指标。党的十八大明确提出，"科技创新是提升社会生产力和综合国力的战略支撑，必须摆在国家发展全局的核心位置。"科技创新具有乘数效应，并且乘数效应越大，对经济的贡献也就越大，发达国家科学技术对经济增长的贡献率达到80%。创新驱动首要的是提升自主创新能力，企业是创新的主体，此外还有科研院所的科研工作者。创新驱动其中最为关键的评价指标是发明专利的数量，尤其是国际专利数量，关系到行业产品的国际市场竞争力。

四是平衡协调。我国经济需要平衡的高质量发展，从产业结构上看，我国传统的工业农业发展较好，而服务业急需升级，不断提高第三产业的比重有利于经济的平衡充分发展。从区域发展来看，东、中、西部经济发展不平衡较为突出，珠三角、长三角、环渤海圈经济较为发达，中、西部地区、老工业区、革命老区仍需要加快发展速度。从城乡二元结构上看，农村经济依然薄弱，城乡在基本公共服务和基础设施方面的差距仍很明显，城市人均可支配收入高于农村居民人均可支配收入的2.5倍以上。从经济形态上看，我国实体经济与虚拟经济比重不断上升,"脱实向虚"问题突出,大量资金沉淀在金融服务行业循环,影响了实体经济资金支撑。

2. 税收营商环境

(1) 营商环境。

营商环境是指伴随企业活动整个过程中的各种周围境况和条件的总和,包含社会要素、经济要素、政治要素和法律要素等。营商环境是一个国家和地区经济软实力的重要体现,随着供给侧结构性改革的深化和"一带一路"倡议的推进,建设良好的营商环境对于稳定宏观经济,提高国家竞争力,助力"两个一百年目标"的实现具有重要意义,根据世界银行的报告显示,良好的营商环境将使投资率增长0.3%,GDP增长率增加0.36%。当前世界范围普遍承认的最具权威性的营商环境评价体系是自2001世界银行组织成立的"Doing Business 小组"所研究制订的营商环境评价指标,该体系以反映监管过程的复杂程度和费用支出以及法治保障程度两方面为主要评价内容,以企业启动、选址、融资、日常运行和容错处理五方面为划分,制订了"开办企业、办理施工许可、获得电力、产权登记、获得信贷、保护少数投资者、纳税、跨境贸易、合同履行、办理破产及劳动市场监管"11个领域43项细分内容。

世界银行从2004年到2019年连续16年每年发布的《营商环境报告》(Doing Business)成为世界银行的年度旗舰报告,在全球范围内具有广泛认可度与重要影响力。世界银行营商环境用11类指标概括影响一国(地区)的营商环境,分别是:开办企业、办理施工许可、获得电力、产权登记、纳税、跨境贸易、获得信贷、保护少数投资者、合同履行、办理破产与劳动力市场监管(见表1-2)。

表1-2　　　　世界银行营商环境评价指标体系

一类指标	二类指标	阶段特征	备注	一类指标
监管过程复杂程度和费用支出				监管过程复杂程度和费用支出
法律保障程度	开办企业	启动阶段		法律保障程度
	办理施工许可	选址阶段		
	获得电力	选址阶段		
	产权登记	选址阶段		
	纳税	日常运行		
	跨境贸易	日常运行		

续表

一类指标 监管过程复杂程度和费用支出	二类指标	阶段特征	备注	监管过程复杂程度和费用支出
根据世界银行2016～2019年《营商环境报告》整理	获得信贷	融资阶段		根据世界银行2016～2019年《营商环境报告》整理
	保护少数投资者	融资阶段		
	合同履行	容错处理阶段		
	办理破产	容错处理阶段		
	劳动市场监管	启动阶段	劳动市场监管仅作研究报告，不列入评价考核	

世行营商环境评测体系核心是反映企业建立、运营和发展壮大的制度环境和法制环境；重点是营商的便利性、效率、成本和公平的市场环境。根据世界银行纳税报告显示，新西兰、新加坡、丹麦、韩国等经济体表现稳定，常年位居前列。中国连续两年被评为进步最大的经济体之一，营商环境评价指标对应的一级指标中有多项做出改善，2019年营商环境世界排名已经位于第31位（见表1-3）。

表1-3 《营商环境报告（2020）》在三个或更多领域增长最快的经济体

经济体	秩	数据库分数变化	开办企业	处理施工许可证	通电	登记财产	获得信贷	保护中小投资者	交税	跨境贸易	合同执行	解决破产
沙特阿拉伯	62	7.7	√	√	√		√	√		√	√	√
约旦	75	7.6				√		√				√
多哥	97	7.0	√	√	√	√						
巴林	43	5.9		√	√	√		√	√	√	√	√
塔吉克斯坦	106	5.7	√				√					
巴基斯坦	108	5.6	√	√	√	√				√		
科威特	83	4.7										
中国	31	4.0	√	√	√				√	√		
印度	63	3.5	√	√						√	√	
尼日利亚	131	3.4	√	√	√	√				√	√	

资料来源：《营商环境报告》数据库。

(2) 税收营商环境。

税收营商环境是营商环境的重要方面，构建和谐有序的税收营商环境无疑是促进企业发展和经济高质量发展的重要基础，也是征纳双方共同的制度追求。自 2013 年开始，我国在税收领域积极推进"放管服"改革，优化税收环境，2017 年 9 月国家税务总局发布了《关于进一步深化税务系统"放管服"改革 优化税收环境的若干意见》等，都是对应税制设计、税收征管和税务环境三个方面来发挥作用。

关于税收营商环境概念的定义，世界银行并没有对税收营商环境做出明确界定。国内学者王绍乐（2015）认为，税收营商环境是指影响企业遵从税法规定，合理纳税的相关环境条件；向景（2017）认为，税收营商环境是指企业遵从税法规定，在缴纳税费方面的条件和状况；魏升民、向景（2017）认为，税收营商环境是影响企业经营的税收法律、政策、规则、监管等一系列制度安排的总和。虽然不同学者对税收营商环境的表达不尽相同，但其核心是基本一致的。本章研究结合世界银行标准与国内学者对税收营商环境的描述，认为税收营商环境一般是指影响企业遵从税法规定、合理纳税的相关环境条件，具体包括法律环境、人文环境和管理环境。法律环境即为税收法律法规在实践中的可理解性、公正性、可执行性；人文环境即为纳税主体在纳税过程中的态度、意识、行为；管理环境即为征税主体在征税过程中的态度、意识、行为。本章中的税收营商环境与税务营商环境、税务环境视为等同概念。

世界银行有关税收营商环境评价指标，主要反映在二类指标中的"纳税"。世界银行从 2006 年版《营商环境报告》中开始引入纳税指标，用以衡量一个国家（地区）的纳税便利程度和税收营商环境情况。反映企业所需承担的税负，以及缴付税款过程中的"行政负担"，包括公司的纳税次数、公司纳税所需时间、总税率、税收实务流程（含 4 项内容）指数四大方面评测内容，以及更为细致的增值税退税指标；退税到账时间；企业所得税审计申报时间；企业所得税审计完成时间。这些指标按一定权重加总后作为一国（地区）纳税便利度评判标准。《营商环境报告》推出以来，在纳税指标项下共进行了 443 项改革，反映了世界银行对纳税环境评估的逐步精细化、科学化。随着关于税收学术研究的深化和实践范围的拓展，现代意义所讲税收还应包括税制、税收政策、税收征管、税务环境等内容，这些要素在完整税收运行圈中影响经济发展，并对税收营商环境的形成发挥着作用（见表 1-4、表 1-5）。

表 1-4　　　　　世界银行税收营商环境评价指标

指标评价内容	考评核心
公司的纳税次数	行政负担
公司纳税所需时间	行政负担
总税率	税负
税后实务流程指数 （1）增值税退税申报时间 （2）退税到账时间 （3）企业所得税审计申报时间 （4）企业所得税审计完成时间	行政负担

表 1-5　　　　　世界银行纳税指标的改革情况

年份	指标变动情况
2006	首次引入，考察纳税次数、纳税时间、总税负（除以毛利率得出）3 个二级指标
2007	总税负计算中排除消费税，增加了雇主为劳工负担的所有税负；总税负计算改为税负/商业利润（净利润）得出
2017	二级指标增加"税后事项指数"

关于纳税指标的计算方面，纳税指标下的四项二级指标经统计对比后均通过前沿距离水平方法计算，得出纳税便利度。前沿距离一般为各个指标自 2005 年报告开始所有经济体所达到的最佳水平，100 为最优，0 为最差，由各个指标的实际数值距离最高水平的距离来计算指标最终分值，反映出各个经济体历史上在各个指标上绝对改进或者倒退的程度。

前沿距离分数计算公式为：

$$DTF = (Worst - D)/(Worst - Frontier)$$

式中，DTF 表示前沿距离分值，$Worst$ 为该指标最差表现数据，D 为经济体的数据，$Frontier$ 为该指标最优表现数据。

实际应用中，我们既不能过分忽视或者重视税收营商环境指标，也不能简单地将税收营商环境指标等同于营商环境。一方面，税收营商环境指标只是营商环境系列指标中的一个，并未起到决定性的作用。投资者是否投资所依据的是营商环境总体指标，而不是单一的"纳税"指标。另一方面，营商环境评价体系中"纳税"指标在一定程度上能够反映一个国家或地区税收营商环境的便利程度，但也有局限性，无法全面系统展现税收营商环境的真实情况。例如企业假定前提过多、纳税指标的种类有限、计算简单、税后流程指标不易监测、指标调查对象范围偏窄等，需要有选择地加以利用。

（二）相关研究文献综述

1. 经济高质量发展相关研究

国内外学者对经济高质量发展从不同角度进行了深入系统的探讨，包括围绕经济高质量发展的理论内涵（金碚，2018；刘志彪，2018；任保平、文丰安，2018；任保平，2018；钞小静，薛志欣，2018）、经济高质量发展的评价（魏敏，李书昊，2018；李金昌，史龙梅，徐蔼婷，2019；张震，刘雪梦，2019；李梦欣，任保平，2019）、经济高质量发展的影响因素及驱动路径（辜胜阻，吴华君，吴沁沁等，2018；陈诗一，陈登科，2018；李辉，2019；刘思明，张世瑾，朱惠东，2019；徐鹏杰，杨萍，2019；荆文君，孙宝文，2019；汪丽娟，吴福象，蒋欣娟，2019；陈冲，吴炜聪，2019）和高质量发展阶段的财税体制改革（陆成林，2018；李万甫，2018；王雄飞，李香菊，杨欢，2018；李华，2019；刘尚希，樊轶侠，2019；付敏杰，2019），以及经济增长质量的内涵及评价（钞小静，惠康，2009；宋明顺，张霞，易荣华等，2015；刘燕妮，安立仁，金田林，2014；钞小静，任保平，2012；钞小静，任保平，2011）、经济增长质量的影响因素（何强，2014；姜琪，2016；陈丽娴，魏作磊，2016），等等。

经济高质量发展必须从高耗能、高污染的发展模式转变为绿色发展的可持续发展模式。从经济高质量发展相关联的税收制度研究层面，学者们研究了绿色税制问题，杨志勇（2015）认为每个税种只要具有促进资源综合利用和环境保护的功能，就属于绿色税种。王立明和汪明（2012）、蒋金法和周材华（2016）介绍了我国生态环境现状和存在的问题，分析税收在促进生态文明建设中的作用，描述发达国家生态税收体系的特点，并结合国外经验，尝试从环境保护税、资源税、消费税给出我国在促进生态文明建设中的税制安排方面的建议。葛御玉（2016）认为，绿色发展理念的落实要求同时使用约束性的和激励性的税收政策来绿化我国税制，具体而言，环境保护税有助于加强环境治理，资源税有利于促进资源合理利用，而消费税通过税目的设置对减少环境污染和资源浪费兼具作用，这三者构成约束性绿色税制。增值税和企业所得税中对资源综合利用和环境保护行为的税收优惠政策，事实上是对"正外部性"的税收补贴，构成激励性绿色税制。伍红和李珊珊（2018）

基于OECD发布的绿色发展指标,分析了我国生态文明先行示范区的税收政策现状,文章认为当前我国与增长绿化度相关的税收政策缺乏系统性,与资源环境发展潜力相关的税收政策法律效果有限,与可持续发展和公平相关的税收政策与地方优势资源结合不紧密,故而应科学构建多维度的绿色导向税收体系,整合现行税收政策,减税降费。

在资源利用效率方面,国外学者(Paolo Agnolucci,2009)已经证明环保税改革有利于降低发达国家的能源消耗,我国大多数学者都认同(伍红,2016;于佳曦,2017;张磊,2012;文杰,2011;何辉等,2012)节能减排指标(化石能源使用率、治污投资率、万元能耗率和固体废弃物综合利用率)与"四税"——资源税、消费税、增值税以及企业所得税之间存在长期均衡关系。因此,为进一步优化我国节能减排税收政策,应加快资源税改革,改从量计征为从价计征,适当提高税率,理顺税费关系;扩大消费税征税范围,将高能耗、高污染产品纳入征税范围;调整增值税税率,取消化石能源产品的税收优惠政策;完善高新技术企业所得税优惠政策,对生产节能产品的专用设备、其他环保设备,以及用于治污的固定资产实行加速折旧;允许治污投资税前加计扣除,对生产和制造节能设备和产品的企业给予一定的企业所得税优惠。

2. 税收营商环境优化相关研究

国内外关于优化税收营商环境的研究较多,其中减税研究最为突出。营商主体通常会对减税激励政策做出明确而积极的反应(Hassett & Hubbard,2002),于是各国通过减税措施来激励投资与创新(Reenen,2000;Bloom et al.,2002)、改变经济行为(Kleven & Waseem,2013;聂辉华等,2009;王跃堂等,2012)、缓解融资约束(Moll,2014)、筛选经营场所(Rathelot & Sillard,2008)。减税的确促进了宏观经济增长(Angelopoulos & Malley,2008;Azacis & Gillman,2010;夏杰长,王新丽,2003),短期内能够提升国内总需求,长期内则可以改善供给质量,提振经济效率(杨志勇,2011;刘尚希,2013;申广军,2016),有效培育经济发展新动能,引领产业转型升级(高峰,2016;史耀武,2017;张蕊,2017)。此外,不同经济体还采取其他措施来优化税收营商环境,如实施税收优惠政策来提高营商主体的自主投资(Salinger & Summers,1983)与推动产业升级(Dagmar Rajagopal & Anwar shah,1995)、构建公开公平透明的税制环境(C. Smith,1992)、建立适宜的税制需求(Musgrave R. A.,1948)、实施较低的征收税率(J. Mirrlees,1971)、勾绘明确的税收预期(高宏丽,2017)、降低征收成本与遵从成本(Schaffer,2000),以及强化数据管税（葛玉御，2017；王晓洁等，2017）等，不断优化税收营商环境来吸引全球资本流入（Wildasin，2011；Dawid et al.，2014；刘穷志，2017）。

在减税降费方面，学者们几乎都认为，降低宏观税负会提升 FDI 的吸引力。如贝克拉和莱布雷西特（Bellak C. and Leibrecht M.，2009）发现低税率对中东欧国家吸引外资有重要影响。王鑫，刘楠楠（2017）通过选用外商直接投资和总投资作为衡量一国投资吸引力的指标，并基于 1980~2016 年 157 个国家的税收和经济数据构建面板数据模型，发现减税对一国投资吸引力的影响因投资形式和税种的不同而不同，减税会显著影响一国的外商直接投资水平，从税种比较结果来看，货劳税税率对外商直接投资的负向影响显著，企业所得税税率对外商直接投资具有负向影响。这表明，减税政策有助于保持一国对外商直接投资的吸引力，但若要提高国家的总投资水平，则需要考虑包括税收在内的更多因素，如 GDP 增长率与投资环境等。潘圆圆和张明（2019）、庞凤喜和杨雪（2018）等学者认为，未来外资决定是否继续投资中国时，考虑最多的因素将是中国的营商环境。在"税收占利润总额比重"这个纳税二级指标上，中国的排名一直较为靠后，全球表现最好的国家税收仅占利润的 25% 左右，而 2005~2018 年中国税收占比平均值约为 70%，成为拖累中国营商环境的最重要原因，因此，中国需逐步转向"低税负，严征管"的税收体制。

3. 税务环境与企业创新投资的关系研究

聂辉华等（2009）发现减税在推动企业加大投资的同时，也加大了资本对劳动的替代；陈立哲和何立章（2012）证实，减税对投资有促进作用；刘义路（2015）评估了减税的出口效应，发现减税通过促使企业加大投资提升了全要素生产率，竞争优势的上升进一步推动企业出口增加。近些年来提出的减税降费，主要围绕增值税、企业所得税和社保费展开。关于增值税的改革基调是"宽税基、简税率"，许伟等（2016）研究表明，增值税税负每下降 1%，企业投资约增加 16%。对于企业所得税的研究更为全面，有针对小微企业税收优惠进行测算，黄秀娟等（2015）采用层次分析的方法，发现小微企业税收优惠政策降低了该类企业的税负，提高了企业利润、盈利户数、就业率以及创新投入。李晖等（2016）测算出中小企业税收优惠带动全社会增加产值高达 52.3 亿元，带来新增税收 10.6 亿元，有效拉动了经济增长。胡艳等（2016）对 2013 年、2014 年享受优惠政策的小微企业经营业绩进行了回归分析，发现税收优惠可以为企业带来持续的业绩增长。针对高新技术企业的税收优惠政策给企业带来的影响,冯海红等(2015)证明税收优惠对企业研发投入的促进作用存在最优政策利度门限,只有当税收优惠力度在最优门限区间内才对企业研发投入有显著的正向激励效果,优惠力度小于第一门限激励效应不明显,而大于第二门限则会产生反效果。刘放等(2016)认为虽然税收优惠整体上对企业研发投入有促进作用,但企业所面临的融资约束、产品市场竞争环境和地区市场化进程也显著影响了税收激励效果。程曦等(2017)利用2007~2015年的A股上市公司数据实证,认为所得税优惠与流转税优惠对企业技术创新投入有显著正向激励效应,能有效促进企业增加研发投入,但是对企业技术创新产出则没有显著激励效应。

有的学者考察了税负对制造业的国际竞争力的影响,高玉伟(2017)认为制造业税负高低直接影响企业参与国际市场的竞争力。要增强中国制造业竞争力,降低税收负担可以成为选项之一。有的学者具体考察了"营改增"的影响,例如田彬彬和范子英(2017)基于2009~2013年的中国工业企业数据库数据,运用倍差法考察了"营改增"对于制造业企业出口的影响,研究发现,与对照组地区制造业企业相比,实施了"营改增"试点的处理组企业出口强度显著提升94%。彭飞和毛德凤(2018)基于上下游行业关联的视角,运用三重差分方法讨论了"营改增"对企业出口行为和生产率的影响,研究发现,在行业关联较为充分的企业内,"营改增"改革降低了企业的出口成本,促进了企业出口收入增加和出口利润的深化,但是对企业的出口宽化作用影响较小。有的学者考察了出口退税政策的影响,陈昌辉(2006)、安琳(2017)、何辉和樊艺璇(2018)利用我国经验数据,基于整体和区域结构视角,建议实施差别性的出口退税政策以起到优化出口贸易结构、平衡不同地区出口贸易的作用。在开放经济条件下,如果一国的对外贸易税制在与他国税制的相互影响和制约中具有比较竞争优势,能有效促进本国的国家竞争力(宏观)、产业竞争力(中观)和企业竞争力(微观)三个层面竞争力的提高,那么这样的税制必然具有国际竞争力。因此,税制的国际竞争力不仅指对外贸易税收制度及政策促进本国产品和劳务出口的能力,更重要的是应能促进我国贸易增长方式的转变,使对外贸易从数量扩张向质量提高和竞争力提升转变,使我国由贸易大国向贸易强国转变(罗秦,2010)。

4. 税收与经济增长关系研究

阿诺德(Arnold J.,2008)通过考察OECD的组成国家发现,不同税种对GDP增长的影响不同,不动产税等财产税相对有利于经济增长,而企业所得税不利于经济增长。不同税种和区域经济增长的关系方面，林颖（2011）等分析表明，边际宏观税负对中、西部地区经济增长的结构性消极影响不容忽视。梁俊娇（2015）等分别就流转税税负和所得税税负与经济增长进行实证分析，发现在东部区域，无论是总体税负，还是流转税税负，抑或是所得税税负，均对经济增长产生负效应；而在中部区域和西部区域，税负对经济增长均产生正效应。胡小青（2015）认为，资本所得税、劳动所得税、消费支出税的有效税率会通过影响家庭的劳动—休闲选择、储蓄—消费选择以及政府生产性公共支出占比来影响经济增长。东部地区三大税率与经济增长均存在显著的负相关关系；中部地区资本所得税税率与消费支出有效税率的提高会阻碍地区经济发展，而劳动所得有效税率对经济增长存在正向效应；西部地区提高资本所得有效税率会抑制经济增长，消费支出有效税率和劳动所得有效税率的影响在统计上不显著。在省级区域层面，不同学者得出不同的结论，刘海庆和高凌江（2011）等学者利用我国30个省级分税制改革以来16年（1994~2009年）的面板数据对税制结构与经济增长之间的关系进行了实证研究，研究结果表明：流转税和财产税较有利于经济增长，而所得税和其他税不利于经济增长；就税种来说，车船税和增值税有利于经济增长，而城建税和个人所得税不利于经济增长。金盼（2015）使用我国30个省级行政区2000~2011年的省际面板数据，发现消费税、企业所得税和房地产类税比重增加会促进经济增长，增值税和个人所得税比重增加会抑制经济增长。

关于税收收入与经济增长的经验研究方面，研究结论不尽相同。总体上看，税收收入超过某一规模后会明显影响经济增长速度。斯卡利（1991）估计了103个国家1960~1980年总税收和各种税收占GDP比重与经济增长的计量关系，最后得出的结论是：平均来说，税收占GDP比重不超过19.3%的国家，经济增长率达到了最大化；在宏观税负大于45%时，经济增长率倾向于零然后负增长；使经济增长率最大化的各种税收占GDP比重分别是：所得税为11.9%，销售为4.60%，贸易税为9.6%。加里森与李（Garrison & Lee, 1992）利用63个国家1970~1984年的数据，发现平均税率和边际税率都不影响经济增长。因为一旦考虑到人均GDP水平，税率与经济增长的负相关就不再显著；也没有找到提高边际税率降低资本积累或劳动力增长的证据。普洛瑟（Plosser, 1992）比较了24个OECD国家1960~1989年人均真实GDP增长率及对收入和利润征收的税收占GDP的比例，计算二者的相关系数是-0.52，提高平均税率0.05个百分点会使经济增长率降低0.03个百分点，并指出虽然把这些简单的相关分析作为因果关系的证据可能是错误的,但这些信息对理解与长期增长相关的各种因素具有重要和建设性意义。卡拉斯(Karras,1999)利用11个OECD国家1960~1992年的数据,检验了税率对人均真实GDP增长率的影响,发现税收对经济增长具有短期影响,永久性地提高宏观税负1%,最初是使人均真实GDP下降0.6%~0.7%,在以后3~4年内继续低于其趋势值。

从上述国内外研究上看,已有研究文献较多关注税收政策对经济发展的影响、经济高质量发展的着力点分析,以及税收营商环境打造策略探讨,对于通过优化税收营商环境促进经济高质量发展的研究,目前较少文献涉及此类探讨,因此,系统深入地研究这一问题具有重要的现实意义和理论价值。

(三)税收营商环境与经济高质量发展的逻辑关系

税收营商环境与经济高质量发展之间的逻辑关系,主要是以税负状态、办税效率,以及税收政策导向等为主的各项要素,间接地促进经济高质量发展,具体而言体现在以下四个方面。

一是税收优惠政策激励企业技术创新。创新驱动发展是经济高质量发展的必然要求,创新投入、创新产出、全要素生产率等要素对企业科技创新影响较大,较轻税负有利于提高企业的全要素生产率,通过调整直接税和间接税在税收总收入中所占比重的比例,以及调整个人所得税、企业所得税、增值税等具体税种中纳税主体、征税对象以及税目、税基、税率等扣税要素,可以为创新驱动发展建立起一个良好的税收生态系统。在创新驱动战略背景下,税收政策及时跟进能够有效激励科技创新,近年国家实施减税降费措施以来,有效地提升了企业科技创新的积极性,截至2018年底,全国研发费用投入突破1.96万亿元,科技型企业数量达31.1万家,税收激励企业创新的辐射面越来越广,方式也更加多样化。[①]

二是税制结构影响经济产业发展方向。产业结构的优化始于税制结构转型,税制结构变迁从理论上既能直接作用于产业结构调整,又能通过内部税种调整与结构变化对产业结构调整产生影响。但是税制结构对产业结构的影响存在地区差异,主要体现在反应时滞、作用力度和互动关系等方面,现行税收制度存在着导致地区间经济发展差距拉大,且西部地区更加依赖于资源

---

① 资料来源:课题组根据《中国税务报》整理得到。

开发的问题，不利于西部地区的产业布局，地区间的合理分工难以有效形成。因此，我国在进一步完善税收优惠政策的过程中，需加强配套制度建设，合理引导企业与要素的流动，尽可能降低区域性税收优惠政策的负外部性，实现税收优惠对效率与公平的兼顾。

三是税收政策引导低碳经济快速发展。经济高质量发展必须从高耗能、高污染的发展模式转变为绿色发展的可持续发展模式，实际上，各个税种，包括环保税、资源税、消费税等，与低碳经济发展存在均衡关系，环境保护税有助于加强环境治理，资源税有利于促进资源合理利用，而消费税通过税目的设置可减少环境污染和资源浪费。

四是良好的办税效率吸引高优外商投资。从世界银行对全球经济体营商环境排名经验来观察，经济发展强劲的经济体与其营商环境排名成正向关系，表明营商环境的好坏对吸引外资有直接的关联，事实上，企业普遍对一国或者某个地区的包括税收环境在内的综合营商环境较为关注。

四、经济高质量发展对优化税收营商环境的要求

（一）经济高质量发展的基本特征

1. 经济减速换档，坚持质量与效益协同发展

高质量发展理念下，经济发展将更加重视"质"而非"量"，坚持质量第一、效益优先，更加注重结构优化。在此前提下，经济减速换挡，政府对经济增速下滑的容忍度上升，只要经济保持总体平稳，不出现大的波动，运行在合理稳定区间都可以接受。2018～2020年年均增长6.3%左右即可实现2010～2020年GDP翻番的战略目标。

这就要求中央和地方政府必须从内心彻底甩掉单纯追求GDP规模和增速的包袱，从"速度情结""换挡焦虑"中摆脱出来，更加注重质量和效益。党的十九大后，各地纷纷开启布局推动高质量发展，相关落地实施工作正在加快推进。多年来，我国主要以GDP指标来考核评价地方经济发展水平和政府官员政绩，而在高质量发展阶段，GDP指标将被淡化，更多地将民生改善、社会进步、生态效益等指标纳入政绩考核的体系。

2. 加强科技创新驱动，驱动经济高质高优发展

高质量发展阶段，必须依靠创新驱动打造发展新引擎，培育新的经济增

长点，持续提升我国经济发展的质量和效益，开辟新的发展空间。党的十八大提出实施创新驱动发展战略，强调科技创新是提高社会生产力和综合国力的战略支撑，必须摆在国家发展全局的核心位置。习近平总书记强调，发展是第一要务，人才是第一资源，创新是第一动力。创新的最终目的是引领、带动发展，高质量的发展离不开创新的有力驱动，而人才是创新驱动的原初动力，也是支撑发展的第一资源。党的十九大对科技创新作出全面系统部署，推动高质量发展、支撑供给侧结构性改革、加快新旧动能转换，对科技创新提出新的更高要求。科技创新与制度创新、管理创新、商业模式创新、业态创新和文化创新相结合，推动发展方式向依靠持续的知识积累、技术进步和劳动力素质提升转变，促进经济向形态更高级、分工更精细、结构更合理的阶段演进。

3. 加快实施新旧动能转换，缓解经济下行压力

当前实现经济高质量的重要路径之一就是转换经济发展动能。我国目前经济下行压力较大，经济增长运行在6%~6.5%的区间，2019年上半年，我国31个省、自治区、直辖市（不包括香港、澳门、台湾）中，多数省份的工业、投资、消费等指标增速回落，经济增速低于全国水平的省份有山东、上海、重庆、河北、内蒙古、吉林、黑龙江、甘肃和辽宁等14个，并且黑龙江、天津、吉林经济增速低于5%。[①] 经济增速放缓更突显出新旧动能转换的现实必要性和迫切性。根据国际发达经济体发展经济，只有当新经济动能增加值占GDP的比重超过30%时，才能有效缓解经济下行压力。经济发展新动能通常主要来自于四个方面：一是需求侧动能。需求侧动能指的是传统的出口、投资、消费"三驾马车"，拉动这"三驾马车"主要依靠的是财政、货币金融和出口政策。二是生产要素投入动能。生产要素投入动能是通过大规模的劳动力、土地、资源、环境、资金等生产要素投入来实现经济发展。三是GDP导向制度动能。GDP导向制度是指政府对经济发展具有很强的主导性，可以利用体制的优势，设计出货币金融、土地、人口等政策促进经济发展。四是效率提高动能。效率提高动能主要是创新驱动，依靠科技和思维创新提高生产效率。我国目前的经济结构中，第三产业增加值占国内生产总值的比重不断上升，第三产业增长对国内生产总值增长的贡献率已经超过60%，潜力巨大的国内需求将成为经济高质量发展的强大动力。

---

① 资料来源：课题组根据国家统计局数据整理得到。

4. 促进消费持续升级，强化消费动能拉动作用

需求结构由主要依靠投资、出口拉动向依靠消费、投资、出口协同拉动转变，内需拉动作用显著增强。在扩大内需战略推动下，居民消费潜力有序释放，消费升级势能持续增强，消费的基础性作用不断发挥。改革开放以来，我国经济增长长期以出口驱动和投资驱动为主，而国内消费（内需）对经济增长贡献相对较少。2008年以后，国际市场需求（外需）乏力，从2013年开始，随着我国居民收入的持续增长，中等收入群体不断扩大，国内消费需求已经超过投资需求成为经济发展的主要引擎，我国最终消费支出增长对经济增长的贡献率也在不断增长，已从2013年的47%提升至2018年的76.2%。[①] 正是基于上述转变，习近平总书记在党的十九大报告中指出，"完善促进消费的体制机制，增强消费对经济发展的基础性作用。"2018年开始的中美贸易摩擦，使得中国出口到美国的产品受到限制，对中国出口产生巨大影响。在这样的背景下，充分利用国内巨大的市场，扩大内需，促进消费升级成为未来拉动中国经济长远增长动力之一。

5. 推动供给侧改革深入，不断优化产业结构

我国经济由高速增长阶段转向高质量发展阶段，高质量发展要求持续转变发展方式、优化经济结构、转换增长动力。从供给侧结构性改革角度分析，党的十九大报告指出，新旧动能的转换必须"坚持质量第一、效益优先，以供给侧结构性改革为主线，推动经济发展的质量变革、效率变革、动力变革，提高全要素生产率。"着力加快建设实体经济、科技创新、现代金融、人力资源协同发展的产业体系，着力构建市场机制有效、微观主体有活力、宏观调控有度的经济体制，不断增强我国经济创新力和竞争力。供给侧结构性改革就是要从生产端入手，有效化解过剩产能，例如钢铁、煤炭、水泥、船舶、化工、光伏等产能过剩产业；促进产业优化重组，发展战略性新兴产业和现代服务业，例如5G、物联网、高端制造装备、新能源汽车、工业机器人等产业。

6. 加快建设生态文明，注重人与自然和谐共生

随着我国发展步伐的加快和经济总量的增大，我国资源约束趋紧、环境污染严重、生态系统退化、发展与人口资源环境之间的矛盾日益突出，已成为满足人民日益增长的美好生活需要的重要的制约，已经成为经济社会可持续发展的重要瓶颈。党的十九大报告强调，必须树立和践行"绿水青山就是

---

① 资料来源：课题组根据国家统计局数据整理得到。

金山银山"的发展理念,坚持节约资源和保护环境的基本国策,坚持走生产发展、生活富裕、生态文明的发展道路,形成人与自然和谐发展的现代化建设格局。这就要求传统"高投入、高消耗、高排放、低质量、低效益"粗放型产业的集约化、绿色化,推广清洁生产、发展循环经济、实行节能降耗和污染减排改造等;同时大力倡导和支持新兴绿色产业、战略性新兴产业,如环保产业、生态产业、低碳产业等。把生态文明建设融入经济建设,用绿色、循环、低碳发展理念构建生态经济发展新模式,引领新型工业化、新型城镇化、农业现代化,走出一条经济发展与生态文明建设相辅相成、相得益彰的发展新路。

7. 注重民生"三感",强调包容性、普惠式增长

在党的十九大报告中,习近平总书记首次将人民的获得感、幸福感、安全感并列提出。中央经济工作会议着重强调,围绕推动高质量发展,提高和改善民生水平,实现高质量发展的根本目的是使人民获得感、幸福感、安全感更加充实、更有保障、更可持续。发展已经成为一项以民生为中心的系统工程,更加体现在人民的感受之中。就业是民生之基,直接关系到百姓的幸福感和安全,政府大力实施就业优先战略和积极就业政策,始终把促进充分就业作为保障和改善民生的头等大事;为解决"看病难,看病贵"的问题,我国加强社会保障制度,统筹推进医疗体制改革;坚持脱贫攻坚战,切实帮扶苦难群众和弱势群体,政府不断出台惠民政策,资助建档立卡低收入人口,兜住底线,让每一名百姓都能享受到经济高质量发展带来的福利。

高质量发展从经济领域拓展到政治、文化、社会、生态及民生领域,更加注重经济的全方面发展。

(二)经济高质量发展对优化税收营商环境的迫切要求

1. 经济高质量发展要求不断优化"纳税"环境

世界银行于2019年10月24日发布了《营商环境报告(2020)》,对全球190个经济体的营商环境便利度进行了评估。报告显示,中国的营商环境持续优化,营商环境便利度名列全球第31位,相较于上一年度的第46位提升了15位。与此同时,世界银行将中国列为2018年中营商环境改善度最高的10个经济体之一,充分认可了中国在开办企业、办理施工许可、获得电力、保护少数投资者、纳税、跨境贸易、执行合同和办理破产八个领域进行的卓有成效的改革。其中,"纳税"作为《营商环境报告》中的一项重要指标,是近年来中国致力于提升的领域之一。中国税务部门通过实施更大规模"减税降费"和推进"放管服"改革,降低企业税费负担,优化简化办理程序,提高纳税申报和缴纳系统信息化水平,不断优化税收营商环境,助力企业持续及安康发展。报告显示,中国"纳税"指标排名继续稳步提升。其中,总税收和缴费率相较2018年下降4.8个百分点,2018年"减税降费"举措的积极影响初步显现。但是,在报告中,可以明显看到,虽然中国的营商环境取得巨大进步,但是税收方面的营商环境还有待提高,中国在纳税领域排名第105位,中国企业财税合规年平均耗时138小时,而新加坡的平均耗时仅为64小时。中国"纳税"指标的具体情况如表1-6所示。

表1-6　　　　　2019年中国"纳税"指标具体数据

纳税次数（每年）：	7次
纳税时间（每年）：	138小时
总税收和缴费率（百分比）：	52.9%
报税后流程指数：	50

资料来源：根据世界银行2019年《营商环境报告》整理得到。

2. 经济高质量发展要求减轻企业税费负担

减税降费是深入推进供给侧结构性改革,应对经济下行压力的重要举措。减税降费政策出台比较明显的时间节点是2015年中央经济工作会议,在该会议上提到了"减税"而不是"结构性减税",在此之前2008年、2011年、2012年、2013年的中央经济工作会议上都提到结构性减税。2015年中央经济工作会议除了提到减税外,还要求清理各种不合理收费、降低社会保险费,标志着"减税降费"周期的正式到来。2016年国务院常务会议上明确要求,2017年要大力实施减税降费政策,实施结果为2017年全年减税降费总额超过1万亿元。2018年实施了较大规模的减税降费,全年共减税降费1.3万亿元。2019年则强调实施更大规模的减税降费,目标为2万亿元。在减税降费政策的有力支撑下,我国经济平稳运行在6%～6.5%的区间内,"去产能"效果比较明显,工业品价格企稳回升,经济增长总体平稳并且稳中有进,体现了经济高质量发展的要求。

减税降费政策也是优化税收营商环境的重要内容。从商事主体的角度出发,企业或者个体工商户对税务环境的要求最突出的两个方面：一是税务环境,二是办税效率。减税降费就是改善税负环境的重要体现,例如增值税、企业所得税税率的降低，直接减轻了企业的税费负担。并且减税降费对经济总产出具有乘数效应，在经济下行阶段，通过减税降费可以增加消费者可支配收入，进而促进消费，消费的增加将进一步刺激生产，进而带动就业和经济增长。早期的供给侧政策强调了减税降费对储蓄、投资、劳动供给以及资本投资等的激励效应。减税降费政策的推行有利于减少企业负担，创造低税负的税收营商环境，进一步引导资本流动，促进产业结构的调整升级。但是，传统意义的减税降费模式与经济高质量发展要求还存在差距，经济高质量发展要求以长期降成本为主要目标，解决结构矛盾，培育发展新动能，通过长期持续的税制变革推行实质性减税降费，促进产业转型升级。

3. 经济高质量发展要求良好市场环境服务于民营经济

我国经济高质量发展需要以民营经济的高质量发展为主力军，我国经济发展新旧动能的转换和经济高质量发展都离不开民营经济的高度参与。因此，改善企业的税收营商环境，有利于做大做强企业，发挥企业的重要作用，促进我国经济的高质量发展。2018年11月，习近平总书记在民营企业座谈会上指出，"我国民营经济只能壮大、不能弱化"，肯定了民营经济在我国重要地位和作用。民营经济在中国经济发展中发挥了根本性作用，"民营经济具有五六七八九的特征，即贡献了50%以上的税收，60%以上的国内生产总值，70%以上的技术创新成果，80%以上的城镇劳动就业，90%以上的企业数量。"截至2018年底，我国企业数量已经超过3 000万家，① "在稳定增长、改善民生、促进就业、贡献税收、保护环境和构建和谐劳动关系等方面都做出了突出的贡献。"民营经济是我国创业就业的主要领域，技术创新的重要主体，国家税收的重要来源；同时也是我国转变经济发展方式、产业结构转型升级、转换经济增长动能的重要支撑，"要不断为民营经济营造更好发展环境，帮助民营经济解决发展中的困难，支持企业改革发展，让民营经济创造活力充分迸发。"因此，经济的高质量发展，其中心在于民营经济的高质量发展。

我国企业数量众多，增长速度也很快，但是在质量上却急需提高，具有自主知识产权和核心竞争力的企业并不多。许多企业没有高附加值的产品，采取传统劳动密集型、资源高耗费型的企业，很容易在市场经济竞争中处于劣势，常处在产业链的末端甚至被淘汰。无论是国内外市场竞争环境，还是

---

① 资料来源：课题组根据国家统计局数据整理得到。

企业自身发展状况，客观上都要求企业加快转型升级，以质量求生存与发展，由要素驱动转向创新驱动，通过科技创新，更新结构与管理，提升服务技术含量。当前我国企业的高质量发展仍存在着内在与外在的障碍要素：一是企业本身的异质性问题导致企业发展困难。企业因经营规模不同、产品市场竞争力强弱、市场地位大小而受到影响。二是融资问题对于中小型企业而言普遍存在，企业的融资渠道狭窄，很难通过发行债券或自建金融机构等方式为自身运转提供资金支持。三是企业经营过程中成本高企，如制度性交易成本、人工成本、社会保险成本、实体经营场所租赁成本等。我国经济高质量发展要求企业尽快实现转型升级，由劳动密集型升级为技术密集型，由资源耗费型转向生态环保型。从营商环境的角度讲，营造良好的市场环境，降低企业负担，也是企业转型升级的外部助力。

五、广东优化税收营商环境现状——以广州市为例

（一）广东税收营商环境总体情况

为了解广东经济新动能培育发展过程的税收营商环境变化，准确测度广东税收营商环境水平，不断优化广东税收营商环境、为提升税收治理能力提供科学依据，我们采取调查问卷的研究方法，分组进行了问卷调查。整个问卷分成三组，即省内组、省外组和参照组，省外组选取浙江、江苏、山东三个省份，通过省际间比较看各省税收营商环境的差异。问卷调查共发放问卷1 300份，其中广东省内8个城市发放了1 000份，省外发放300余份，有效回收调查问卷1 237份。调查问卷主要涵盖纳税企业的基本概况、企业经营状况和税收营商环境情况，问卷内容主要包括企业纳税的总体负担、企业纳税时间、企业信用等级、企业对税务环境的满意度等问题，全面反映了企业在广东投资、贸易、经营方面的税务环境。表格数据指标主要依据世界银行组织有关税收营商环境的指标进行设计，包括企业纳税时间、企业税费负担以及增值税退税耗费、所得税稽查耗时等调查内容。

1. 广东税收营商环境预计排名情况

在世界银行于2019年10月24日发布的《营商环境报告（2020）》中，中国位列第31名。在2018年由第78位提升至第46位之后，中国又往前迈进了15位。而在2015年，中国的排名还是第90位（见图1-8）。

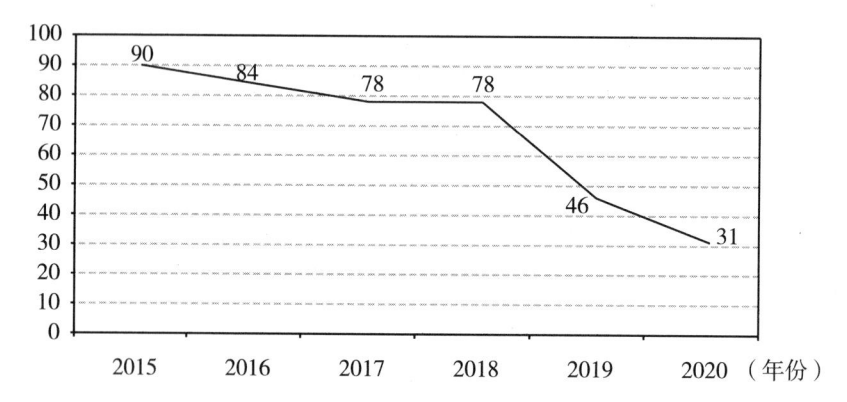

图 1-8　中国在世界银行历年《营商环境报告》中的排名

资料来源：根据世界银行历年《营商环境报告》整理得到。

世界银行对中国营商环境的评估主要基于对上海、北京两座城市各项指标的监测，上海的权重占55%，北京为45%。北京、上海的总体表现还是非常接近的，在办理施工许可、获得信贷、破产管理等指标上的分数差距微乎其微。因此，我们可以通过对比广东与上海、北京的税收营商环境数据得出广东税收营商环境预计排名情况。

从2018年全球190个经济体对比的税收营商环境排名来看，广东税收营商环境稳居上游水平，表明近年来广东在执行减税降负政策上取得了明显成效。从各分项指标来看，税费负担、纳税时间等各项指标较往年也有较大变化，一是企业总体税费负担继续下降，由2014年的50.6%下降至2018年的36.7%，下降了13.9个百分点（见图1-9）。二是企业纳税时间年均时间继续下降，2016年广东企业缴纳税费的平均时间从2014年的180.8小时/年下

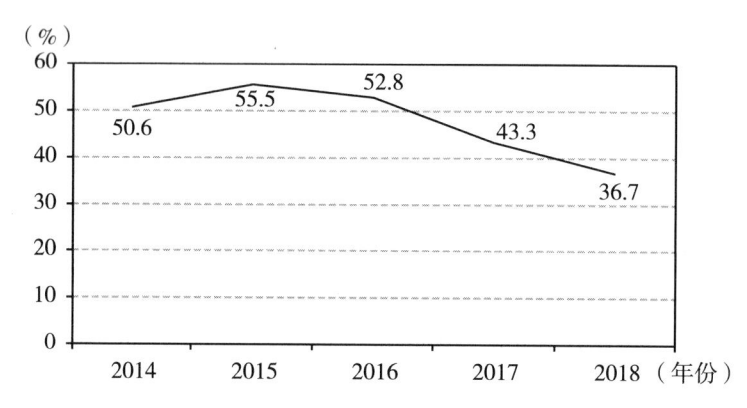

图 1-9　2014~2018 年广东企业总税费负担情况

资料来源：笔者根据调研数据整理所得。

降到 2018 年 136.2 小时/年，企业纳税时间连续 5 年持续下降，为企业营造了便利化的办税环境（见图 1-10）。

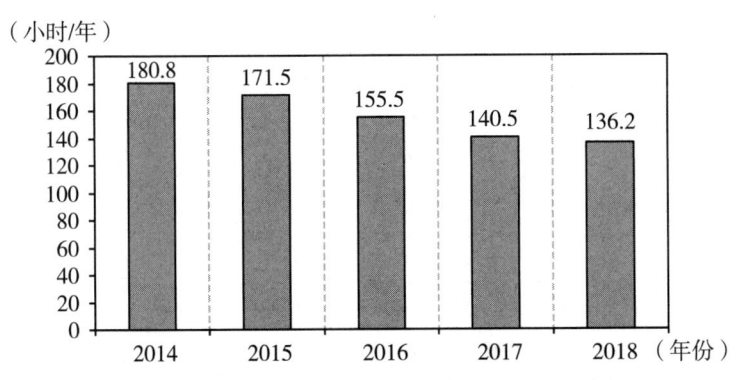

图 1-10　2014~2018 年广东企业纳税时间

资料来源：笔者根据调研数据整理所得。

对比北京和上海的数据，广东在公司纳税次数方面与北京、上海持平，均为 7 次/年。但在公司纳税所需时间方面有领先优势，北京、上海均为 138 小时/年，广东为 136.2 小时/年。在总税率方面，上海为 63%，北京为 55%，广东为 36.7%，具有明显的比较优势（见表 1-7）。其中原因可能在于相比北京和上海而言，总税率应该是一致的，区别在于广东的社保费低于北京和上海，从而导致广东的总税费率合计起来低于北京和上海。根据以上数据，我们评估广东税收营商环境在全世界排名应处在前 30 名的位置。

表 1-7　北京、上海、广东税收营商环境比较

省份	公司纳税次数（次/年）	公司纳税所需时间（小时/年）	总税率（占利润百分比）
上海	7	138	63
北京	7	138	55
广东	7	136.2	36.7

资料来源：课题组根据各地统计数据整理得到。

2. 市际间税收营商环境比较

为真实了解广东税收营商环境在国内所处的水平位置，我们选取了深圳、重庆、杭州、北京、上海以及广州六个经济发达城市的税收营商环境进行比较。从总体上看，广东社保费较低，深圳、广州在六个比较对象中排名处于第一、第二的位置，具有明显的比较优势，尤其在医疗方面具有较为明显的优势。此外，在土地使用税方面，上海、北京处于领先地位。在房产税原值减除比例方面，只有上海是20%，其余城市均为30%。而地方教育附加仅有上海为1%，其余城市均为2%（见表1-8）。

表1-8　　　　　北、上、渝、广、深、杭6城市税费差异比较

城市	社会保险费——单位缴纳部分（%）						土地使用税（元/平方米）	房产税原值减除比例（%）	地方教育附加（%）
	养老	医疗	失业	工伤	生育	合计			
深圳	13	5	0.7	0.49	0.45	20.64	2	30	2
广州	14	5.5	0.48	0.35	0.85	21.18	2	30	2
重庆	16	10	0.5	0.8	0	27.3	2	30	2
杭州	14	10.5	0.5	0.2	1.2	26.4	5	30	2
北京	16	10	0.8	0.2	0.8	27.8	1.5	30	2
上海	16	9.5	0.5	0.2	1	27.2	1.5	20	1

资料来源：广州市国家税务局调查数据。

（二）广州成为优化税收营商环境典型样本

广州是一个优秀的营商环境建设"样本"，曾多次被《福布斯》评为"中国大陆最佳商业城市"第一名。广州税务部门优化营商环境建设始终走在全国前列，广州税收营商环境的显著变化与广州近年先后出台一系列打造一流营商环境的政策有关。广州税务在上级税务机关和地方党委政府的领导与支持下，在深入研究世界银行《营商环境报告》纳税指标的基础上，抓住中央深化"放管服"改革的重点，结合广州实际情况，全力助推广州优化市场化、法治化、国际化营商环境，聚焦存在的问题以及薄弱环节，出台多项新措施、新政策，有的放矢推进优化税收营商环境各项试点措施，为广州营造了稳定、公平、可预期的税收环境。

广州税务部门于2010年开通官方微博，是全国最早开通官方微博的部门之一。并于2012年开通官方微信号，亦是全国最早开通官方微信号的部门之一。2014年，首创向纳税人推出"微信申报缴税"服务。2015年，广州印发《广州市建设市场化国际化法治化营商环境三年行动方案》，2016～2017年"建设市场化国际化法治化营商环境"均列入广州市委常委会重点工作。广州工商登记"今天约、明天办、后天取"，所有登记审批全流程3个工作日内完成，审批时效提速88%，形成"广州速度""广州特色"。2017年，成为全国

首批5个优化税收营商环境试点单位之一。2018年出台"便民利企促发展"33条新措施、"优化科技创新环境"10条新措施、"服务出口企业"10条措施53条措施。2019年，广州税务局将优化税收营商环境工作列入广州税务四大重点工作。近三年来广州累计推出206条优化营商环境工作措施，已经形成以制度创新为核心、以促进投资贸易便利化为主线、以接轨国际商事规则为标准的全国最具吸引力的营商环境。目前，有近300家世界前500强企业落户广州，其中接近半数将总部或区域总部设在广州。因此，我们以广州税收营商环境为例，研究广东优化税收营商环境的现状。

1. 广州优化税收营商环境举措

（1）大力推行税费办理电子化。

广州税务大力推行电子化申报，目前所有税费种均已实现全流程电子化申报，所有税费种网上申报率均高于98%。依照世界银行计算纳税次数的口径，广州纳税次数为7次，达到了"纳税次数"最小化的目标。其中企业所得税、城镇土地使用税、房产税、土地增值税各计算为一次；个人所得税、社会保险费、住房公积金计算为一次；城市维护建设税、教育费附加和地方教育附加可以随增值税合并申报，计算为一次；日常购销缴纳的印花税和房地产交易缴纳的印花税两个税目能通过一个申报表实现同期申报，计算为一次。

（2）优化申报流程节约时间成本。

通过优化申报的各个流程，大幅度减少"纳税时间"。在申报的准备阶段，全面推广全业务事项网上办理，推广电子税务局，实现1134项涉税事项的"一网办理"，压缩企业申报准备时间。通过"减事项，减资料，减表单"的方式减轻纳税人的办税负担，其中共有91.1万次纳税人在办理涉税事项中享受到办税便利，纳税人减少报送涉税申请资料298.1万份。依托i-Tax智能机器人，提供7×24小时全天候智能服务，2018年以来全天候为18.86万户次纳税人提供51.80万次咨询解答服务。另外，通过微信、微博等应用程序为纳税人打造"掌上微学堂"，加强对企业的宣传辅导，使得纳税人熟悉电子化申报流程，从而缩短纳税申报准备时间。在申报环节，通过推行增值税"一键申报"，使增值税一般纳税人申报表85%的填报栏次不需手工填写，由系统一键生成申报表后即可确认上报，压缩75%的申报时间。2019年5月，广州税务进一步将"一键申报"覆盖至增值税小规模纳税人，全面实现增值税"一键申报"。

(3) 持续缩减税务行政审批事项。

深入推进税务行政审批制度改革，将行政审批项目从71项压减至6项，取消的行政审批事项超九成；简化办税流程，提速企业开办，通过与市场监管部门信息实时共享，实现企业开办信息实时传输，将过去的1~2小时数据延迟缩短为分秒级，为企业开办节约时间成本，其中"广东省广州市越秀区实现企业开办最快一天"的广州税务经验做法入选国务院第五次大督查发现的130项典型经验做法。

通过办理增值税留抵退税实现全流程无纸化，优化"报税后流程指数"，平均4个工作日即可获得退税。由广州税务与人民银行广州分行共同开发的税款退库无纸化系统，使得纳税人退库申请、税务局审批、国库办理退库的全流程无纸化办理得以实现。这一创新举措得到了税务总局的高度评价。在企业所得税更正申报方面，广东电子税务局已实现征期内及征期后网上更正申报，且不引发审计，提速办税时间。

(4) 有效落实减税降费减轻企业负担。

广州税务贯彻落实国家、省减税降费决策部署，降低养老、医疗、失业和工伤保险四个险种的缴费费率，目前广州社保费总体缴费费率在全国处于较低水平。降低社保缴费基数，广州自2014年起已使用全口径城镇单位在岗职工平均工资作为缴费基数下限，工资水平较低的职工缴费基数可以相应降低，有效减轻企业和个人负担。

除对标纳税指标外，广州税务还推行了其他推进税收管理和创新的服务，并取得了一定成效。广州税务始终将稳定税收增长作为一项重要任务，积极融入全市经济建设大局，定期提交税收经济分析报告，为广州经济发展建言献策。全力支持开放型经济新体制建设，联合多个政府部门，主动服务"一带一路"重大项目和国际产能合作重点领域，助力民族企业"走出去"。同时落实减税降费政策，政策涉及税种众多，普惠性减税与结构性减税并举使得减税降费政策覆盖面越来越广。大型企业的获得感主要源于足够大的减税规模，其中增值税降税率政策最为明显。

对于小微企业来说，获得感源于政策扩围带来的直接减税幅度。纳税人税负明显下降，切实降低企业经营成本，增值税一般纳税人应纳税负下降四成，而企业员工人均获得1 350元的减税红包，企业承担的"五险一金"基数相对降低，间接降低了企业的人力成本。在减税降费政策实行的同时加大出口退税力度，2018年1月~2019年5月，广州税务累计办理出口退（免）

税758.31亿元,为广州的出口企业注入了696.84亿元的流动资金,惠及全市8 000余户出口企业,进一步缓解企业资金压力,有力支持外贸企业发展。[①] 精准发力支持"双创"税收优惠政策,积极落实各项税收优惠政策,促进创新创业,推动实体经济转型升级营造良好税收营商环境。

(5)提升跨部门涉税数据共享水平。

推进"银税互动",促进融资,有效缓解中小企业融资难、融资贵等问题。通过与市场监管、海关、银行、财政局、外经贸等部门协作,以政府间信息共享,促进税收风险共治。2018~2019年3月底,通过电子政务数据交换系统累计提供134个主题,共计6 691万条数据[②],运用大数据加强税务信息情报分析,提高纳税人税法遵从度,进而提高税收征管效率。另外,主动向纳税人发布涉税风险清单,建立起风险防范、需求分析、政策推送"三位一体"的税务风险防范服务体系,帮助企业健全全内控机制,防范涉税风险。

提高税收执法水平,提高办税便利水平,大力推行"网上办、一厅办、一次办、同城办、预约办",在2018年底实现所有办税服务厅综合窗口涉税业务"一窗通办"全覆盖、税费业务"一厅通办"全覆盖、12366纳税咨询"一人通答"全覆盖,同时构建以"电子办税为主、自助办税为辅、实体办税为补"的立体化办税格局,落实"最多跑一次"清单,纳税人可不受管辖区域限制,在全市范围内自由选择最近、最方便的办税服务厅办理7大类600项税费业务,此外推出微信预约、电话双向预约等多种渠道,提供预约办税服务,便利化办税。大力提升税费宣传力度,充分发挥税费宣传助力经济高质量发展的作用,多渠道推送热点信息,围绕营商环境主线,开展新闻宣传,聚焦减税降费热点,助力经济发展大局。

2. 广州优化税收营商环境经验与启示

广州瞄准经济高质量发展,狠抓税收营商环境优化。2019年2月18日,中共中央政治局常委、国务院副总理韩正到国家税务总局调研减税降费落实工作,并实时连线广州市天河区税务局办税服务厅,韩正对以天河区税务局为代表的广州税务部门落实减税降费工作表示充分肯定,他指出,税务机构改革还要进一步深化细化,优惠政策要让纳税人有获得感。"广东省广州市越秀区实现企业开办最快一天"的广州税务经验是通过多部门合作的方式,率

---

①② 资料来源:课题组根据广州市国家税务局统计数据整理得到。

先实现企业"照章户税"四大项一天联办，并利用新办企业"10 + 1"项"套餐式"便民新举措，将新办企业发票领取时间由 2 个工作日压缩到 1 个工作日内。2018 年以来，广州税务创造了国库（退税）业务全流程无纸化、车购税全程电子化办税办证等"6 个全国率先，1 个全省率先"可复制可推广经验。在全市优化营商环境创新案例评比中，广州税务局凭借"一键申报出口退税 助力企业'加速跑'""自助办税服务 24 小时不打烊""一窗受理集成服务 群众'最多跑一次'"三项便民办税举措，获评为"2018 年广州优化营商环境十大创新案例"，是广州市获奖最多的政府部门。同时广州税务聚焦科技前沿，实现全国首次增值税电子发票数据在区块链上存储和流转——"税链"区块链电子发票平台，可以有效实现电子发票轻量级防伪功能。并在前期通过实名制管理广泛采集纳税人图像信息的基础上，将人脸识别技术与涉税系统相结合，在全市全面推广"刷脸取号办税"，提供更加便捷、安全、高效的服务。

（三）广东优化税收营商环境的不足及原因分析

经济高质量发展导向下广东税收营商环境还有不尽如人意的地方，主要表现在以下三个方面。

一是现行税制和税收营商环境契合度仍需要提高。党的十八届三中全会以来，我国税收法律数量不断增加，立法质量不断提升，有力推进了我国国家治理体系和治理能力的现代化。但当前我国税法制度法制化在优化税收营商环境方面仍存在亟待解决的问题。首先，税收立法层次不足，我国现行的税收法律仅有《中华人民共和国税收征收管理法》《中华人民共和国企业所得税法》等 7 项，其中仅有 1 项税收程序法律以及 6 项税收实体法律，其余税收政策均以税收规章和规范性文件进行颁布。法律层级低，且数量较多，影响税法的稳定性和可预期。此外 1992 年制定的《中华人民共和国税收征收管理法》虽几经修订，但仍然难以满足当前税收现代化建设需要。

二是深化放管服改革需要与有效监管协同起来。现行的税收征管制度体现在"以管理为主，以服务为辅"，应在办税（缴费）便利化改革方面优化制度设计。商事制度改革加大税收风险管理难度，商事制度改革虽降低了制度性交易成本，便利了商事主体的设立，但同时存在少数不法分子利用"便利性"，采用虚假地址、盗用他人身份信息进行商事登记，领用或虚开发票后失踪走逃的现象，严重扰乱市场经济秩序，影响营商环境。目前纳税人的自觉纳税意识以及纳税遵从度仍有待提升，政府相关部门税收协作机制有待完善，综合治税跨部门信息共享平台有待进一步发展。

三是税务机关优化税收营商环境的创新空间有待拓展。由于涉及税种的开征、停征以及减税、免税，增值税留抵退税制度、税收征管体制和申报制度等内容的设计需要较高级别的机关才有权限进行相应的调整或优化，因此作为省一级、市一级税务机关可创新的空间较小。

针对以上不足进行原因分析，主要存在以下五个层面的问题。

1. 理念层面：服务意识需要内化为行动指引

目前，广东省纳税机关的服务意识相对于国内其他地区而言较高，但是整体来看还存在着一些问题。作为一名合格的中华人民共和国公民，在依法纳税的同时也要接受税务机关提供的服务和产品，所以，税务机关应该积极地向公民进行税收政策变化和相关法律法规的宣传。广东税收营商环境中的管理环境存在不足，不仅包括税务干部的业务素质和学历结构，还有在思想上要求融会贯通现代化治理理念，税务机关在提高对纳税人的管理方法的同时认为其工作人员是在践行国家税收权利，所以比较注重管理方式，科学化层次化的管理模式虽然有利于统筹安排，但不利于发挥工作人员的主观能动性，而且在服务态度方面有所忽视，在经济高质量发展下，之前的管理理念和服务人员的服务意识已经不太符合当前现代化治理的纳税要求，也不适应纳税人的需求。

2. 信用层面：契约精神有待于普及整个社会生态

随着经济的发展，我国人民的物质生活水平不断提高，但精神文明建设并没有随之同步提高，尤其是在道德层面，基层契约精神依然薄弱，纳税人自觉纳税意识和纳税遵从度仍不够高，人际间的总体信任度下降。而良好的社会信用环境是税收营商环境优化的重要内容之一，在政府信用和企业信用逐年提高的情况下，人际信用基本持平，根据中国社科院发布的《中国社会心态研究报告》（2012～2013），中国社会总体信任指标进一步下降，低于60分的"及格线"，人际间不信任扩大化、群体间不信任加深，并导致社会的内耗和冲突，较多的社会信用风险极大地制约着广东税收营商环境的优化。

3. 政策层面：营商主体对税收营商环境向好预期存疑

法治是最好的营商环境，稳定公平透明、可预期的法治化营商环境在稳定预期、激发活力、提高信心和促进发展等方面具有不可替代的独特作用，虽然根据世界银行发布的《营商环境报告（2019）》可以看到我国营商环境中司法程序方面排名靠前，但是整体法制化仍然存在进步的空间，市场主体的各项权益并不能完全受到平等保护，市场交易行为也缺少更加完善的法制框架来严格约束和规范。在经济高质量发展下，利益关系的平衡也需要法律来进行调整，增强市场交易的可预见性，法治化营商环境对广东省各类市场主体创新创业创造是必不可少的服务保障。国际间资本的流动以及产业的转移在很大程度上是以营商环境为参考的，根据广东省近年来税务营商环境的动态变化，我们可以看到虽然水平提高到全球中等偏上，但是距离打造一流的国际化税收营商环境还有很长的路要走。涉及广东省各部门各行业各领域，吸引跨国企业投资，给市场良好预期，提高创业信心，推动实体经济自主创新和产业升级，建成创新创业高地，还需要提高打造国际化、便利化的税收营商环境预期，进一步对标先进，优化营商环境。

4. 保障层面：制度出台与有效落实尚需协调统一

2019年10月8日，国务院常务会议审核通过了《优化营商环境条例（草案）》，要求以政府立法为各类市场主体投资兴业提供制度保障，制定专门行政法规推进市场化、法治化、国际化营商环境建设来深化改革开放、促进公平竞争、增强市场活力和经济内生动力、推动高质量发展。然而在制度与实际的契合性方面，并不能完美配合，普惠性的减税降费对小微企业的减负弹性趋弱，税收优惠政策并没有使小微企业的税费负担得到切实降低，相反在减税降费的获得感上，小微企业减税降费获得感低于大中型企业。在实际工作中，很多制度要求难以实现，在税收现代化的进程下，电子化税收征管模式已成为常态，纳税时间缩短，便利化程度得到提高，但部分纳税人学习能力的提升滞后于税务信息化的创新步伐，相关举措创新步伐较快，而纳税者在学习素养、成本预算等因素制约下，要对新系统和新软件进行熟练运用掌握需要较长的学习过渡期。各种政策制度的宣传力度上有所欠缺，宣传的范围也受到限制，只有宣传到位，纳税者才能了解并进一步理解，从而推动相关政策的落实和实施，为优化税收营商环境营造良好氛围。工作人员的办税效率和执法手段也是影响制度落实的重要因素，税务部门工作人员只有不断优化税务环境举措，规范税收执法，提高办税效率，通过电子化来切实帮助纳税人缩减办税时间和办税次数。另外，违法成本过低也会影响制度的落实，纳税信用体系建设尚不完善，仅是重大失信行为的后果会给纳税人带来深刻影响，一般的失信行为并不会造成太大损失，对纳税人税收违法的惩戒范围有限，违法所带来的损失感不强，这样不利于督促纳税人遵法守法，为优化营商环境带来制度保障。

5. 技术层面：人工智能技术应用于税收有待强

随着大数据、"互联网+税务"模式的发展，广东省税务局也引入了很多信息技术，但其税务系统信息化水平还有待加强，其一是涉税数据的共享和应用较为落后，信息孤岛是制约营商环境改善的瓶颈因素，在很多领域涉税信息共享还没有实现，企业仍要重复报送一些资料，由于各类信息共享的实时性不强，大数据技术应用范围较窄，广东省的纳税人在享受更便捷的服务上也受到阻碍，在信息准确且获得性高的要求下，税务人员和纳税人更希望可以实时推送信息，提高传递的便捷性。其二是智能技术的更新速度较慢，广东省推出《国家税务总局广东省税务局进一步优化税收营商环境试点工作实施方案（2018年—2020年）》，从"减少办税次数、压缩办税时间、减轻税费负担、优化税后流程、规范税收执法"五个方面优化税收营商环境，虽然纳税时间和纳税次数都得到了下降，但综合指标依旧排名落后，税后流程指数落后是重要原因之一，税后流程时间仍有大幅下降的空间，而缩减税后流程时间必然要借助现代化网络技术手段，通过智能技术持续不断更新来改变优化原有的办税流程，程序节约的前提下实现税后流程时间节约。

（四）企业发展视角的广东税收营商优化着力点

1. 数据来源与数据描述

为更进一步了解广东省优化税收营商环境的侧重点，课题组进行了问卷调查，剔除部分无效问卷，最终选取了138家企业作为样本企业，抽样关于税务环境评价的调查，旨在了解广东省税务环境状况，提炼出企业最为关注的税务营商环境评价指标。回收问卷中样本企业均来自珠三角地区，年营业收入为300万元以下的企业占24.82%，年营业收入为300万~1000万元的企业占10.22%，年营业收入为1000万~2000万元的占18.25%，年营业收入为2000万~5000万元的占29.93%，年营业收入5000万元以上的占16.78%。

在提炼税务环境评价指标的过程中我们采用因子分析（factor analysis）法，从调查问卷中选取分析主体，参考李克特量表法的基本思路，即把企业纳税人情绪分为若干等级，分值大小表示企业对税收营商环境状况满意程度，并按照选项背后的情绪进行赋值以达到可量化目的，提取出企业最为关注的税收营商环境的评价指标，如表 1-9 所示。此外，通过对变量进行 KMO 检验，说明原始变量间的相关性较高，适于运用主成分分析法进行初步分析，得到结果如表 1-10 所示。

表 1-9　　　　　　　　　变量的描述性统计

变量名称	变量个数	均值	标准误	最小值	最大值
税收优惠政策落实情况（t_9）	138	1.55	0.74	1	4
企业税收负担趋势（t_{10}）	137	2.38	0.98	1	5
纳税申报便利程度趋势（t_{11}）	138	1.60	0.73	1	4
交税种类趋势（t_{17}）	138	2.97	0.88	1	5
纳税时间成本（t_{19}）	138	2.36	1.00	1	5
信息化申报感知（t_{20}）	137	2.49	1.16	1	5
智能办税效率（t_{21}）	125	1.68	1.00	1	5
对税务部门纳税指导（t_{23}）	137	1.69	0.72	1	4
税收新政宣讲落实情况（t_{24}）	137	1.57	0.65	1	4
税务部门简洁自律度（t_{26}）	138	1.40	0.58	1	3
税务机关违规处罚力度（t_{27}）	138	4.92	0.32	3	5
税务部门服务指数（t_{29}）	138	1.52	0.70	1	5

表 1-10　　　　　　　　　KMO 检验结果

变量	t_9	t_{10}	t_{11}	t_{17}	t_{19}	t_{20}	t_{23}	t_{24}	t_{26}	t_{27}	t_{29}	总体情况
KMO	0.83	0.70	0.80	0.71	0.73	0.41	0.82	0.84	0.76	0.75	0.81	0.79

2. 实证分析与结论

为了更进一步对税收营商环境评价指标进行解释与说明，提取公共因子，对调查变量进行分析，广东省企业税收环境评价的众多影响因素中，前四项特征值大于 1，并且它们的累计贡献率为 65%，表明可以确定前四个因子基本包含全部指标信息，所以选取这四个指标作为税收营商环境评价的综合指标。同时，得出四个因子的得分，并以此来判断这些因素对税收营商环境评价的影响，如表 1-11、表 1-12 和图 1-11 所示。

表 1-11　　　　　　　　　特征值及贡献率表

因子	特征值	差异性	变量所占的百分比	累计所占的百分比
因子 1	4.05	2.55	0.34	0.34
因子 2	1.50	0.35	0.13	0.46
因子 3	1.15	0.09	0.10	0.56
因子 4	1.06	0.16	0.09	0.65
因子 5	0.90	0.13	0.07	0.72
因子 6	0.77	0.12	0.06	0.79
因子 7	0.64	0.09	0.05	0.84
因子 8	0.55	0.08	0.05	0.88
因子 9	0.48	0.09	0.04	0.92
因子 10	0.39	0.10	0.03	0.96
因子 11	0.29	0.07	0.02	0.98
因子 12	0.22	—	0.02	1.00

表 1-12　　　　　　　　　因子得分矩阵表

变量名称	因子 1	因子 2	因子 3	因子 4
税收优惠政策落实情况（t_9）	0.79**	0.02	0.30	0.09
企业税收负担趋势（t_{10}）	0.37	0.57**	0.06	-0.42
纳税申报便利程度趋势（t_{11}）	0.68	0.03	0.27	0.24
交税种类趋势（t_{17}）	0.25	0.59*	-0.33	-0.07
纳税时间成本（t_{19}）	0.39	0.31	-0.42**	-0.14
信息化申报感知（t_{20}）	0.08	0.35	-0.12	0.87*
智能办税效率评价（t_{21}）	0.53	0.49	0.07	0.00
对税务部门纳税指导的评价（t_{23}）	0.83*	-0.11	0.20	-0.12
税务部门新政宣讲落实情况评价（t_{24}）	0.75***	-0.16	0.26	0.09
税务部门简洁自律度评价（t_{26}）	0.70	-0.44	-0.18	-0.05
税务部门处罚力度评价（t_{27}）	-0.33	0.24	0.64*	-0.10
税务部门服务评价（t_{29}）	0.69	-0.30	-0.36	-0.04

注：*、**、***分别表示因子影响权重第一、第二和第三的调查题目。

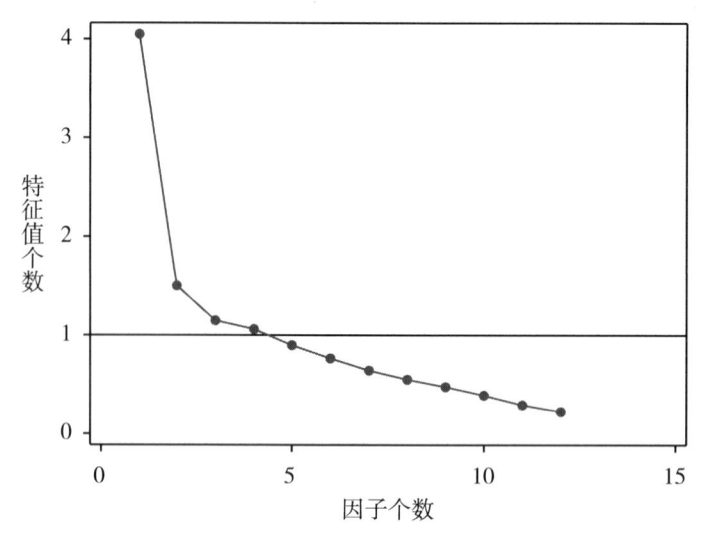

图 1-11　因子的特征值分布

为进一步探究原始变量与因子之间关系,通过因子旋转来确定各个变量对因子的重要程度,从表 1-13 可以看出 t_9、t_{11}、t_{23}、t_{24} 被因子 1 影响较大,t_{26}、t_{27}、t_{29} 被因子 2 影响较大,t_{10}、t_{17}、t_{19}、t_{21} 被因子 3 影响较大,t_{20} 被因子 4 影响较大,根据影响各主成分的因素,将因子 1 命名为纳税情绪感知,因子 2 命名为纳税执法效率,因子 3 命名为纳税便捷度,因子 4 命名为纳税智能技术。根据各主成分影响因素和国内其他学者以及各地税局对税收营商环境评价的经验,本章对税收营商环境评价体系的指标进行整理,如表 1-14 所示。

表 1-13　　　　　　　　转换后因子得分矩阵表

变量名称	因子 1	因子 2	因子 3	因子 4
税收优惠政策落实情况（t_9）	0.83*	0.08	0.17	0.08
企业税收负担趋势（t_{10}）	0.23	-0.12	0.74*	-0.18
纳税申报便利程度趋势（t_{11}）	0.73	0.05	0.09	0.22
交税种类趋势（t_{17}）	-0.04	0.14	0.68**	0.20
纳税时间成本（t_{19}）	0.06	0.38	0.54	0.05
信息化申报感知（t_{20}）	0.03	0.00	0.02	0.95*
智能办税效率（t_{21}）	0.41	-0.03	0.56***	0.19
税务部门纳税指导（t_{23}）	0.81**	0.23	0.17	-0.14
税收新政宣讲落实情况（t_{24}）	0.80***	0.16	0.02	0.02
税务部门简洁自律度（t_{26}）	0.57	0.61***	-0.07	-0.15
税务部门处罚力度（t_{27}）	0.00	-0.76*	-0.02	-0.12
税务部门服务指数（t_{29}）	0.44	0.70**	0.07	-0.06

注：*、**、*** 分别表示因子影响权重第一、第二和第三的调查题目。

表 1-14　　　　　　　　税收营商环境评价体系

综合指标	细分指标
纳税情绪感知	税收优惠政策落实情况
	纳税申报便利程度
	税务部门纳税指导
	税务部门政策宣讲
纳税执法效率	税务部门简洁自律度
	税务部门处罚力度
	税务部门服务指数
纳税便捷度	纳税负担
	纳税种类
	纳税时间成本
	智能办税效率评价
纳税智能技术	信息化申报

根据因子分析的结果，总结出广东省企业对税收营商环境评价有以下突出特点：企业对税收营商环境的关注点主要集中在纳税情绪感知、纳税执法效率、纳税便捷度、纳税智能技术四个方面。

3. 基于企业关注的税收营商环境优化方向

广东省企业对税收营商环境的关注点，也正是政府部门及相关机构进行税收营商环境优化的着力点，企业关注的"纳税情绪感知、纳税执法效率、纳税便捷度、纳税智能技术"四个方面，从操作层面上看就是纳税服务态度、纳税技术更新和行政执法公正性三个内容。

企业的"纳税情绪感知"多体现在企业在办税大厅面对服务人员的态度，或者是应用办税系统的各种程序时而产生的主观感受，诱发纳税人产生不良情绪的原因有多种，例如政策焦虑、排队等候时间过长、业务办理程序繁杂等。企业纳税情绪感知往往对税务部门纳税服务满意度的评价影响较大。

企业的"纳税执法效率"主要是针对税务部门执法的公平公正，通常税法的尺度是一致的，企业很难要求差别化对待，但是对于税务部门执法的边界的裁量方面，不同企业的认知还是有所不同，通过问卷调查企业的反馈显示，企业普遍希望税务部门执法时不偏不倚，不因企业的规模、市场竞争能力大小而差别执法。

"纳税便捷度、纳税智能技术"两个关注点，则反映了广东企业对纳税智能化系统的要求，尽管广东省税务部门在智慧税务方面走在全国前列，但是同时也存在不足，主要是新系统更新的速度快，导致企业熟悉掌握的速度没有跟上，影响了系统性能的发挥。

六、经济高质量发展导向下优化广东税收营商环境的对策

优化税收营商环境的主要目的在于：一是打造有利于企业孵化、成长、成熟的舒适税务环境，办税便捷、税负较低、信用环境良好；二是通过研究费用加计扣除等系列的税收优惠措施，推动企业不断地转型升级，向低碳环保、技术创新、高附加值的产业转向，实现民营经济的高质量发展；三是运用税收政策杠杆吸引社会资本的投入，强化本地经济发展的资本支撑；四是培育壮大经济发展新动能，激发营商环境生产力的生机活力。

优化税收营商环境，首先需要从理念入手，不仅仅只是税务部门的理念，还包括企业和社会公众的理念，从理念到行动落实，人的因素是最根本也是最具决定性的；换位思考不仅有助于理念的转变，也是最有效地快速找到解决问题的途径。其次需要从制度方面入手，税收营商环境的优化不仅仅需要制度约束，还需要有效地将制度落实到实际层面。最后需要从技术层面入手，包括智能技术的更新、涉税数据的共享与应用，技术层面的进步与更新在很大程度上解决了传统办税模式的程序繁杂的问题。

（一）树立征纳共治共享理念，打造多元协同治税格局

打造良好的营商环境，最根本的是"人"的因素。税收营商环境的优化首先需要转变理念，税务部门在工作理念上要实现从"税收管理"转向"税收共治"。税收不仅仅是依靠税务部门进行管理，也是企业和社会公众需要关注与参与的事情。"税收共治"不仅要求税务部门提高自己的服务意识，还要求企业和社会公众具备契约精神。真正实现"税收共治"，将对税务环境、税收遵从、税收筹划都会产生积极正面的影响。特别是征纳双方的关系将由博弈转为合作，真正形成"纳税光荣，纳税为我"的新格局，共同努力打造良好的税收营商环境。

一是税务部门提高服务意识。虽然税法赋予了税务机关和纳税人平等的权利与义务，但是在实际税收征纳过程中，税务机关事实上具有"税务管理

者""政策信息提供者"等职能和权力方面的优势,相应的,纳税人作为"纳税被管理者""政策信息需求者",则自然地处在了被动和受牵制的地位。这种情况下,税务部门忽视了征纳双方法律地位平等这一要点,从而使税务部门在征税过程中过于强调管理而忽视了服务。因此在税务部门转变理念过程中,要重视提高服务意识,应着眼于纳税人的服务需求,以保障服务质量为目标,以大数据分析为推进,主动出击,改进税务部门的工作模式,使得征税工作模式更加高质化高效化,以便促使纳税人更高效、便捷地纳税,建立和谐的征纳关系。

二是引导企业和社会公众树立与履行社会责任理念。"多收入多纳税,少收入少纳税"既是国际社会的惯例,也是社会公平公正的体现。对多收入者而言,多纳税展现的是个人社会价值和社会责任。包括税务部门在内的政府机构应通过宣传、培训、奖励等方式,引导公众强化公民责任意识,积极主动履行纳税义务。从思想上转变高收入人群对缴税的抵触情绪。另外,企业纳税是履行社会责任的重要体现,除了企业直接参与公益慈善、绿色环保等社会实践外,更多的社会责任是通过税收来实现的,精准扶贫、基本公共服务、义务教育等都与税收密切关联。新时代企业勇于担当社会责任,服务社会既是时代赋予的历史使命,也是企业转型升级的重要内容。

(二) 狠抓减税降费政策落实,切实减轻企业税费负担

法治是最好的营商环境,但是只有制度层面的法治是远远不够的,2019年10月22日公布的《优化营商环境条例》就说明了这点。我国税收营商环境的优化不仅仅需要制度约束,还需要有效地将制度落实到实际层面。

一是做实做细减税降费政策。税务部门要贯彻执行减税降费政策,一方面,要仔细研究减税降费政策明确重点任务,推出服务举措,细化落实具体要求,确保纳税人享受减税降费红利;另一方面,可以充分利用金税三期系统,自动识别符合优惠政策的纳税人缴费人以及应当享受优惠政策而未享受优惠政策的纳税人缴费人名单,进行核实,及时办理相关业务,真正落实到每个纳税人缴费人,切实提高纳税人缴费人的获得感。另外,根据相关反馈信息,针对重点难点业务,设立专门服务处或者服务窗口,集中高效地为纳税人提供精确专业的指导和服务。

二是做好相关的宣传普及工作。一方面,要向纳税人宣传普及减税降费政策。对于减税降费的政策要宣传到位,宣传普及减税降费相关的政策是落

实相关政策的前提。税务部门可以统筹电子税务局、纳税辅导工作群、两微一端、短信提醒、网站、报刊、电视媒体等对纳税人进行全覆盖、分阶段宣传；税务部门同时可以创建"大型专场+基层定期+导税服务"培训宣传机制，开展普及性培训，编制《操作指南》等，按优惠政策类别分类制定宣传套餐，现场帮助化解疑难。在有条件的前提下，税务部门也可以分类成立减税降费辅导培训师资团队，开展个性化培训，分类进行预约辅导、政策讲解。

另一方面，宣传突出营商环境就是生产力的重要论断。良好的营商环境能够吸引投资、扩大交流，对区域经济发展状况、财税收入、社会就业等方面产生重要的影响，是国家或地区有效地开展招商引资、国际交流与合作、参与国际竞争，形成综合竞争力重要组成部分。李克强总理更是提出"营商环境就是生产力"，肯定良好的营商环境给社会、经济带来的正面积极的影响。多途径、多渠道、多形式、多时点开展营商环境的宣传，从服务、创新、兴业、开放、活力等多个角度阐述营商环境，向社会、企业、公众宣传打造良好营商环境的积极意义。

另外，税务部门可与其他政府部门沟通，通过政府购买服务途径，将营商环境宣传要求、宣传目的、宣传效果外包给社会机构。宣传方式上利用平面媒体、网络媒体、手机微信等手段，主动推送营商环境的内涵、国际排名、省际排名等，形成整体社会关注、重视、维护营商环境的良好氛围。

三是税务部门做到规范化、精细化与智慧化执法。税务部门具有执法地位，不能因为重视税务环境而逐渐淡化了执法职能，税务机关依法打击逃税，就是为守法的纳税人服务，保障他们的权利，维护市场竞争的公平。

首先，规范化执法要求税务部门坚持依法治税原则。税务部门执法要坚持引导为主、惩戒为辅，对经核实的涉税违法范围行为，要严查严打，净化经济税收发展秩序，营造公平公正的营商、创业环境和投资环境。规范税务行政处罚，实施税务行政处罚裁量基准；完善简易处罚流程，提高执法效率；严格核定征收管理，依法行使税收核定权；推行核定信息公开，提高征收透明度；完善税务稽查执法机制，提升税务稽查资源的配置效率；加强税收执法监督，深入推行税收执法责任制。

其次，税务部门要做到精细化执法，首先要抛弃效率为先的观念。虽然效率是税务部门执法过程中的重要目标，但是不能过分强调效率，而忽视了执法过程中的内在逻辑。税务部门应该严格工作流程规范标准；针对基层执法落实制定仔细的工作职责、标准、规范，明确执法过程中各个岗位的职责、法规界限、工作规则，使各项工作落实目标明确、规则清晰、细节细致。同时也要提高税务执法人员的专业能力，按照岗位职责不同，开展针对性的定期培训，以便执法人员精通税收业务。

最后，税务部门要做到智慧化执法，利用金税三期系统数据信息在科学研究判断之后，可以有重点、有针对性地展开执法工作。税务部门应加强分析研判能力，针对重点地区、重点行业、重点企业、重点项目的税源关注跟踪，对影响税源的各项经济、政策因素进行分析，科学研判经济税源的发展趋势，提高对重点税源增减变化情况的了解，加大对宏观经济发展变化的主动分析掌握能力，建立健全组织收入联动分析机制、督导机制、沟通机制，畅通内外部交流渠道，密切部门间沟通，凝聚组织收入工作合力。

四是健全涉税信息共享机制。征税过程中一直存在的一个难题是第三方部门涉税信息获取问题，工商、国土等部门无法进行信息联网实现数据共享，甚至税务部门内部的信息尚未完全实现共享。为健全涉税信息共享机制，一方面，税务部门从内部出发，要加强内部合作，将税务部门已有的税务信息利用现有的技术进行整合，要真正地实现税务部门内部信息共享机制；另一方面，与审计、海关、工商、第三方部门建立合作关系，同时可以利用云计算技术，建立一个统一联网的数据库，完善外部信息共享机制。

五是在信用层面上加快推行信用数据深度应用。纳税信用是社会信用体系建设重要内容之一。纳税信用的实施与运用不仅有利于推动企业依法诚信纳税，税务部门对企业进行监管，纳税信用同时是社会信用体系的重要组成部分，有助于诚信社会的建设。

首先，健全纳税信用评价运用机制。在巩固"银税互动"良好成效基础上，进一步推动居民及企业纳税信用信息在城市公共服务、行政服务、金融信贷、信用消费、资源供给、出入境管理等方面深度应用，使其成为能够对个体经济社会行为产生可评估性、可预见性、可叠加性影响成果的硬指标，让企业享受纳税信用良好所带来的营商增益。

其次，建立税收信用激励机制。税务机关针对不同纳税信用等级的纳税人申报纳税应该进行区别待遇，或者定期在地方公众平台公布税收信用等级较好的纳税主体及其可享受到的纳税待遇，从而形成对纳税人的一种激励，促使其诚信纳税，增加纳税人的遵从度。另外，地方应当结合国家税务总局颁布的税收信用管理的相关规定，制定符合本地纳税人税收信用管理的具体措施和办法，并要增强执行力度。使企业的纳税信用在招投标、融资等领域得到广泛利用，成为企业参与市场竞争的重要资产，让企业认识到税收信用的重要性。

最后，完善失信惩戒机制。税务部门可以采取色别制标记诚信纳税人，对纳税人实行名单管理，使用不同颜色的纳税申报表标记纳税人，利用声誉促使纳税人诚信纳税。税务部门可以建立黑名单、黄名单以及白名单对纳税人进行色别制标记，黑名单主要列入失信两次及以上的纳税人，黄名单主要列入失信一次及辅导期的纳税人，白名单列入正常纳税的纳税人。税务部门针对不同纳税信用等级的纳税人申报纳税应该进行区别待遇，对于不同名单里的纳税人采取不同的措施，重点针对黑名单中的纳税人，对其纳税申报要严格审核，一旦发现失信行为，不仅要补缴其所少缴的税款，还需缴纳滞纳金以及罚款。

（三）推行泛在智能税收措施，服务数字经济突破发展

国务院发布的《优化营商环境条例》第四十六条中明确规定："税务机关应当精简办税资料和流程，简并申报缴税次数，公开涉税事项办理时限，压减办税时间，加大推广使用电子发票的力度，逐步实现全程网上办税，持续优化税务环境"。而精简办税资料和流程最好的方法就是推行泛在数据智能税务服务。泛在数据智能税务服务意味着纳税人在国内任何时间任何地点都能够享受涉税服务。税务部门实行"实体＋网络＋自助"的办税服务模式，实体大厅统一办理所有业务；推广应用"互联网＋办税"服务，实现纳税人网上申请和网上纳税；打造自助办税区，增加移动智能化办税渠道，将智能化自助办税终端逐步放置到政府行政中心、商业中心、银行网点、房产交易中心等，充分利用智能化、自主化、移动化办税终端，实现办税服务厅"外移"，继续保持广东省税务信息化的优势。当前，数字经济成为广东经济发展的强劲新动力，税收营商环境也需要以数字经济等高质量经济为主要服务对象，提升服务效率和质量，激励数字经济快速发展。

一是营造有利于数字经济发展的税务环境。税务部门通过不断简化现有涉及数字经济的行政审批事项，深化"放管服"改革，以数字经济发展为导向，研究促进数字经济发展的税收政策与服务机制，推进涉税数据采集、管理、共享、交易等标准规范的制定，落实有关数字经济的税收减降、研发加计扣除等各项税收措施，为数字数据打造适宜的税务环境。

二是提供涉税数据分析与推送服务。依据海量的数据，加大对涉税数据

的分析和筛选,建立有效的需求分析模型,深度挖掘数据,提炼出一定时期的重点需求和变化趋势,及时分析响应,作为税务环境改进的依据。实现"广析需求、深挖数据、按需服务",建立"信息采集—需求分析—按需服务—反馈调整"的良性循环机制,及时为地方政府、企业及第三方机构提供价值决策信息,辅助社会层面对数据进行深度增值应用,营造良好的数据共享氛围。

三是逐步实现全部智能化办税服务。不断简化办税审批流程,提升网上办税智能化水平,降低企业办税时间成本,引导纳税人利用手机银行、网上银行、银行转账等缴纳各种税款;进一步优化手机APP"一键办税"功能,便利纳税人。对于特殊的复杂涉税事项,可以分步分项处理,将可以放在移动端的流程由纳税人提前在移动端办理,需要税务人员参与的流程由纳税人通过网络预约税务业务人员,节约征纳双方的时间。

四是提高企业所得税的审计效率和留抵退税效率。广东省纳税综合指标在全球依旧排名落后,税后流程指数落后是重要原因。而税收流程指数反映的增值税退税时间和企业所得税审计时间与企业无关,更多地取决于税务部门。为提高税收流程指数,一方面,税务部门要充分利用金税三期系统的数据以及智能化系统减少企业所得税的审计时间,提高企业所得税的审计效率;另一方面,税务部门根据2019年实行的增值税期末留抵税额退税制度,应当尽量简化纳税人的申报流程,降低留抵退税的行政成本,提高留抵退税的效率。

五是利用大数据平台实现涉税数据采集与共享。通过12366热线、税务局网站、微信、微博、业务系统等平台的访问痕迹、办理涉税事项记录,统一标准分类。完善各个部门间数据共享渠道,扩大共享数据范围,丰富共享数据内容,实现数据真正共享。充分利用国家电子政务内网、外网和互联网,以及国家信息资源库和有关领域的信息共享基础设施,为税务信息和政务信息提供查询、交换和发布等公共服务。依托国家电子网络信任设施,利用有关部门和地方电子认证系统,为税务信息共享提供身份认证、授权管理和责任认定等安全性服务,从而简化税务部门办税的流程。

(四)充分运用区块链存储技术,智能化识别税务风险

税收营商环境风险包括税收不遵从、税负升高、企业办税效率降低等。充分认识到税收风险管理的作用并利用金税三期工程,进行数据分析;根据

风险类别，构建信息管理的预警分析体系；通过专业化团队的组建，分级分类展开税收风险管理工作。在原有的技术水平上税务机关难以有效作为，现在大数据技术的兴起及熟练应用、税局机关工作环境流程的智能化使税务机关可以在事前预测风险水平、事中管控风险、事后降低风险。

区块链技术可以应用于税务登记、发票管理、税务稽查、税务分析等各个流程，其分布式数据储存结构、数据的可溯源性及不可篡改性、去信任与去中心化等优势，在涉税信息共享和税收信用体系建设等领域也有着很好的应用。在税源管理方面，将区块链与工商、海关、金融等机构联合，获取与纳税人相关的商品交易信息和资金流向，形成多方联动的立体防控体系，建立起自动的风险识别和预警机制。完善税收分析和纳税信用评级制度，根据纳税人的税收遵从情况依照预先设定的规则自动计算信用等级，实时改动，保证信用信息的准确性和及时性以及税源管控的针对性。创新税款征收模式，把区块链技术和智能合约相结合运用到税收征管中，通过企业真实完整记录在区块中的所有交易数据和相关信息，设置一套征管规则，利用技术软件在期末将交易记录自动整理分析生成纳税申报表，自动扣缴税款，有效简化了税款征收流程。构建信息管税，大力推行智能合约。将各个信息系统作为信息采集的端口，采集分析并计算存储核心数据，这些信息通过整个信息系统在各部门节点间流动，从而有效解决信息不对称。在区块链技术下，涉税信息的采集和共享将更加便利，可以大力推行智能化合约，通过规范性程序处理，避免税收征管中存在的政策模糊地带或地区差异性，解决税务部门和纳税人之间对税收政策理解不一致产生的问题。而且企业入链后，在区块链系统中进行所有交易，根据交易信息实现应纳税额的自动计算，减少繁琐的纳税申报工作。税务部门通过区块链平台，可以更好地为纳税人提供网上办税、咨询等涉税服务。

一是发挥区块链技术在电子发票领域应用优势。区块链技术具有全流程完整追溯、信息不可篡改等特性，在区块链系统中，交易产生的所有数据信息都将被记录，并保证其准确性和唯一性，这些交易数据按照时间顺序在每一节点保存，从而实现数据信息的可追溯性，这可以保证在税收征管中对相关交易链条的完整追溯，与发票的逻辑及需求高度吻合，能够有效规避假发票、完善发票监管流程。区块链发票将每一个发票关系人连接起来，方便追溯发票的来源、真伪和报销等信息，有效解决发票流转过程中"一票多报、虚报虚抵、真假难验"等难题，切实降低纳税人经营成本和税收风险。充分发挥区块链在促进数据共享、优化业务流程、降低运营成本、提升协同效率、建设可信体系等方面的作用。

二是建立风险信息来源识别体系。先由计算机归集所有的涉税风险，并按照风险严重程度自动划分等级。在涉及具体业务流程、具体企业的时候，通过自动化风险预警系统，精准识别税收风险，对风险疑点网上全程跟踪处理。运用税收大数据，健全动态信用评价和风险评估指标体系，实现对纳税人信用和风险状况的动态监控评价。

三是建立税务风险特征数据库。建立各行业风险数据智能模型，及时开展风险应对管理。此外，税务部门设立风险防范评估中心，实现对税收风险的分析，并及时反馈给企业，有效降低企业纳税风险，打造稳定可持续的税收环境。

参考文献

[1] 甘家武，李建军. 税收与经济增长的关系研究——基于结构性减税的视角 [J]. 中南大学学报（社会科学版），2013（4）：30-34.

[2] 董志强，魏下海，汤灿晴. 制度软环境与经济发展——基于30个大城市营商环境的经验研究 [J]. 管理世界，2012（4）：9-20.

[3] 刘穷志. 税收竞争、资本外流与投资环境改善——经济增长与收入公平分配并行路径研究 [J]. 经济研究，2017（3）：61-75.

[4] 王绍乐，刘中虎. 中国税务营商环境测度研究 [J]. 广东财经大学学报，2014（3）：33-39.

[5] 李林木，汪冲. 税费负担、创新能力与企业升级 [J]. 经济研究，2017（11）：116-121.

[6] 李林木，宛江，潘颖. 我国税务营商环境的国际经验比较与优化对策 [J]. 税务研究，2018（4）：3-9.

[7] 聂辉华，方明月，李涛. 增值税转型对企业行为和绩效的影响——以东北地区为例 [J]. 管理世界，2009（5）：17-24，35.

[8] 刘放，杨筝，杨曦. 制度环境、税收激励与企业创新投入 [J]. 管理评论，2016（2）：61-73.

[9] 陈昌兵. 新时代我国经济高质量发展动力转换研究 [J]. 上海经济研究，2018（5）：16-24.

［10］徐云翔，李平榕. 让税收成为高质量发展的推动器［J］. 中国税务，2018（3）：16-17.

［11］Ohnson, R. A., Wichern, D. W. Applied Multivariate Statistical Analysis［M］. 6th ed. Published by Pearson Educatin. Inc, Publishing as Prentice Hall, Copyritght, 2007：430-538.

［12］Carl Benedikt Frey, Michael Osborne. The Future of Employment［J］. Palgrave Macmillan UK, 2013（56）：578-593.

［13］RAbbott, Bogenschneider. Should Robots Pay Taxes? Tax Policy in the Age of Automation［J］. Social Science Electronic Publishing, 2017：86-91.

［14］Bachas P., Fattal Jaef R. N., Jensen A. Size-dependent Tax Enforcement and Compliance：Global Evidence and Aggregate Implications［J］. Journal of Development Economics, 2019（140）：203-222.

［15］Cagan P. The Demand for Currency Relative to the Total Money Supply［J］. Journal of Political Economy, 1958, 66（4）：303-303.

［16］Donna D. Bobek, Robin W. Roberts. John T. Sweeney, The Social Norms of Tax Compliance：Evidence from Australia, Singapore, and the United States, Journal of Business Ethics, 2007, 74（1）：49-64.

［17］Erard B., Feinstein J. S. Honesty and Exasion in the Tax Compliance Game［J］. Rand Journal of Economics, 1994, 25（1）：1-19.

［18］Erard Brian. Review：Tax Compliance and Tax Morale：A Theoretical and Empirical Analysis by Benno Toregler, Journal of Economic Literature, 2009, 47（1）：198-200.

［19］Graetz M. J., Reinganum J. F., Wilde L. L. The Tax Compliance Game：Toward an Interactive Theory of Law Enforcement, Joumal of Law［J］. Economics and Irganization, 1986, 2（1）：1-32.

［20］Gutmann P. M. The Subterranean Economy［J］. Financial Analysts Journal, 1977, 33（6）：26-27.

［21］Hanousek J., Palda F. Is There a Displacement Deadweight Loss from Tax Evasion? Estimates Using Firm Surveys from the Czech Republic［J］. Economic Change and Restructuring, 2009, 42（3）：139-158.

［22］Kenneth R. Pirok. Internal Revenue Service［J］. Internal Revenue Service Publications Branch, 2001（5）：30-33.

[23] Marjorie E. Kornhauser. Normative and Cognitive Aspects of Tax Compliance: Literature Review and Recommendations for the IRS Regarding Individual Taxpayers [J]. Taxpayer Advocate Service, 2007, 2 (1): 139.

[24] Michael G. Allingharn, Agnar Sandmo. Income Tax Evasion: A Theoretical ananlysis [J]. Journal of Public Economics, 1972, 1 (3): 323-338.

[25] Toegler B., Demir I. C., Macintyre A. et al. Causes and Conseque of Tax Morale: An Empirical Investigation [J]. Economic Analysis & Policy, 2008, 38 (2): 313-339.

[26] Marjorie E., Kornhauser. Normative and Cognitive Aspects of Tax Compliance: Literature Review and Recommendations for the IRS Regarding Individual Taxpayers [J]. Taxpayer Advocate Service, 2007, 2 (1): 139.

第二章

基于 GTSI 模型提升广东省纳税人满意度策略研究

一、引言

为纳税人提供优质、高效、便捷的服务,是税务部门的重要职责,也是时代发展的要求。从 20 世纪 50 年代纳税服务在西方国家作为政府提供的公共服务产品产生以来,其为纳税人提供的服务事项及措施的概念和内涵,就一直在不断地提升、延伸。2008 年国家税务总局设立纳税服务司,基层税务机关相应调整了机构,纳税服务工作在我国税务工作中提上重要议程。国家税务总局先后发布了《纳税信用管理办法(试行)》《全国税务机关纳税服务规范(3.0 版)》等一系列制度、办法,赋予了纳税服务新的要求和含义,即为保障纳税人依法纳税、维护纳税人合法权益而提供的各项服务的总称,是实现公共利益最大化的一种公共服务行为,有利于节约社会资源,有利于促进社会公平,有利于提高税法遵从度,有利于降低纳税成本。

广东省税务系统历来重视纳税服务工作,一直秉持方便纳税人、服务纳税人的理念,以纳税人需求为导向,不断充实服务内容、规范服务标准。广东省税务局 2019 年 9 月印发的《国家税务总局广东省税务局办税服务厅管理规范》《国家税务总局广东省税务局识别系统》等省税务局纳税服务方面的规范性文件,积极创新服务手段、拓宽服务渠道和完善服务机制,并且依托互联网手段主动寻求突破,建立起多样化、立体式的纳税服务架构,进一步优化纳税服务、提升纳税服务质量。在新的经济社会形势下,国、地税机构合并,税收征管体制改革进一步深化,纳税服务规范化逐步深入,同时,政务公开、信息公开,纳税人要求信息对称的诉求及公平公开的维权意识越来强烈。党的十九大报告将深入推进财税体制改革,加快现代财政制度建设作为财税改革重要举措,如健全地方税体系方案、推进综合与分类相结合的个人所得税改革、继续深化资源税改革、划转部分国有资本充实社保基金等。面对税制改革爆发期以及纳税服务不断提升的新的要求和更高地位,合理定位服务范畴,把握服务力度,提高服务质量,推动纳税服务改革,是一个值得深入思考的课题。

本研究借鉴 ACSI 模型,构建"始于纳税人需求、基于纳税人满意、终于纳税人遵从"的广东省纳税人满意度模型 GTSI,在阐述模型变量构成及相互关系的基础上,结合广东省纳税服务现状,利用历年广东省纳税人满意度调查数据重点分析了广东省纳税人线上纳税服务感知、线下纳税服务感知、税务部门形象感知,同时尝试从理论角度分析纳税人感知价值以及纳税人期望对满意度的影响,以期与纳税人满意度综合评价结果的复杂形成过程和多元影响因素相契合,力图理清纳税服务工作中的认识误区,为更清晰、准确地把握下一步纳税服务工作的切入点和着力点提供真实有效的评估信息和参考意见,为探索更加精准的纳税人满意度测量方法提供思路。

二、纳税人满意度评价工作的重要意义

新公共管理理论源于 20 世纪 70 年代。西方发达国家出现经济滞胀、政府公共服务效率低下等情况,公共管理面临严峻的考验。以英国、美国为代表的发达国家兴起了一场诸如"重塑政府运动"改革,提倡公共管理从行政管理转向服务管理,由重视效率转向重视服务质量和顾客满意度,引起了极大的社会反响。由此产生了一种新的政府管理模式,就是新公共管理。新公共管理理论倡导以顾客为中心,提高服务的品质;摒弃传统管理的束缚,倡导改革和创新;注重产出后的成果,追求绩效管理。新公共管理理论对我国纳税服务产生深远的影响,税务部门不再视纳税人为监管对象,而是服务对象,树立了"以纳税人为中心"的服务理念,从纳税人需求出发探索优化服务产品的提供,以纳税人满意度评价服务的质效。我国纳税人满意度调查工作由国家税务总局委托第三方机构开展,自 2008 年起在全国启动调查,调查范围覆盖全国 34 省(区、市)税务局,调查样本总量超过 10 万个,调查结果更具代表性、严谨性,在多年的实践中形成"评估—改进—再评估—再改进"的良性循环,对我国纳税服务工作的改进和整体效率提高起到了不可替

代的作用。具体来说，我国纳税人满意度评价工作具有以下重要意义。

（一）健全政府职责体系，完善纳税服务体系的重要抓手

从公共服务角度来说，把纳税人当作客户并调查其满意度是把市场竞争机制引入公共管理的必然选择。由于市场可以打破垄断，形成高效率，所以在公共服务方面实行行政管理改革，可以参照市场化的要求来进行。在行政管理上，以"客户的需求"为导向进行改革，把客户的满意度作为评价服务的重要标准。这是市场经济的消费者主权原则在行政管理领域的体现。

完善以纳税人诉求为基础的现代纳税服务体系能从根本上提高纳税人的获得感，从而建立更加稳定的征纳关系。纳税人满意度调查通过纳税人对税务机关工作的具体感知与评价，对纳税服务体系现状及存在的问题进行深入分析，有利于进一步了解在信息服务、程序服务、环境服务、权益服务等方面的具体不足点，确定提升改进方向，最终达到改善办税质效、降低征纳成本、提升纳税人遵从度的征纳双方互利共赢的效果。优化纳税服务体系没有终点，纳税人满意度调研是税务部门对纳税人需求的一种积极探求，它遵循顾客的理念，以纳税人的需求为导向，持续地推动平等、和谐征纳关系的实现。现代纳税服务体系的优化过程有助于我国税务征管部门职能的转变，使其服务意识优化升级，真正体现出为民服务的特征。

（二）评估需求和期望契合度、衡量服务成效的重要标尺

广义上，纳税人满意度是纳税人对国家整个税收收支活动的总体评价；狭义上，纳税人满意度是纳税人在税收征纳活动中，对税务部门的合理税收服务需求和期望被满足的程度，是对税务部门整体工作的综合评价，是税收工作的"晴雨表"和"风向标"。可以说，提升纳税人满意度已成为当前和今后一个时期税务工作的一项重要政治任务，也是税务系统提升整体工作质效的应有之义。税务机关应该是满足执法的要求和服务好纳税人的要求。面向国家，衡量其工作成效的指标应该是收入任务完成情况、依法治税水平、管理能力等方面。而对于纳税人这一重要顾客，纳税服务质量、税法的公平适用等是衡量其满意程度的主要方面。借鉴市场调查的成熟模式，委托独立第三方进行纳税人满意度的专业调查，成为工作质量的测量工具，反映纳税人对税务工作的评价；可以成为决策的依据和参照，鉴别和区分纳税人各种需求间的主次关系，利用有限的资源去满足最重要的需求；可以作为部门工

作质量评价的重要参考,来影响各个直接面对纳税人的税务机关和部门,将纳税人的感受放在更重要的位置上。更重要的是,纳税人满意度调查可以成为倒逼机制的重要工具,通过纳税人满意度这一终端,形成量化可比结果,可以了然指标间服务水平的差异、不同区域税务机关总体服务水平差距,促使或者迫使税务机关的机构和部门作出调整改变,为纳税人提供更优质的服务。

(三) 改善国家治理模式、持续优化营商环境的必然要求

治理与管理虽然仅一字之差,但在理论和实践上有重大区别。治理与管理最重要的区别就是更加注重人民本位,更加强调以人民为中心。可见,国家治理体系和治理能力现代化的提出,实际上蕴含着深刻的人学内涵,目的是为了更好推动人的全面发展、社会全面进步。因此,推进国家治理现代化理论研究和实践发展,需要把人的问题作为重要切入点、突破点、着力点。"坚持以人民为中心"的思想,人民满意不满意是衡量我们工作的重要标尺。税收在国家治理中具有基础性、支柱性和保障性作用,税务部门"坚持以人民为中心"的政治立场,就是要把纳税人满意不满意作为税收工作的出发点和落脚点。现阶段纳税人满意度调查工作更加重视优化税收营商环境以及落实减税降费政策,如图2-1所示,2018年一级指标较以往有了较大的变化,"政策落实""信息化建设""税收营商环境"等上升为一级指标,这一变化更加贴合纳税服务工作的重点和目标。提升纳税人满意度,既是优化纳税服务、和谐征纳关系、顺利开展征收管理工作的需要,也是建设"服务型"政府、改善国家治理模式的必然要求,特别是在当前持续优化税收营商环境、落实减税降费政策的大环境下更具重要意义。

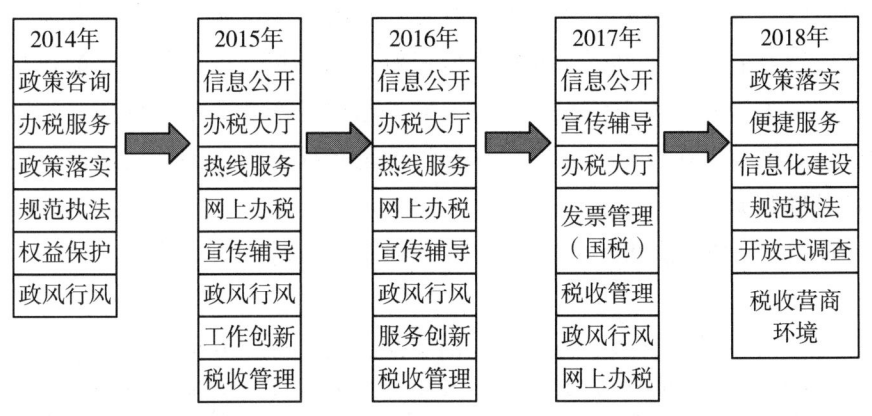

2014年	2015年	2016年	2017年	2018年
政策咨询	信息公开	信息公开	信息公开	政策落实
办税服务	办税大厅	办税大厅	宣传辅导	便捷服务
政策落实	热线服务	热线服务	办税大厅	信息化建设
规范执法	网上办税	网上办税	发票管理(国税)	规范执法
权益保护	宣传辅导	宣传辅导	税收管理	开放式调查
政风行风	政风行风	政风行风	政风行风	税收营商环境
	工作创新	服务创新	网上办税	
	税收管理	税收管理		

图2-1 2014~2018年纳税人满意度调查一级指标变化

三、GTSI 模型引入

克拉斯·弗内尔（Clases Fornell, 1994）通过实证研究提出了美国顾客满意度模型（ACSI），此模型在各种学术领域做顾客满意度调查时被广泛应用。ACSI 是一种衡量经济产出质量的宏观指标，是对顾客满意度水平的综合评价指数，由国家整体满意度指数、部门满意度指数、行业满意度指数和企业满意度指数四个层次构成，是目前体系最完整、应用效果最好的一个国家顾客满意度理论模型。该模型中，顾客满意度是最终所求的目标变量，预期质量、感知质量和感知价值是顾客满意度的原因变量，顾客抱怨和顾客忠诚则是顾客满意度的结果变量。我国现阶段纳税人满意度的评价主要侧重于对感知质量的探讨，而对预期质量和感知价值则较少探及，ACSI 相关变量的设计有助于完善纳税服务相关理论和实践，有助于还原纳税人满意度结果形成的诸多影响因素，有助于揭示纳税人满意度结果的复杂形成过程。

（一）GTSI 模型图构建

笔者借鉴 ACSI[①] 模型，构建"始于纳税人需求、基于纳税人满意、终于纳税人遵从"的广东纳税人满意度模型 GTSI（Guangdong Taxpayer Satisfaction Index），在保留 ACSI 核心内容的基础上，融入纳税服务工作的特点，全面梳理提高纳税人满意度中的关键内容及环节。GTSI 模型是采取相似性原则，将税务部门所提供服务中的各变量抽象成一个系统，从而测评各变量及各变量对纳税服务的公众满意度的影响程度。它一般具有以下三个特征：一是直观性。理论模型离不开抽象，但通常使用形象化方法将研究对象的所有影响因素抽象成简单而清晰的模型变量。二是相似性。所构建的模型只重点突出了研究对象中的主要本质要素，忽视了次要非本质因素。三是假设性。该模型是在现有经验事实和科学理论指导下构建的。提出假设是模型的精髓和灵魂。

广东省纳税人满意度 GTSI 模型的基本功能应包括以下三方面。

[①] 美国顾客满意度指数模型（American Customer Satisfaction Index, ACSI）是一种衡量经济产出质量的宏观指标，是以产品和服务消费的过程为基础，对顾客满意度水平的综合评价指数，由国家整体满意度指数、部门满意度指数、行业满意度指数和企业满意度指数 4 个层次构成，是目前体系最完整、应用效果最好的一个国家顾客满意度理论模型。

(1) 测量功能。

测量纳税人对纳税服务的满意程度是建构 GTSI 模型的终极目标,税务部门所提供的纳税服务涉及线上、线下,有其一定的复杂性和多样性,并且对作为纳税服务的受众——纳税人来说,对纳税服务进行的满意度评价是一种心理感受的具象化,且容易受到来自周围多种社会环境因素的影响,如果利用传统的经验测量法难以得出准确客观的结果,而通过 GTSI 模型可以将纳税人的心理感受通过可测变量数据化,能够很好避免传统方法的弊端。

(2) 引导功能。

广东省纳税人满意度 GTSI 模型能够理清对满意度产生影响的各变量之间的关系,阐释可测指标对于提高纳税服务质量的影响程度,了解纳税服务的不足之处,对满意度低的纳税服务项目重点关注,从而为提升纳税服务质量提供改进的方向,切实提高纳税人满意度。

(3) 预测功能。

模型建立是否成功,与预测问题的准确性有很重要关系。在纳税人满意度 GTSI 模型中,若纳税服务的相关变量以及变量间的关系发生变化,那就可以对未来的纳税人满意度进行预测,从而为税务部门服务决策提供依据。

(二) GTSI 模型各结构变量

在公共部门领域,作为公共服务消费者的公民与作为服务提供者的公共部门之间是一种委托—代理关系,并依次体现为"先抑后扬"的主次地位。公民是国家权力的主体,公共部门权力来源于公民的同意和授予,公民向公共部门授权,使其获得行使国家权力的合法性来源;同时,公民也期望从公共部门获得相应回报与服务。公共部门获得公民的同意和授权后,有责任和义务向其提供必要的高质量服务,否则就违背了公民授权的本意,从而失去政府存在的合法性基础。从这个角度来看,公民地位位于公共部门之上,是国家权力的委托者,而公共部门只是国家权力的代理者。但公民将公共权力委托给公共部门的过程,同时也是赋予其统治权威的过程,公共部门推行管理或提供公共服务,无不以国家强制力和权威性作为坚实后盾。由此可见,公民与政府之间的关系有别于顾客与市场之间的关系。因此,在借鉴公共管理理念和 ASCI 模型时需要对变量内涵做出重新的界定。如图 2-2 所示,该模型共有 6 个结构变量。

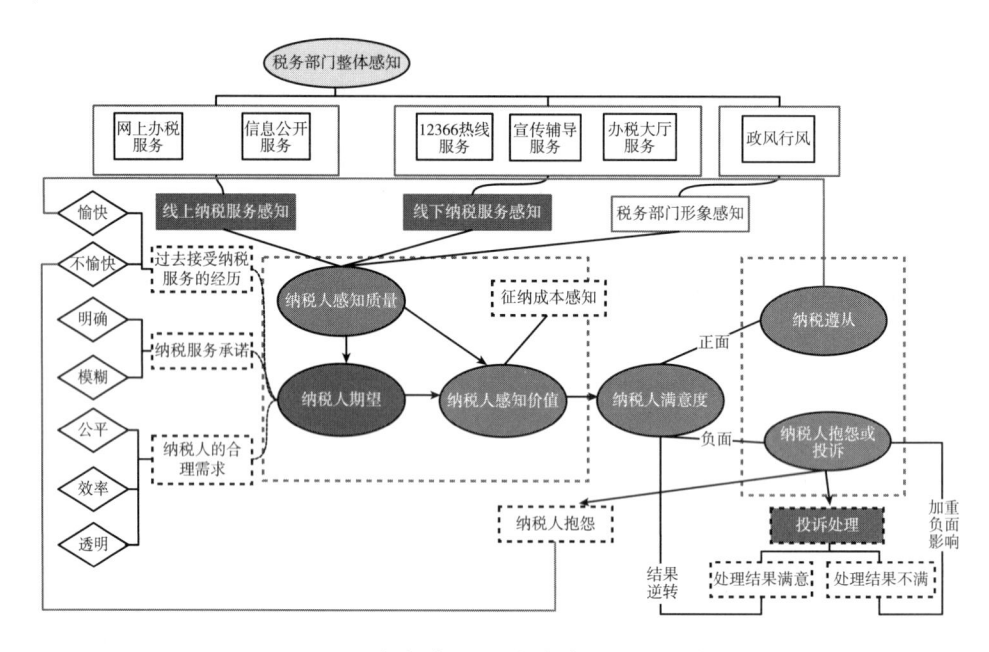

图 2-2　广东省纳税人满意度 GTSI 模型

1. 纳税人期望

纳税人期望是指纳税人在接受纳税服务之前对其质量、水平的期待。影响纳税人期望的观察变量有三个：过去接受纳税服务的经历、纳税服务承诺以及纳税人自身的需求。

纳税人对纳税服务的期望与纳税服务之间存有差距日趋常态化，一方面应当通过各种措施缩小差距，而另一方面也应理性思考纳税人对服务的期望水平是否超越了合理合规的边界。因此，GTSI 模型给我们的重要启示：一是从纳税人需求出发，将纳税人期望分层量化、细化、可操作化，即秉持"始于纳税人需求，基于纳税人满意，终于纳税人遵从"的理念，全力高效地提升纳税服务工作质效；二是界定合理的服务期望，力争使纳税人服务期望的边界清晰。纳税人期望不能简单等同于顾客期望，简单的对等可能会歪曲税务部门与纳税人之间的关系，在市场环境中，顾客与商品生产者或服务提供者之间是买方和卖方的关系，是顾客与市场之间的自主交易关系，两者处于平等的法律地位。在市场关系中并不存在顾客合理期望的问题或者缺乏讨论其合理性的意义，但在纳税服务领域则非常有必要研究纳税服务的供给边界和纳税人期望合理性问题。若不能做出清晰界定，则很有可能在市场关系的裹挟下使得纳税服务供给质量进入自我否定的怪圈。

2. 纳税人感知质量

感知质量是指纳税人在接受纳税服务后对其质量的实际感受，包括对线上服务、线下服务以及税务部门形象的感知。纳税人感知质量具有动态性和层次性。不同的纳税人对纳税服务的要求是不同的，而且同一纳税人在不同的阶段对纳税服务的要求是不同的。比如说服务企业和生产企业对纳税服务的要求是不同的，因为他们要交的税种有区别，会计处理也有区别，所以要求提供的纳税服务是不同的。同一个纳税人因为在不同时期业务调整，可能缴纳税种变化等，所以也要求纳税服务个性化。

根据伍德拉夫（Woodruff）教授的顾客价值动态层次性模型，纳税机关应该在三个层次做好服务。一是把所能提供的各种服务细致明确地让纳税人知道，使他们形成基本感知价值。二是服务过程中，努力把承诺纳税人的各项服务做到，让纳税人在期望价值和得到价值之间的差异尽量的小。在提供纳税服务时，有必要确实把握自己的能力，对纳税人的服务承诺应该是确实能做到的，不能盲目提出过高的服务标准，以免纳税人形成过高的期望价值而实际感知价值大大低于它。三是纳税人享受纳税服务后是否达到其一定的目标，比如使办理事务的时间缩短，有必要对纳税人的目标实现程度进行了解调查，从而进一步优化服务。

我们在研究中将纳税人感知质量进一步细化为以下三个指标。

一是线上纳税服务感知。具体由"网上办税"和"信息公开"这两项服务内容构成。

二是线下纳税服务感知。具体包括"12366热线""宣传辅导""办税大厅"三项服务内容。

三是税务部门形象感知。

3. 纳税人感知价值

纳税人在给定征纳成本[①]下对纳税服务质量的感受，通过评价服务质量的高低来判断其感知价值。感知价值作为一个潜变量，增加了跨区域、跨行业、跨部门的可比性，使纳税人满意度的形成过程更加完整、客观。不同于产品和服务的购买，纳税人缴纳税款大小与征纳成本高低并不能直接与纳税服务质量好坏直接联系起来，但纳税人缴纳税款从实质上也是对公共产品和服务的购买，只不过是总体对应关系而非逐一对应，因此，纳税人自然会将其接

---

① 仅指金钱成本。

受的纳税服务作为公共产品服务的一部分内容，并作出价值判断。在给定纳税服务质量的前提下，征纳成本感知与纳税人满意度成反向变化关系，即纳税人感知征纳成本高则满意度低，感知征纳成本低则满意度高。

所谓驱动因素，是顾客所感知到的与实现其目标相关环境的刺激物。纳税人感知价值的驱动因素主要包括两大类：感知利得和感知利失。其中，感知利失包括时间、精力、金钱等。感知利得包括心理上得到的尊重、交税的方便、快捷和更少的被行政处罚等。可以通过以下两个方面实现纳税人价值的提升：一是增加感知利得。通过对顾客需求和偏好进行分析，针对个性化的顾客需求设计和提供定制化的产品或服务。二是减少纳税人的感知利失。全面了解和重构价值链及构成价值链的活动，从时间、精力和金钱三个方面减少纳税人的支出。在这三个因素中，非货币因素往往处于举足轻重的地位，比如纳税人在特殊情况下把时间看作是比金钱更重要的因素。

基于成本收益理论，感知收益是消费者对其付出与其收益之间的比较，比较的结果决定消费者的行为选择。也就是说，感知价值是影响纳税人满意度的重要变量（Lin et al.，2016；Abdelfattah et al.，2016）。一般来说，感知价值越大，纳税人满意度越高，越可能接受服务。相关研究（Ko et al.，2009）也表明，感知价值对满意度具有正向影响，即感知价值与满意度正相关。理论上，线上纳税服务供给的增加可以有效降低纳税人的纳税成本并提高纳税人感知价值。

4. 纳税人满意度

纳税人满意度主要取决于纳税人实际感受同预期的比较，差距越小纳税人满意度水平就越高。

5. 纳税遵从

纳税人如果对服务感到满意，就会产生一定程度的忠诚，表现为今后更倾向于依照税法的规定履行纳税义务，向国家及时、准确申报、按时正确缴纳应缴纳的各项税收。税务部门只有为纳税人提供优质高效的服务，才能更好地引导和促进纳税人自愿遵从税法、依法诚信纳税，纳税服务和税收征管相辅相成，服务工作贯穿于税收征管的全过程。

6. 纳税人抱怨或投诉

纳税人如果对服务感到不满意，可能会产生抱怨、投诉两种结果，前者仅会形成不愉快的经验感受作用于下一轮纳税人满意度结果评价，抱怨对纳税人满意度的负面影响是难以逆转的，而投诉则不同，看似是矛盾的激发，如果能够妥善处理，可以疏导纳税人的不满情绪、重新建立信任关系，则可变"坏结果"为"好结果"。

（三）GTSI 模型各结构变量的因果互动关系

在 GTSI 模型中，纳税人总体满意度被置于一个相互影响相互关联的因果互动系统中。纳税人满意度是最终所求的目标变量，纳税人预期、纳税人感知质量和纳税人感知价值是纳税人满意度的原因变量，纳税遵从和纳税人抱怨或投诉则是纳税人满意度的结果变量。

GTSI 模型提示了纳税人满意度综合评价的复杂影响因素，而不仅是通过构建二级乃至三级指标获得一个综合评价。前文所述六个变量中，"纳税人感知质量""纳税人抱怨或投诉"相对易于测量，"纳税人期望""纳税人感知价值"等则较难量化。

第一，原因变量。在 GTSI 模型中，"纳税人期望""纳税人感知质量""纳税人感知价值"为原因变量，纳税人期望是指纳税人根据之前税务系统的服务水平，对即将得到何种质量服务的预期，是一种动态的"累计预期"是一种纳税人导向的主观判断。纳税人期望作为因变量，对纳税人实际感知质量产生影响，当纳税人将实际感知质量与期望进行比较后又会对纳税人满意有影响，进而影响纳税人信任。此外，纳税人期望也可对纳税人满意直接产生影响。笔者在界定感知质量和公众满意度的关系时，前者为后者的前因变量，因为公众在接受政府服务时形成的评价结果，必然会影响公众满意度。如前撰述，纳税人感知价值则与纳税人满意度呈负相关。

第二，结果变量。在税务系统满意度模型中，结果因素是纳税人满意度，而纳税人是否满意可通过"纳税遵从"和"纳税人抱怨或投诉"得到显化。纳税人满意指纳税人对迄今为止税务系统提供的全部服务经历的总体评价，是累积的纳税人满意，主要通过与理想相比和与预期相比的纳税人满意两个标识变量表示。纳税人在接受纳税服务时，自己的体验和感知状况会形成满意度并促进纳税遵从，此外，满意度会影响纳税人的再次体验和评价结果，纳税人满意反映对税务工作的支持状况和信任程度。若纳税人觉得不满意，则会向周围人抱怨或者投诉反馈。纳税人遵从指纳税人经过长期税务服务累积所形成的、对税务部门所提供服务的质量充满信心的态度，纳税人纳税遵从度的高低虽然并不完全由纳税人满意度决定，但满意度一定程度上会提升纳税人遵从度。

四、GTSI 框架下纳税人满意度现状评价

本部分结合广东省纳税人满意度调研结果，分别从纳税人感知质量、感知价值和纳税人期望三个维度进行评估分析，由于我国目前的满意度调查并未按 GTSI 模型变量设计，因而感知质量部分的数据较丰富易于量化判断，感知价值和纳税人期望更多是从理论层面分析。

（一）纳税人感知质量评估

1. 线上纳税服务感知评估

（1）受广东省电子税务局上线影响，系统运行稳定的满意度评价不高。

2017 年网上办税包含系统操作和技术支持两项二级指标。如表 2-1 所示，纳税人认为原广东省地税系统在系统操作（80.37 分）方面表现一般，而在技术支持（70.62 分）上表现较差。其中，在网上办税的 4 项三级指标中，纳税人对系统运行稳定的满意度评价最低，其满意度得分为 66.86 分，排在 40 项三级指标中的最后 1 位，而"系统维护及时"排 39 位。2017 年 1 月 1 日起，广东省电子税务局全面上线，是全国首个试点，纳税人（不含深圳）可通过"广东省电子税务局"一个入口登录，办理原国税和地税两家的各类涉税（费）业务。新系统上线是对原纳税服务供给的升级，在国地税机构合并之前在线上两家业务通办本应提高纳税的满意度，而事实却与预期相反，这与系统短时间上线，未经过有效性、合理性检测以及必要的试运行阶段有一定关联，也可能与纳税人对新系统操作的不熟练以及不适应相关。

表 2-1　　　　2017 年广东省地税系统网上办税满意度得分情况

一级指标	二级指标	得分	排名	三级指标	得分	排名
网上办税	系统操作	80.37	15	系统功能齐全	77.56	38
				系统操作简便	81.96	34
	技术支持	70.62	16	系统运行稳定	66.86	40
				系统维护及时	76.35	39

资料来源：《2017 年度广东省国地税纳税人满意度调查研究报告》。

如表 2-2 所示，2018 年广东省网上办税系统满意度评价得分为 84.24

分，与2017年相比，满意度得分有所提升，但仍处于相对较低水平。广东省网上办税系统的得分较总体得分（89.44分）低5.20分，其中，网上办税系统运行稳定满意度评价得分相对较低，为82.17分，在2018年纳税人满意度测评的37项三级指标中排名倒数第2位，系统稳定性仍然是纳税人反映最大的问题。

表2-2　　　　2018年广东省网上办税指标满意度得分情况

二级指标	得分	排名	三级指标	得分	排名
网上办税	84.24	14	网上办理事项范围	88.70	21
			网上办税系统运行稳定	82.17	36
			网上办税系统的咨询热线及时解决问题	83.62	34

资料来源：《2018年纳税人满意度及优化税收营商环境调查报告》。

　　网上办税的技术服务满意度仍有待提升，尤其是其系统功能和系统维护。根据调查发现，纳税人对网上办税不满意的原因主要有以下四个方面：一是网上办税系统运行速度较慢，人多时经常卡顿不能登录操作，打印下载路径常出错、申报界面易卡顿和高峰期系统不稳定、易崩溃。二是各软件操作流程复杂，且频繁更新升级。软件版本更新后没有旧版好用，而客服人员又对新办软件操作不了解。三是存在国地税合并后纳税人无法查询或信息丢失等情况，需纳税人重新补办，体验不佳。四是网上办税系统的咨询热线无人答复或答复不准确，未能及时解决网上办税疑问等情况，影响纳税人对网上办税系统的体验。

　　（2）网上办税业务未实现全覆盖，系统更新滞后于政策变革。

　　现阶段的网上办税系统包含了大部分的涉税业务，但是还是有少数业务无法在网上办理。网上办税系统还缺乏个性化纳税服务，与微信公众号、APP软件未实现有机的结合，纳税咨询和纳税服务投诉方面还有待重视和改进。如图2-3所示，62.95%的受访者认为网上办税业务未能覆盖所有业务是其选择去实体办税厅的原因，也是五个原因中选择人数占比最高的。

　　有些涉税业务流程，虽然已经能在网上办税系统办理，但是只能提交办理业务的申请，后续流程操作仍需到办税服务厅办理。此外，税收政策更新速度比较快，有的时候网上办税系统无法迅速地做出系统更新，导致部分业务无法在网上办理。而网上办税系统的频繁更新，增加了纳税人学习新系统操作的时间成本，从一定程度上也影响了纳税人的办税体验。

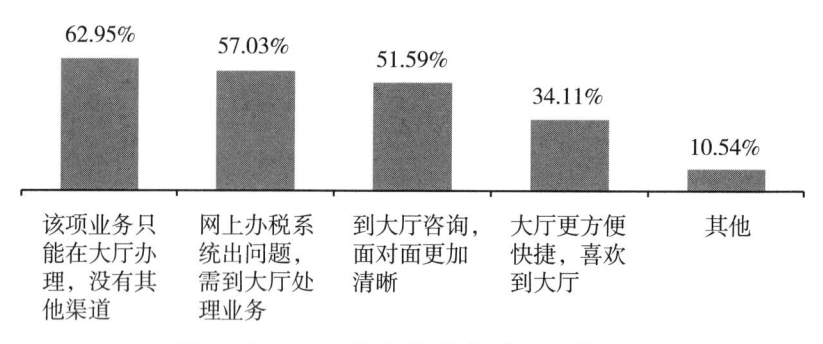

```
62.95%   57.03%   51.59%
                          34.11%
                                   10.54%
```

| 该项业务只能在大厅办理，没有其他渠道 | 网上办税系统出问题，需到大厅处理业务 | 到大厅咨询，面对面更加清晰 | 大厅更方便快捷，喜欢到大厅 | 其他 |

图 2-3　2018 年度纳税人到厅办税原因

资料来源：《2018 年纳税人满意度及优化税收营商环境调查报告》。

（3）信息公开内容和信息公开渠道得分偏低。

2018 年广东省税务系统在政务公开方面表现不佳，仍需进一步改进。2018 年政务公开的满意度得分为 87.31 分，与 2017 年原国税的信息公开（87.54 分）指标相比略有下降，与 2017 年原地税的信息公开（86.38 分）指标相比有所提升。其 3 项三级指标渠道多样（87.08 分）、获取方便（87.10 分）和更新及时（87.66 分）的满意度得分也相对较低，分别排在 37 项三级指标中的第 29、28 和 27 位，仍低于总体平均水平。如表 2-3 所示，广东税务部门将传统宣传渠道与新媒体相融合，纳税人可以从门户网站、微博微信以及网络直播、纳税人学堂 APP 等多元化的信息公开渠道获取信息，在目前信息公开渠道如此多元化的现状下出现这一问题是值得反思的，即问题的关键可能不在于渠道不多，而在于渠道多而有效性较差（比如未及时提醒或告知纳税人导致），渠道多元而引发的信息碎片化问题严重。

表 2-3　　　　　广东省及广州涉税信息公开渠道

类别	功能模块
粤税通	主题办税（房屋交易、车船办税、新办企业） 申报缴纳（车船税申报、车辆购置税申报、电子税票、申报作废、税费缴纳、跨区域涉税事项办理、网签三方协议） 发票业务（代开发票、发票抬头、发票查验） 社保业务（灵活就业社保、城乡居民社保、托收单清缴） 涉税查询（申报查询、缴款查询、社保费查询、新办纳税人套餐进度查询） 公众功能（智能咨询、办税日历、纳税人学堂、税费测算、通知公告、政策解读、个税专项附加扣除、办税地图、电子税票查验、办税厅等候查询、A 级纳税人信用查询、政策法规、减税降费小故事、双创税收优惠） 地方特色（政策魔方宝库）

续表

类别	功能模块
广东省电子税务局网站	我的信息（需登录）、我要办税（需登录）、我要查询（需登录）、互动中心（需登录）、公众服务（公众查询、咨询辅导） 我的待办（需登录）、我要预约（需登录）、个性服务（需登录）、通知公告（政策法规通告、重大税收违法案件公告、信用等级 A 类纳税人公告、欠税公告）
广东税务微信号	微发布（通知公告、办事指南、政策法规、政策解读、办税日历） 微办税（增值税和发票等业务、其他税费业务、个人业务、用户中心） 其中微发布、微办税的功能选项点开后直接链接到广东省电子税务局网站 微服务（预约办税、办税地图、凭证查验、便民服务、深化增值税改革） 可以实现12366在线咨询，但链接在便民服务下设，比较隐蔽，应该突出
广东税务 APP	申报纳税（增值税小规模申报、消费税、附加税申报、企业所得税月季报、印花税申报、房产税申报、城镇土地使用税申报、网上缴税、申报作废、更正申报、历史申报查询、历史缴款查询、企业重点群体人员采集、企业退役士兵人员采集、车购税申报） 事项办理（发票票种核定、增值税发票最高开票限额、电子税票、线下事项协同办理、事项进度管理、普惠减免明细查询、增值税一般纳税人登记、存款账户账号报告） 发票管理（发票领用、增值税专用发票代开、发票验旧、发票查询） 非税收入（非税收入通用申报、文化事业建设费申报、工会经费申报、废弃电器电子产品处理、残疾人就业保障金申报、石油特别收益金申报） 办税服务（通知公告、政策解读、办税指南、办税地图、办税日历、咨询热点、税宣专栏、纳税人学校、开票二维码） 证明开具（税收完税证明） 公众查询（纳税人状态查询、车辆购置税查询、税务检查证查验、优惠测算、电子税票查验、服务投诉办理进度查询、纳税信用查询、办税服务厅等候情况） 事项办理（涉税专业服务人员信息采集、增值税普通发票代开、普惠减免明细查询、增值税电子普通发票代开） 申报缴税（非税收入通用申报、税费缴款、申报作废、车购税申报） 房产交易（契税查询） 车船税（车船税查询、车船税缴款） 证明开具（税收完税证明）
广州税务公众号	预约办税（预约办税、办税地址、办税等候人数） 税费查询（在线咨询、个人所得税查询、个人社保费查询、个人车船税查询、车购税信息） 证明查验（文书查验、发票查验、个税完税查验、车船税凭证查验、电子税票查询）

续表

类别	功能模块
广州税务服务号公众号	我要办税（用户中心、增值税和发票等业务、业务办理、个人业务、预约办税、办税厅服务、监督卡录入、我的发票抬头） 我要查询（减税降费、个税改革、税惠通、汇算清缴、涉税查询、税收法规、办税指南、政策解读、缴费指引、证明查询、申报期缴纳、官方微博、涉税风险提示清单、账号状态查询） 我要咨询（在线咨询、个税专项附加扣除咨询）
广州税务微博	"热点问答""新政速递""发票知多D""便民办税""图解税收""防诈提醒""12366热点问答""税收政策""权威发布""双创税收优惠指引""区局动态""申报提示""纳税人学堂"等

如图 2-4 所示，调研结果显示发现，当前纳税人获取涉税信息的主要渠道首先为税务局微信公众号（79.53%），其次为税务官方网站（71.38%），排名第 3 位的为办税服务厅（67.01%）。然而，当前的各信息公开渠道仍主要存在如下问题：一是目前涉税信息公开渠道虽丰富但协整性较低，即各信息公开渠道功能、栏目设计均不统一，亦无法清晰体现相互之间的协调或互补（见表 2-3）；二是官网不易查询到业务办理所需资料和相关流程，内容不够全面，获取不便，说明广东省税务系统在信息公开方面仍存堵点。

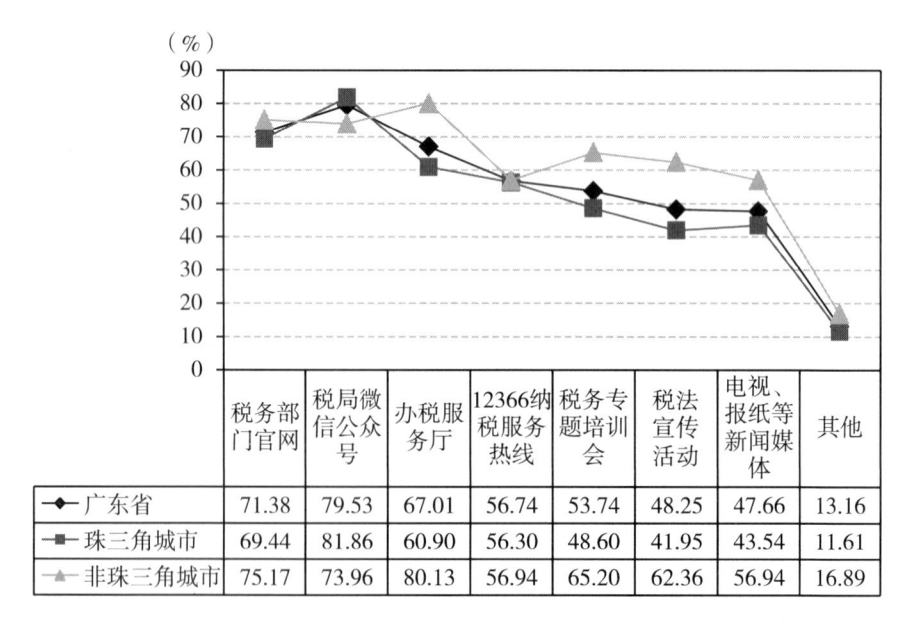

	税务部门官网	税局微信公众号	办税服务厅	12366纳税服务热线	税务专题培训会	税法宣传活动	电视、报纸等新闻媒体	其他
广东省	71.38	79.53	67.01	56.74	53.74	48.25	47.66	13.16
珠三角城市	69.44	81.86	60.90	56.30	48.60	41.95	43.54	11.61
非珠三角城市	75.17	73.96	80.13	56.94	65.20	62.36	56.94	16.89

图 2-4　2018 年广东纳税人日常主要使用的信息获取渠道占比情况

资料来源：《2018 年纳税人满意度及优化税收营商环境调查报告》。

2. 线下纳税服务感知评估

（1）12366热线服务供需失衡，数量和质效难以满足纳税人需求。

"容易拨打"是12366热线指标的首要问题。如表2-4所示，2018年调研数据显示，纳税人对12366热线容易拨打的满意度评价相对较低，得分为79.47分，排在37项三级指标最后一位。具体分析发现，12366服务热线存在热线电话出现占线、忙音、拨通后仍需等待、语音提示不存在咨询业务等难以接通的情况。

表2-4 　　　　2018年广东省12366热线指标满意度得分情况

二级指标	得分	排名	三级指标	得分	排名
12366热线	82.17	15	容易拨打（容易打通）	79.47	37
			一次性答复问题	83.85	33
			解决实际问题	83.50	35

资料来源：《2018年纳税人满意度及优化税收营商环境调查报告》。

在解决实际问题方面，12366热线仍需进一步提升。如表2-4所示，12366热线解决实际问题的满意度得分为83.50分，排在37项三级指标中的第35位。具体分析发现，纳税人认为存在如下方面的问题：一是解答过于官方，纳税人难以理解，未能解决实际问题；二是部分咨询员的业务熟悉程度相对不足，存在"答不上"与"说不清"的现象；三是存在信息解答与其他渠道获取结果不一致的情况，纳税人需再次咨询[①]。

（2）宣传辅导满意度呈峰形走势，辅导渠道评分高于辅导内容。

如图2-5所示，广东各区域宣传辅导满意度均呈先增后降的"山峰"形走势，2016年较2015年出现显著增长，而2017年又迅速回落。这意味着2016年着眼于提升宣传辅导满意度的工作卓有成效，而2017年急速下降，纳税人不满意主要表现在不同渠道的答疑结果有出入，认为答疑人员的业务水平与期望有较大差距，主要诉求是希望获得最新政策的操作指南以及不同渠道业务问题的信息共享。

税收宣传辅导在实用性和易用性方面与纳税人实际需求仍然存在差距。首先，多数宣传辅导内容呈现"无差别"和"填鸭式"特征，未能契合纳税人实际需要；其次，宣传辅导渠道依赖纳税人主动关注，部分渠道知晓度不

---

① 资料来源：《2018年纳税人满意度及优化税收营商环境调查报告》。

(分)

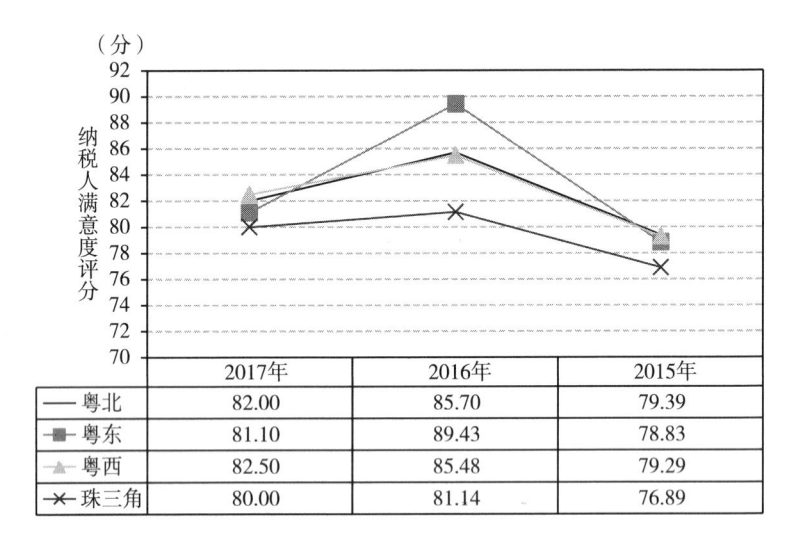

	2017年	2016年	2015年
粤北	82.00	85.70	79.39
粤东	81.10	89.43	78.83
粤西	82.50	85.48	79.29
珠三角	80.00	81.14	76.89

图 2-5　2015~2017 年不同区域宣传辅导得分情况比较

资料来源：《2015~2017 年度广东省纳税人满意度调查报告》。

高，纳税人不知如何获取相关信息和帮助；最后，目前不同渠道宣传辅导的内容呈碎片化特征，未能实现有效分类和智能搜索，纳税人有需要时难以查找相关信息。如图 2-6 所示，从地区角度来看，不同地区的宣传辅导满意度水平相差较大，其中满意度得分最高的为粤西地区（89.02 分），最低为珠三角地区（84.01 分），两者相差 5.01 分。就宣传辅导的二级指标来看，各地区均呈现"辅导渠道"评分高于"辅导内容"的特征，在粤东地区，这两者评分的差距最大，珠三角地区这两者的评分差距最小。

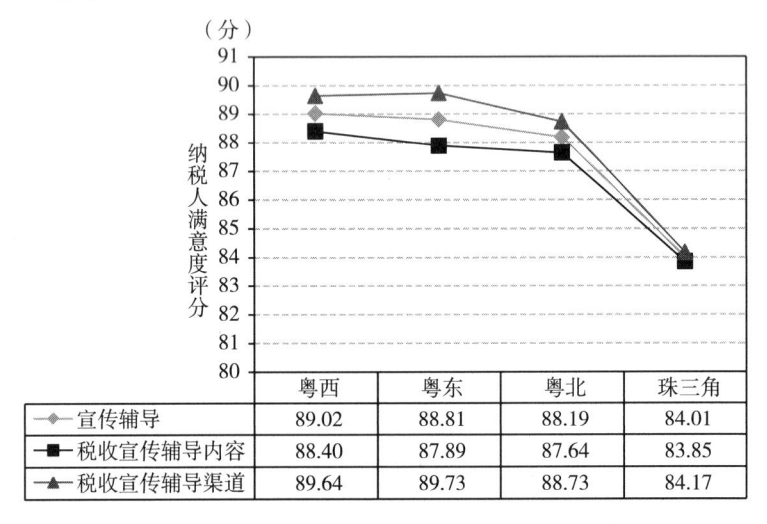

(分)

	粤西	粤东	粤北	珠三角
宣传辅导	89.02	88.81	88.19	84.01
税收宣传辅导内容	88.40	87.89	87.64	83.85
税收宣传辅导渠道	89.64	89.73	88.73	84.17

图 2-6　2017 年不同区域宣传辅导得分情况

资料来源：《2017 年度广东省国地税纳税人满意度调查研究报告》。

(3) 纳税人对办税大厅硬件设施满意度较高，对人员工作主动性及效率不满意。

如图2-7所示，纳税人认为广东省原地税系统在环境设施（90.30分）方面表现良好，其中办税设备配备方便易用（89.35分）和大厅环境设施舒适便民（92.41分），排在40项三级指标中的第8名和第5名。在办事指引（82.24分）和服务水平（83.93分）方面表现一般，尤其是工作人员主动服务（80.58分）和工作效率（80.61分）方面满意度评价相对较低，分别排在40项三级指标中的第37位和第36位，是广东省原地税系统未来需要着重加强改善和提升的短板指标。

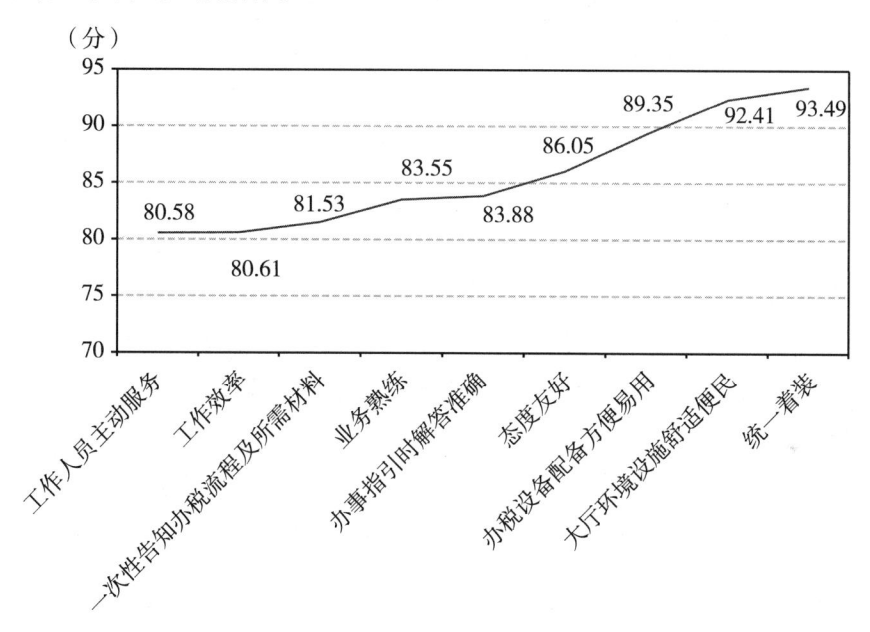

图2-7　2017年广东省办税大厅满意度得分情况

资料来源：《2017年度广东省国地税纳税人满意度调查研究报告》。

如图2-8所示，不同地区的办税大厅满意度水平相差较大，其中满意度得分最高的为粤东地区（88.69分），最低的为珠三角地区（82.93分），两者相差5.76分。具体到办税大厅的二级指标，珠三角纳税人对"办事指引"最不满意，其次是"服务水平"，两个指标得分差距较大，其余三个区域纳税人对"办事指引"的服务感知要优于"服务水平"，两者差距不大。粤东地区"环境设施"得分排名最后，然而总体得分排名第1位，这意味着粤东地区的"办事指引"和"服务水平"获得了纳税人的认可，值得其他区域借鉴。

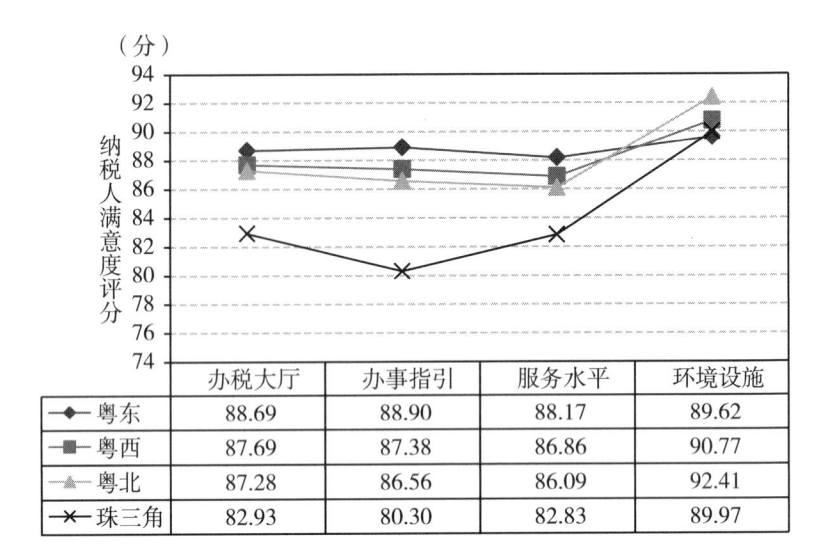

	办税大厅	办事指引	服务水平	环境设施
粤东	88.69	88.90	88.17	89.62
粤西	87.69	87.38	86.86	90.77
粤北	87.28	86.56	86.09	92.41
珠三角	82.93	80.30	82.83	89.97

图 2-8　2017 年广东省不同区域办税大厅满意度得分情况

资料来源:《2017 年度广东省国地税纳税人满意度调查研究报告》。

通过整理汇总分析纳税人的意见建议发现,纳税人认为原地税系统的办税大厅在业务办理过程中存在以下问题:服务主动意识不足、办事指引和解答不清晰、不同工作人员间解答不一致、所需资料和业务不能一次性告知、工作人员业务能力不够等问题,造成纳税人在大厅办理的过程中多次来回补充资料,不能一次性办结。

如图 2-9 所示,从 2015~2016 年,各地区办税大厅满意度得分情况增长迅速,尤其是粤东地区提高幅度最大,2016 年办税大厅满意度得分 90.58 分,

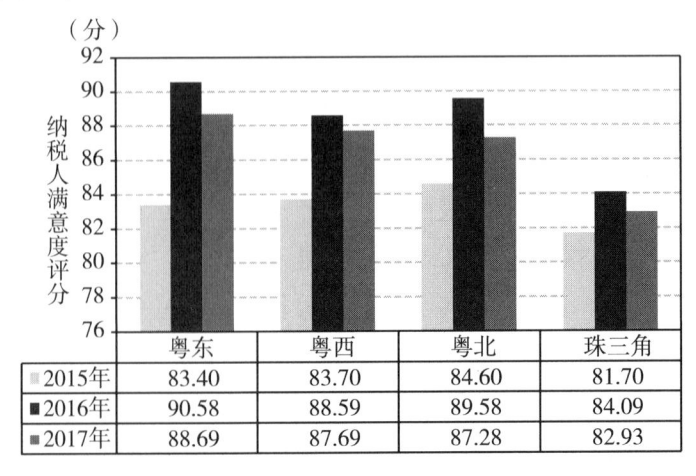

	粤东	粤西	粤北	珠三角
2015年	83.40	83.70	84.60	81.70
2016年	90.58	88.59	89.58	84.09
2017年	88.69	87.69	87.28	82.93

图 2-9　2015~2017 年广东省各地区办税大厅满意度得分情况

资料来源:《2015~2017 年度广东省纳税人满意度调查报告》。

相比 2015 年提高了 7.18 分。而珠三角地区的办税大厅满意度提升幅度较小，2016 年为 84.09 分，仅提高了 2.39 分。2017 年各地区办税大厅满意度得分均出现显著下降，其中粤北、粤东分别降低了 2.3 分、1.9 分，降幅最大。2015～2017 年珠三角与得分最高地区的差距分别为 2.9 分、6.49 分、5.76 分，待提升空间较大。

综合上述对广东省办税大厅的横向与纵向分析，并结合每年的纳税人满意度调查报告，可以将广东省办税大厅满意度中存在的问题归结为以下两点。

一是从 2015～2017 年，办税大厅满意度明显提升后全面下降，四个地区的满意度差距较大且呈扩大趋势，尤其是珠三角与其他地区之间的差距。珠三角与其他三个地区（粤东、粤北和粤西地区）的办事指引、服务水平和业务水平满意度差距都比较大。而 4 个地区的环境设施满意度都比较高，差距相对较小。

二是办税大厅下的业务水平满意度有待提升，尤其是其工作效率。根据调查发现，纳税人对办税大厅不满意的原因主要有以下四个方面：排队等候办理业务的人数多，办税窗口开放数量少，并且窗口人员业务办理效率低；自助设备经常故障，维修不及时；办税程序不够简化；虽然目前已经推出预约办税，但是大多数地市每天可以预约的名额较少。

3. 税务部门形象感知评估

（1）"廉洁自律"和"依法办事"表现优异，"政风行风"满意度直线上升。

2018 年广东省税收规范和廉洁自律不断优化。调查显示，广东省税务系统在规范执法方面的满意度得分较高，为 92.52 分，在 2019 年测评的 4 项类别中排名第 1 位。具体而言，广东省税务系统在廉洁自律方面的满意度得分为 92.86 分，排在 15 项二级指标中的第 1 位；稽查部门执法行为（92.62 分）、税源管理部门执法行为（92.58 分）和税款征收（92.07 分）排在 15 项二级指标中的前列。从全省范围来看，不同地市纳税人对规范执法的评价良好，得分基本在 90 分以上。

2017 年度纳税人认为原广东省地税系统在廉洁自律（92.89 分）和依法办事（91.84 分）方面表现优良，分别排在 16 项二级指标中的第 1 位和第 2 位。

（2）投诉处理服务感知质量显著提升，2018 年未列入评估范围。

"投诉举报"是广东纳税人满意度评估中的历史低分项，2015 年"投诉举报"指标的得分仅为 69.6 分，2016 年投诉受理得分 71.53 分，其中"投诉渠道"和"投诉处理"两项指标分列55项四级指标第52位和第54位。2017年纳税人对投诉举报得分为88.70分，比往年明显提升，排在16项二级指标中的第5位。在三级指标中，"投诉举报"下设的两个三级指标"渠道通畅"和"处理及时"评分最低。通过整理汇总分析纳税人的意见建议发现，纳税人认为原地税系统仍存在投诉渠道不明确、投诉反馈率低、处理不及时、投诉结果效用不大等方面的问题。因此纳税人建议原地税系统一方面建立健全税务监督机制、加大纳税人权益保护宣传，增强投诉渠道使用的便捷性；另一方面建立安全有效的投诉途径，及时跟进纳税人的投诉需求，建立有效的沟通反馈渠道。2018年的纳税人满意度报告中未设置投诉处理相关指标，根据纳税人投诉处理结果对纳税人满意度的影响分析，本文认为未来满意度报告评估应恢复此项内容。

（二）纳税人期望评估

1. 纳税人期望差异特征分析

纳税人的广泛性、税种的多样性、办税程序的复杂性决定了纳税人期望的多样性。这种多样性表现在：不同的纳税人有不同的期望，不同税种的纳税人有不同的期望，同一纳税人在不同纳税环节有不同的期望，不同行业、不同规模、不同企业性质的纳税人有不同的期望。纳税人的规模越大、经营的范围越广、涉及的税种越多，遇到的税收复杂事项较多，因而表现出相对较高的服务期望。需要注意的是，纳税人期望层次并不是对纳税人等级的划分，而是针对税收政策及涉税事项的复杂程度而言的。历年纳税人满意度评估为我们提供了丰富的数据，包括不同区域纳税人满意度以及不同经济类型纳税人满意度，经过数据对比发现无论从区域结构还是纳税人结构来看，都呈现出较一致的显著特征，即珠三角地区的纳税人以及港澳台企业满意度长期处于相对的低水平，这一结果当然可能受其他因素影响，比如人力资源配置水平、纳税服务供给质量等，但珠三角地区纳税人与其他区域对比、港澳台企业与其他经济类型企业相比，有更高的期望水平特征。

（1）珠三角地区纳税人期望较高，长期处于供需不匹配状态。

按历年纳税人满意度调研报告，广东省区域划分如下：粤北包括韶关、梅州、清远、河源、云浮；粤东包括汕头、揭阳、潮州、汕尾；粤西包括：湛江、茂名、阳江；珠三角包括广州、佛山、东莞、珠海、中山、惠州、江门、肇庆。近几年的调查结果显示，珠三角地区纳税人满意度在所有一级指标评分中均处于区域排名中的最后一位,且呈现与其他区域满意度差距扩大的态势。如"信息公开"指标,2017年珠三角信息公开得分与2016年相比有下降,而其余地区均为逐年增长的态势,粤东地区由2015年第三名增至2017年第一名,评分增加6.14分,增速较其他地区更快。珠三角地区与其他地区之间的差距不断扩大,2015年与排名第一的粤北地区相差1.9分,2017年与排名第一的粤东地区相差4.2分。以"办税大厅满意度"指标为例,2015~2017年珠三角与得分最高地区的差距分别为2.9分、6.49分、5.76分,待提升空间较大。

(2)不同经济类型纳税评分差异较大,港澳台投资企业期望高满意度低。

从经济类型来看,不同类型纳税人的总体满意度存在一定差异。具体来看,如图2-10所示,国有企业的总体满意度要明显高于其他类型的企业,其满意度得分为91.31分,外商投资企业的总体满意度得分最低,为87.84分,两者相差3.47分,存在一定差异。纵观近几年满意度报告,港澳台及外商投资企业在不同经济类型企业中满意度均较低,一级指标中这两类企业基本上是评分的最后两名,具体到二级、三级乃至四级指标,可以发现这两类企业更关注有效性、办事效率,更关注结果。

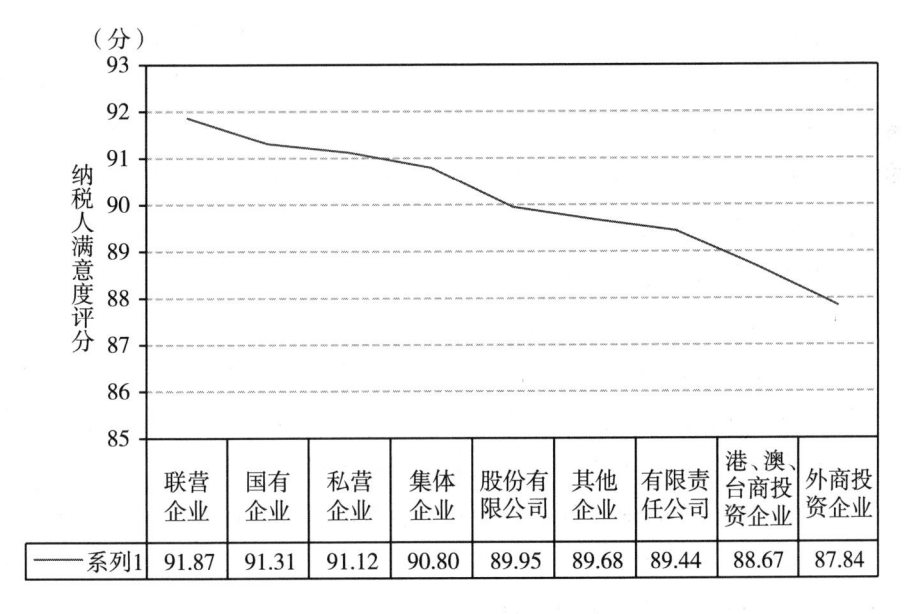

	联营企业	国有企业	私营企业	集体企业	股份有限公司	其他企业	有限责任公司	港、澳、台商投资企业	外商投资企业
系列1	91.87	91.31	91.12	90.80	89.95	89.68	89.44	88.67	87.84

图2-10 2018年广东省不同类型纳税人总体满意度得分情况

就"信息公开"项目来说,2017年私营企业对信息公开的满意度评价最高,为87.20分,而港澳台投资企业的满意度评价最低,为85.50分,两者相差 1.70 分。港澳台投资企业对信息公开的不满意主要集中在纳税信用等级等涉税信息查询方便。从行业类型来看，不同行业纳税人对信息公开的满意度得分存在一定差异。其中，居民服务和其他服务业对信息公开的满意度评价最高，为 89.65 分；而科学研究与技术服务和地质勘探业的满意度评价最低，为 83.55 分，两者相差 6.10 分，其不满意主要集中在纳税信用等级等涉税信息查询方便和办税政策及信息清晰明确方面。

就"网上办税"来看，私营企业对网上办税的满意度评价最高，为 77.87 分，而港澳台投资企业的满意度评价最低，为 73.20 分，两者相差 4.67 分。港澳台投资企业对网上办税的不满意主要集中在系统运行稳定和维护及时方面。而且各类型企业"系统操作"和"技术支持"的评分差距均较大，其中最低的相差 9.02 分，最高的相差 10.79 分，这说明在纳税人对网上办税这一项总体满意度非常低的前提下，对"技术支持"服务的改进需求最为迫切。

就宣传辅导项目的三级指标来看，国有企业、私营企业和外商投资企业对"宣传辅导内容实用"评价较高，对"宣传辅导解读清晰"评价较低，有限责任公司对"宣传辅导解读清晰"最不满意，对"宣传辅导渠道便捷"评价较高，股份有限公司对"宣传辅导解读清晰"最不满意，对"日常工作中税企联系密切"评价较高，港澳台企业对"宣传辅导内容实用"评价较低，对"日常工作中税企联系密切"较满意。总体上看，股份有限公司和港澳台投资企业对宣传辅导的评分较低，虽然认为日常工作中税企联系密切，但这两类企业对宣传内容的实用性、解读的清晰性以及渠道的便捷性都不太满意，且指标评分的差异较大。

2. 纳税人期望评估实践中存在的问题

（1）纳税人需求期望边界与供给边界不清。

税务机关从管理者转为服务者，更加尊重纳税人，倾听纳税人的需求，纳税服务意识逐渐加强，寓服务于管理的理念得到普遍认可。但是随着服务内容不断扩展，服务手段不断丰富，服务渠道不断优化，纳税服务工作者的困扰也与日俱增，纳税服务的边界模糊、服务缺位和过度服务的现象还大有存在。主要有以下三个方面：一是纳税服务与纳税人义务的边界，税务机关是否将纳税人应履行的义务揽在身上。二是纳税服务与中介服务的边界，税务机关是否将应由社会提供的服务内容，纳入了纳税服务的范畴。三是纳税服务与执法行为的边界。特别在执法争议的前端处理时，会否出现用服务的柔性触碰甚至改变执法行为的确定性，影响自由裁量权，造成显失公平。

税务机关现行文件关于纳税服务的界定着眼于概述纳税服务的依据、特征、目的与意义。如"纳税服务是税务机关根据税收法律、行政法规的规定，在纳税人依法履行纳税义务和行使权利的过程中，为纳税人提供的规范、全面、便捷、经济的各项服务措施的总称。"学术理论界中许多学者将纳税服务定义为"……的服务"。比如，广义的纳税服务是指为指导、帮助和方便纳税人正确履行纳税义务而提供的服务。这些定义并未明确说明纳税服务的边界，而在"提高纳税人满意度，优化纳税服务"的改革背景下，税务机关对于纳税服务的优化抱有极大的热情，从而一定程度上对于纳税人的承诺不够清晰，未理清自己是否能够达到承诺。模糊承诺或过度承诺使纳税人期望不可预期和不可标准化，从而可能超越了税务部门所能提供的纳税服务边界，造成供给和需求不匹配的后果。

纳税服务可以从广义和狭义两个角度来阐释，狭义的纳税服务主要指的是税务部门提供的税收服务，而广义的纳税服务在此基础上，进一步补充了以盈利为目的的第三方机构提供的纳税服务，从而进一步拓宽了纳税服务包含的领域。但在我国，大多数纳税人没有树立通过社会中介组织获取有偿纳税服务的意识，第三方机构的纳税服务没有足够发展。这是因为纳税人习惯了税务机关提供的免费纳税服务，使得纳税人没有养成纳税服务付费的习惯。然而，考虑到税务机关人力成本等因素，税务机关提供的纳税服务其实存在一定局限性。简单来说，税务机关提供的纳税服务作为一项公共产品，其无偿性在一定程度上决定了它无法满足纳税人的所有需求，其提供的纳税服务大多是广泛性而非针对性的。这就导致了提供的纳税服务难以深入企业具体经营环节，从效率上来讲不是最具有针对性、最有效的。因此，这就导致纳税人需求与供给之间产生了一定的矛盾，纳税人难以从税务机关这里获得税收筹划、个性化精细化纳税辅导等纳税服务。

（2）纳税服务供给总量不足且存在结构性矛盾。

在大数据时代，随着纳税人数量的不断增长，纳税人经营方式越来越多样化，组织形式越来越复杂化，纳税服务需求越来越多元化与个性化，税收征管与服务难度也越来越大。在构建现代税收征管新格局的进程中，税收新政策密集出台，各类市场主体对业务咨询、税收服务的需求快速增长，纳税服务的供给和需求之间的结构性失衡日益凸显。2018年广东12366相关指标的满意度偏低，与上年度相比12366接通率出现大幅下降，而接通热线的纳税人又对服务的质效不满意，这两个问题的同时出现一是指向了坐席量配置偏低，二是指向了热线接听人员的业务水平偏弱。在原供给格局基本保持不变的条件下，结合 2017~2018 年税制改革现状，出现上述问题也是必然的。

（三）纳税人感知价值

毋庸置疑，纳税人的感知价值，特别是纳税成本感知近几年就有较大提升，这得益于以下两方面举措：一是国地税合并。机构合并带来了降低制度成本、降低纳税成本、降低国地税之间的协调成本的好处，直接提升了纳税人感知价值。二是由总局发布"最多跑一次清单"，旨在降低纳税人奉行成本。

1. 国地税机构合并，直接提升纳税人感知价值

1994 年之前，我国实行的是财政包干体制，税收的征收权主要在地方政府，地方政府获得收入后，按照事先约定的分成比例交给中央。从服务于地方政府的目标来看，地方税务局的设立对保证地方税收收入的征管效率起到了积极作用。但机构分设后，国税部门和地税部门多数时间面对的是同一个纳税人，出现了重复进行税务登记、检查、征收等工作，造成人力、物力、财力等的浪费。对企业而言，则需要根据税种的不同，分别到国税局和地税局缴税，接受两个税务局的审查。国地税合并后将大幅减少征税和纳税成本，降低征税过程所消耗的社会资源。从征管角度，重复的业务流程合并，可以实现资源共享、信息共享，节约征税成本。从纳税人角度，可以减少纳税人面对国税局、地税局的"奉行成本"和"遵从成本"。

2. 升级"最多跑一次"到"一次不用跑"，着力降低纳税人奉行成本

2018 年 4 月 1 日，国家税务总局发布实施《办税事项"最多跑一次"清单》，清单的发布实施直接减少纳税人办税跑腿，降低纳税人办税成本。

办税事项"最多跑一次"，是指税务机关通过优化办税流程、提升纳税服务质效、融合线上线下办税，在资料完整并且符合法定受理条件的情况下，让纳税人办理清单范围内的事项，最多只需要到税务机关一次或者全程网上办理。"最多跑一次"可以减轻纳税人的奉行成本，给纳税人带来便利。2018 年 4 月，原广东省国税局、原广东省地税局首次推出 5 大类 258 项"最多跑一次"清单。6 月 15 日国家税务总局广东省税务局正式挂牌成立后，为进一步深化税务系统"放管服"改革，推进办税便利化，省税务局在机构改革的同时，对原有清单进一步优化整合，全新推出 7 大类 555 项"最多跑一次"清单。在"最多跑一次"的基础上，广东省税务局继续升级服务质效，全面推行"一次不用跑"专项工作，由省税务局统一制订工作实施方案，粤港澳大湾区各地市在此基础上结合试点经验和纳税人需求情况，以现有各电子办税系统为载体，立足全省适用、适度超前，提出新增事项建议和系统开发需求。目前，清单内90%以上事项可通过广东省电子税务局办理，部分事项可通过增值税发票选择确认平台、自然人税收管理系统网页端、出口退税系统等渠道办理。

3. 纳税人对"最多跑一次"工作认可，但仍有改进空间

2018年调查结果显示，纳税人对税务系统新推出的"最多跑一次"工作认可，但仍需改进。数据显示，"最多跑一次"满意度得分为86.03分，排在15项二级指标中的第13位，其三级指标"资料齐全时只需最多跑一次"（86.15分）和"对最多跑一次措施宣传及时"（85.83分）的满意度评价相对较低，排在37项三级指标中的第30位和31位，排名相对靠后。

纳税人反映目前"最多跑一次清单"中的业务如注销税控设备、银行扣缴协议备案、票种核定、发票超限量业务和年度企业汇算清缴业务等，仍未实现最多跑一次。分析发现，纳税人认为当前对"最多跑一次"的宣传还不够及时，宣传资料不够清晰明确，宣传对象并未分类导致不同类型的纳税人难以查找到相关资料。因资料告知不够清晰和查询渠道相对不够多元，纳税人无法实现"最多跑一次"。此外，纳税人反映因不同窗口间要求不一致、系统出现故障、值班领导外出、未一次性告知所需资料等问题，也是造成未实现"最多跑一次"的原因。

当然，纳税人对服务内容的误解也会造成"不合理"期望，比如纳税人对"最多跑一次"的理解可能有偏颇，认为只要是清单上的业务仅需跑一次即可办理完毕，但实际上"最多跑一次"还包含着前提条件，如果纳税人未备齐全部所需资料不可能一次办完业务。

五、提升广东省纳税人满意度的策略

（一）关注纳税人满意度模型的核心变量，提升线上、线下服务感知质量

1. 梳理、归集、提示，弥补信息公开短板

根据《国家税务总局关于全面推进政务公开工作的意见》文件要求，税务部门的信息公开一般包含税务行政权力、税收政策法规、税收征管执法、

纳税服务和自身建设五个方面,其中税收政策法规以及纳税服务公开是纳税人需求的热点,亦是目前工作中的重难点。从调查情况来看,广东省涉税信息公开存在一些短板:第一,信息公开"有平台、不统一",信息公开的渠道多元,但碎片化特征显著;第二,信息公开"有信息、不便民",税收政策信息庞杂的顽疾仍在;第三,信息公开"有网站、不互动"现象明显,税收信息公开的有效性偏低。

(1) 精心打造广东税务 APP,统一税收政策公开模式。

建议针对目前纳税人手机使用率高,且 APP 界面更丰富全面的特点,着重建设广东税务 APP,目前一级菜单存在重复项且逻辑关系较乱。应对相关功能及信息资源进行合理分类,充分考虑信息资源的实用性、有效性和权威性,科学分类,打造精干、实用、便捷的 APP,建立通俗易懂的分类体系,优化界面体验,提供搜索和导航功能,以便帮助纳税人快速查找政策信息,使其便捷、高效地获取信息资讯,提高信息的易用度和利用率。此外应将税收政策法规、规章以及地方规范性文件的更新以统一的模式公开,其他各个地方税务部门单独公众号或办税平台也应当与广东省电子税务局信息公开内容保持一致,为纳税人提供标准统一、途径多样、及时有效的涉税信息公开查询手段,推进政务公开,及时发布税收法规、条约等信息。

(2) 以纳税人或专题为线索梳理归集,解决信息公开的庞杂性问题。

涉税信息公开的庞杂性问题以税收政策法规最为突出,一方面,根据我国税收法律规范的制定机关和效力的不同,税收法律从高到低的层次可分为税收法律、税收授权立法、税收行政法规和税收地方性法规、税收规章。从体量上来看主要是以法规、规章和规范性文件为主要存在形式,纳税人在学习税收法律文件中,常常困惑于繁杂的税收法律文件的性质以及期间的效力层级关系。另一方面,目前正处税制改革期,税收政策更新的速度快、文件数量激增,纳税人政策更新任务加重,对信息公开的感知质量下降。在这样的背景下如果仅是按时间或部门线索公布[①],恐难以满足纳税人的要求。应该从纳税人的角度出发、打破条块分割,可按照税种、纳税人性质、规模分类,抑或按照目前纳税人比较关注的专题模块进行区分。

(3) 向纳税人进行信息推送提示,解决信息公开的有效性问题。

中共中央办公厅、国务院办公厅印发《关于全面推进政务公开工作的意

---

① 国家税务总局网站的信息公开的分类标准一是时间线索,二是税种分类,三是法律层级。

见》，部署全面推进各级行政机关政务公开工作。这份新形势下政务公开的纲领性文件体现出对传统政府信息公开工作的升华。其中最核心的一点，就是将公开不仅作为夯实政府行为合法性的基础，更加强调公开的有效性与延伸效应。

为增强涉税信息公开的有效性：一是要引导纳税人主动查阅政策。以金税三期核心征管系统为基础、以网上办税服务系统为支撑的信息化平台，进行信息推送，提示纳税人查阅广东省电子税务局公众号或登录网站查阅公开信息。针对不同行业、不同类型的纳税人实施分类差异化推送相关政策法规、办税指南、涉税提醒等信息，提供及时有效的个性化服务。提供涉税信息网上订阅服务，按需向用户提供信息和资讯。基于税收风险管理，向特定纳税人推送预警提示，让纳税人及时了解涉税风险，引导自查自纠。二是涉税信息公开应该具有"回应性"，目标在于塑造"回应型税务部门"。在一个全面深化改革与信息技术革命方兴未艾的时代，重要涉税信息也需要建立在充分与社会互动的基础上。通过公开回应、解释与阐明，有助于及时发现纳税人反响，找到短板，提升纳税服务水平。

2. 补人力资源短板、提业务素质，打造12366热线服务升级版

（1）探索人力资源外包机制，解决12366人员流动性大的问题。

目前全国各单位12366纳税服务热线座席人员构成主要有三种形式：第一种是全部是由税务干部构成，由于岗位流动机制和激励机制相对较弱，工作强度大，造成人员积极性不高，限制热线的发展；第二种是主要由外聘人员构成，外聘人员相对工资待遇较低，具备一定业务水平，工作中表现突出的优秀人员，往往流动性较大，不利于热线的稳定；第三种是将座席外包，管理人员为税务干部。人力资源外包有以下三点优势：第一，系统可以较为快速的开通，省去了一次性成本的投入和前期建设。广东省现已开通使用12366纳税服务热线，改为座席外包的方式运营，仍可沿用目前的硬件设施，可以不考虑硬件建设成本。第二，外包呼叫中心具有相应的运维人员，可以较好地保障系统稳定运行。呼叫中心涉及多方面的信息技术，运维难度大，由专业公司进行运维可以增加系统运行的稳定性。第三，外包呼叫中心可以解决人员的问题，呼叫中心的座席数量更加灵活，增加座席人员也更加便捷，外包公司可以更为专业地提供运营管理和统筹人力资源。建议在落实总局《12366纳税服务升级总体方案（试行）》《全国税务系统12366纳税服务热线工作规范》《12366纳税服务热线绩效测评方案（试行）》《12366 纳税服务热线日常监测评价暂行办法》《12366 热线基本工作流程和作业标准（试行）》等文件基础上，采用 12366 中心人员外包，人员由外包公司管理，税务机关提供政策等业务支持，并对外包人员服务效率和质量进行抽查，作为对外包公司的考核项目，以提升广东省 12366 热线服务质量。

（2）加强人员培训的效度和力度，解决业务素质低下问题。

随着个人所得税新法实施、小微企业普惠性税收减免、深化增值税改革和社会保险费降费等减税降费政策的出台，在税制改革步伐逐步加快和国地税机构合并的背景下，纳税人面对着繁杂的新政策咨询需求必然增加，而同时咨询员也面临着要将新政策迅速理解消化的问题，较高的服务水平是以过硬的专业素质为基础和支撑的，要强化 12366 咨询员的业务素质，主要从以下三个方面入手。

一是培训体系制度化。12366 纳税服务中心实行"日会、周训、月考"模式。每天上岗前 30 分钟的晨会准备时间，组织全体咨询员集中通报前一天接听电话过程中出现的差错问题。会议内容精炼、任务布置准确、问题点评精确。二是培训内容科学化。每周管理人员、业务骨干进行电话拨测，直接向咨询员提问，发现问题，及时地辅导跟踪。周五例会对一周接听工作、拨测情况进行通报小结，播放优秀与缺陷录音，咨询员互相提问，现场给予解答，分析问题找差距。三是培训形式多样化。广东省全省采取"走出去、请进来"形式对咨询员进行业务培训。组织员工到全国 12366 热线服务质量较高的地区进行考察实训活动，从各业务管理部门中选拔出素质高、业务精、责任心强的业务人员，组建 12366 热线咨询专家团队，一方面为服务热线日常业务支撑提供有力保障，另一方面请咨询专家为咨询员举办业务知识培训。分专题对业务知识、服务规范、技巧及通过案例分析等方面的知识和薄弱环节进行内部培训，积极开展热点、难点及敏感问题讨论，不断增强话务员的税收业务水平和沟通交流技巧。定期组织咨询员业务考试，考试成绩优异者与绩效考核相挂钩。通过多种"以查促学、以考促学"的形式调动全中心人员学习业务知识的主动性、积极性。

（3）探索"互联网+智能咨询"，缓解 12366 接通率低的问题。

通过互联网站、手机 APP、第三方沟通平台等渠道，实现 12366 热线与各咨询渠道的互联互通和信息共享。扩大知识库应用范围，将 12366 知识库系统扩展提升为支撑各咨询渠道的统一后台支持系统，提高涉税咨询服务的准确性和权威性。探索开发智能咨询系统，应用大数据、人工智能等技术，自动回复纳税人的涉税咨询，逐步实现自动咨询服务与人工咨询服务的有机结合，提升纳税咨询服务水平。

（二）重视投诉处理的过程和结果，引导纳税人满意度实现"逆转"

国外的研究者将服务对象投诉比喻为冰山现象，具体到纳税人投诉问题上，已投诉纳税人是冰山周围的水，它只是很小的一部分，而准备投诉和未投诉的纳税人才是冰山的主体。只有在矛盾激化时，不满的纳税人才上升，浮出水面，变成准备投诉的纳税人。潜伏在水底的是大量不满的纳税人，但他们并不打算将不满告知提供服务的税务部门。因此，我们可以理解纳税人投诉行为给了税务部门一个机会来化解"误会"和消除不满意情绪，应从这一角度积极应对投诉事件，重视处理过程和结果，引导投诉纳税人由不满意"逆转"为满意，通过获得满意处理结果的投诉纳税人对外宣传，可以使税务部门整体形象提升的效果加倍。

首先，要正视纳税人投诉。正如企业提供产品服务的过程中顾客投诉必然存在一样，税务部门在提供纳税服务过程中也必然会面对纳税人投诉，虽然消除纳税人投诉是个理想目标，但纳税人投诉率下降也未必就是纳税人满意度提高的结果，而可能是由于投诉处理进程缓慢、投诉问题常常不能获得有效解决，因而纳税人暂时压抑了不满情绪，因此要把工作重点放在对纳税人投诉的处理上，应将投诉行为视为纳税人不满情绪的一个疏导途径，正视而非惧怕投诉行为。

其次，积极采取措施解决具体问题。根据投诉解决的情况又将投诉纳税人分为三类，投诉快速解决（纳税人的投诉在第一次接触时就得到解决）、投诉解决（通过多次、多渠道投诉才得到解决）和投诉未解决。应通过采取有效措施使纳税人投诉达到快速解决的效果。

《国家税务总局关于印发〈纳税服务投诉管理办法（试行）〉的通知》（以下简称《办法》）自2010年发布以来，为规范纳税服务投诉工作提供了制度保障，在此基础上，国家税务总局公告2015年发布修订后的《纳税服务投诉管理办法》，又对纳税服务投诉重新分类，重新明确了侵害纳税人权益投诉的具体内容，压缩了投诉处理的时限，增加了投诉回访条款等，为贯彻落实《深化国税、地税征管体制改革方案》关于健全纳税服务投诉机制的要求，税务总局对《纳税服务投诉管理办法》有关纳税服务投诉办理信息化、办理情况定期报告和定期通报等内容进行了明确和完善。可以说目前在总局纳税服务投诉管理办法的政策指引下，处理投诉的流程、方式都较为规范，顶层设计比较完备。那么，形成纳税人投诉的主要根源是什么？我们认为：一是我们有比较完善的制度，但没有得到完全有效执行；二是制度没有有效执行的背后反映了目前的激励机制可能存在缺陷；三是制度没有有效执行的背后还反映了组织执行力可能存在不足。

1. 从转变思想观念入手，正确看待纳税人投诉

从转变思想观念入手，把纳税人投诉看作是向纳税人学习的过程、问计于民的过程、改进工作的过程、提高自身素质的过程。要遵循为群众排忧解难和全心全意为人民服务的宗旨，带着责任和感情处理纳税人的投诉，诚心实意地帮助纳税人解决问题，使纳税人的合理诉求得到及时、妥善解决。

一是要把纳税人的投诉看作信任和支持的动力。面对纳税人的投诉，一定要有一种良好的心态，不要认为纳税人是在挑刺、找碴，要真心实意地为纳税人处理问题。纳税人未直接向上级部门或新闻媒体投诉，说明他们还信任税务部门的工作，只是希望工作更加到位、服务更加良好。二是纳税人投诉提示纳税服务改进方向。很多纳税人的投诉从另外一个角度反映出税务部门工作方式、流程以及态度中存在的问题，是纳税人给税务部门最直接、最有效的信息反馈，实际上是帮助税务部门找到了改进的方向，以及解决问题的办法。三是把纳税人投诉看作提升纳税人满意度的过程。纳税人对税收服务的满意度是在不断变化的，纳税人的满意度需要靠持续良好的纳税服务才能逐渐建立起来。因此，税务部门不仅应该用正确的态度去面对每一次投诉，更应该抓住机会，改变不良印象，提高纳税人的认同度，变不利为机遇，变坏事为好事。

2. 拓宽纳税人反映诉求渠道，最大限度减少"潜在投诉纳税人"

现实中，有不满情绪的纳税人只有小部分比例进行了实际投诉，而大部分的不满情绪则被潜藏起来，这种负面情绪的长期累积、传播只会阻碍纳税人满意度提升。因此，提供多元化反映诉求渠道并给予快速响应处理，是投诉处理中的"隐性工作"，其原理是"疏导解决"而非"堵塞制止"，是搜集纳税人需求的重要手段，也是投诉处理中的基础和核心工作，解决起来最为耗时费力，广东省未来需要处理好纳税投诉中点（显性投诉）与面（隐性投诉）的关系。

建立纳税人诉求快速响应机制，该机制主要包括拓展纳税人诉求反映渠道、规范涉税服务诉求的分析与评价流程、完善需求处理程序，对纳税人诉求快速有效响应以及根据纳税人合理诉求对今后的纳税服务方式提出改进意见。快速响应机制对纳税人需求按不同类别，从采集、登记、流转、处理到审批、上报、回复等都有操作规范和操作流程，并明确了处理的时限要求。畅通纳税人反映诉求渠道，实行传统媒体与新兴"两微一Q"媒体平台同步发布纳税服务反映诉求电话、邮箱、人员等，拓宽纳税人表达诉求方式。目前广东省电子税务局"征纳互动"模块下仅有"服务投诉"一个类别，即仅针对了投诉中显性问题而未考虑到隐性问题，建议将"服务投诉"改为"服务诉求"，并在建设广东省电子税务微信公众号时也配套设置同名模块。另外，可以增加"纳税人之家""局长接待日"、12366投诉热线反馈、网站留言等多种方式，收集纳税人需求和对纳税服务工作的意见和建议，第一时间响应纳税人维权诉求，就维权服务的热点和薄弱环节问题进行沟通交流。新机制建立后，纳税人诉求的处理将实现流程化，确保纳税人每一件诉求都能得到处理。同时，该机制应当覆盖全省税务系统，由省局牵头定期汇总纳税人诉求后，分类研究，提出优化纳税服务的方式，提升服务质量。

3. 既要落实投诉处理的责任追究机制，也要关怀被投诉人的负面情绪

根据《纳税服务投诉管理办法》的要求，税务机关根据调查核实的情况，对纳税人投诉的事项分别作出如下处理，并将处理结果以适当形式告知实名投诉人：投诉情况属实的，责令被投诉人限期改正，并视情节轻重分别给予被投诉人相应的处理；投诉情况不属实的，向投诉人说明理由。在案件调查过程中，落实责任主体，始终从正确维护纳税人权益、保护税务干部尊严的角度，分清责任，明辨是非。案件调查结束以后，既注重主动与投诉人取得联系，加强政策宣传，赢得纳税人谅解和支持，又与被投诉单位或者个人进行沟通，教育引导干部正确对待纳税投诉，从投诉案件中吸取教训，从处理结果中增长知识。

近年来，办税服务大厅人员与纳税人发生严重冲突的事件引起了社会的广泛关注，事件也从侧面反映出办税服务人员情绪疏导的重要性。我们在调查中注意到，形成投诉的因素有制度问题，有管理问题，也有纳税人问题。有一些投诉现象是可以通过信息化建设得以根治；有一些投诉问题是可以通过对制度的重新梳理或细心解释得以避免，如制度冲突因素与比较心态因素；

有些问题是可以通过内部长期的宣传与灌输逐步解决的，如共识不足因素。纳税服务投诉包含纳税人一定的主观情感，如纳税人对税收意义的误解，日积月累的征纳矛盾等，容易诱发纳税人对纳税服务的不满，在处理部分投诉时，难以判断是非，如果因此处罚追责被投诉工作人员，或要求工作人员隐忍，必定会给税务干部带来负面的情绪感知和压力，因此，在关怀纳税人的同时更需要关怀服务人员，具体可以从以下几个方面着手：一是注重人文关怀。大力倡导快乐工作、健康生活的理念，办税服务厅负责人定期与前台工作人员一对一恳谈，了解干部职工思想动态，提前做好心理疏导和矛盾化解工作。二是培育团队精神。结合大厅年轻人多、思想活跃、学习能力强的实际情况，积极开展丰富多彩的文化体育活动，培养健康向上的生活方式，营造和谐融洽的工作氛围，凝聚团队精神，增强集体认同感和归属感。三是突出科学管理。根据涉税业务种类数量和岗位业务要求，合理配置前台岗位人员，尽量均衡工作量和工作强度。认真落实值班长、导税员咨询服务制度，引导纳税人通过网络自主办税，缓解窗口人员工作压力。

4. 优化线上纳税服务供给质效，解决人力资源配置不均问题

广东省电子税务局是全国首个建设的"一网式"、全功能电子税务局、应用混合云架构搭建一体化运行模式，亦是提供线上纳税服务的重要平台。但该系统上线造成2017年线上办税评分断崖式下跌，且矛盾集中于"技术支持"一项，纳税人服务感知普遍较差。硬件配套不完善，纳税人不熟悉操作以及界面时常崩溃等原因，使得这项创新可能对纳税人满意度评价造成了负面影响。当然，广东省电子税务局的构建给全省纳税服务工作带来了巨大的挑战，也迎来了新的契机。随着税收信息化水平的不断提高，线上线下纳税服务业务结构将持续发生重大变化，要顺应新潮流、抓住新契机，以纳税人需求为导向，加快线上线下融合，逐步实现网上办税业务全覆盖。以提升税收治理能力为目标，深化互联互通与信息资源整合利用，构建智慧税务新局面，最终破解由于人均管户数多而造成纳税人满意度低的困境。

（1）坚定建设广东省电子税务局步伐，提高线下、线上服务的转换率。

传统的线下纳税服务受到了工作人员办公地点和办公时间的限制，无法全天候地为纳税人提供服务，而在电子政务环境下，纳税人不论身处何地，只要通过互联网登录广东省电子税务局网站就可以获得相应的服务，使得公众服务突破了时空的限制，可以让公众随时随地接受政府服务，带来了极大的便利。

一是要统一流程，突破业务流程分设制约。要实现一个平台、业务通办、深度融合，流程标准化是重要前提。首先，流程标准化应包括对所有涉税事项的业务描述、办理流程、操作标准、文书资料、办结时限的"五统一"，只有实现"五统一"，才可以通过电子税务局联合办税平台自动清分到联合工作平台，税务人员才可以按照统一的业务标准杆尺办理业务。其次，税务部门必须从为纳税人减负的角度出发，对照科学规范的业务流程，进一步精简表、证、单、书的数量和种类，利用信息化手段，对各类表单中的相关信息进行归集整理，减少重复环节，使资源得以有效利用。最后，税务部门必须改变过去繁杂的审批流程和管理办法，对审批事项进行集中办理，避免相关部门各自为战的情况。同时，加强对审批类事项的清理工作，进一步梳理、取消审批，或将事前审批改为事后备案。坚持放管结合的原则，充分利用电子税务系统做好事中事后的监督管理和预警提示工作。

二是提高业务覆盖范围，实现线下到线上的全转换。目前要解决的核心问题是继续提高线下业务转换率，在理想转换率为100%的情况下，甚至可以直接跨越纳税服务的三种合作模式。提高广东省电子税务局的业务覆盖率，将税务登记、税务变更、主税附税联合申报、财务制度备案、涉税申请等实体税务局的主要涉税业务转移至线上，逐步实现线下向线上的全转换，减轻办税服务大厅人员的办税压力，消减人力资源配置不均所产生的阻力。

（2）增强网上办税系统技术支持，提高系统稳定性。

在开发网上办税系统时，要依照现行的电子政务和税收征管方面的法律法规，按照国家税务总局的技术要求和规范，注重网上办税系统的可靠性、高效性、便捷性、安全性，建立一个成熟稳定的线上服务平台。在解决网上办税系统稳定性问题的时候，税务机关可以研究借鉴阿里巴巴、京东、苏宁易购、百度等比较成熟的互联网系统的信息技术，进一步优化升级网上办税系统的技术架构，保证在用户量较大的时段网上办税系统能够正常运转。把网上办税系统中使用频率较低的业务模块放到公有云里，把与涉税业务联系度高、经常使用到的模块放到私有云里，同时进一步扩充后台服务器的承载容量，避免出现在纳税人使用较为集中的时间段登录不上系统、系统运行缓慢的情况。

一是根据国家税务总局的相关工作布置以及更新的税收政策，及时升级网上办税系统的相关模块，确保纳税人在线上办理涉税业务时能够享受到最新政策，比如2019年深化增值税改革，增值税税率调整，税务机关需在4月1日前更新增值税申报表，让纳税人能按规定享受到减税降费的优惠政策。

二是优化网上办税系统升级技术，运用信息技术改变网上办税系统经常停机升级的现象，让系统升级优化时能减短停机时间或者不采用停机形式升级，尽量做到系统升级不耽误纳税人办理涉税业务。同时，应该做好系统升级前测试工作，提前发现解决系统升级后可能出现的各种问题，避免出现系统升级后部分功能无法使用的现象。

三是应尽快明确广东省电子税务局建设的几个阶段，明确描述在不同建设阶段可能存在的问题，以获得纳税人最大限度的理解和接受、缓解初建期和磨合期存在的矛盾。定期举办纳税人线上服务意见征询会议，增强纳税人的主动参与感，使纳税由被动接受改革创新到主动参与改革创新，尊重纳税人的感受和意见。

（3）探索纳税服务供给新模式，开发"税智"互助答疑模块嵌入广东税务APP。

对于纳税服务供给多元化道路的探索可以循序渐进地进行，边行边试，由于目前纳税人对税务部门答疑颇多意见，现阶段可考虑搭建"税智"互助平台，嵌入广东税务APP，形成智慧合力，调动一切可用资源，探索自助式、互助式（纳税人之间、纳税人与税务工作人员之间、纳税人与行专精英之间、税务工作人员之间、税务工作人员与行专精英之间）的答疑范式，解决业务水平评价低、同一个问题不同人员答复不一致的问题，缓解前台及12366热线的工作压力。可将大练兵中的业务精英纳入平台答疑师资库，按专题或税种答疑，同时也需要社会力量的积极配合，比如设计激励机制鼓励注册会计师、税务师、税务律师等共同参与。"税智"模块的开发是为了凝聚智慧、整合资源、合并渠道、着力打造广东纳税服务品牌。

激励机制设计可以借鉴深圳"问税"平台（见图2-11）的积分制，通过积分鼓励等方式吸引注册税务师、注册会计师和税务从业者等各类税务专业人员、办税经验丰富的企业人员成为"纳税咨询服务志愿者"。机构平台、团队平台、行家平台人员也可以参与互助问答中来，为纳税人提供更加精准的答复。深圳"问税"至今已上线两年半，注册用户已近9万户，日均访问量超过了2万余次。在切实满足纳税人服务需求、缓解税务部门供给压力上有显著成效，值得深入学习参考。

图 2 – 11　深圳税务纳税咨询平台咨询界面截图

资料来源：https：//shenzhen. chinatax. gov. cn/ws/inspur. gsbd. search. SearchCmd. cmd#。

5. 引导社会资源流入纳税服务领域，建立多元化纳税服务体系

税务机关提供的纳税服务是有边界的，并且税务机关人力资源有限，为纳税人提供高层次纳税服务的能力也有限。因此，税务机关有必要充分利用社会资源，尤其是社会中介机构，如税务师事务所、会计师事务所，还有纳税人协会、税收志愿者中心等社区组织（见图 2 – 12）。关于印发《"互联网 + 税务"行动计划》的通知明确提出：通过购买社会服务的方式，向纳税人提供优质的服务。加强与社会各界的合作，充分利用外部资源要素，最大化发挥"互联网 +"的价值。调动社会公众和纳税人积极参与"互联网 + 税务"行动，在网上办税系统开发测试、涉税事宜互助、监督评价等方面充分发挥纳税人的作用。税务总局和省税务机关在一定范围内适时公布应用规范和接口标准，发挥社会力量参与互联网税务应用建设和服务，合理界定税务机关和社会力量的分工，满足纳税人多元化需求。

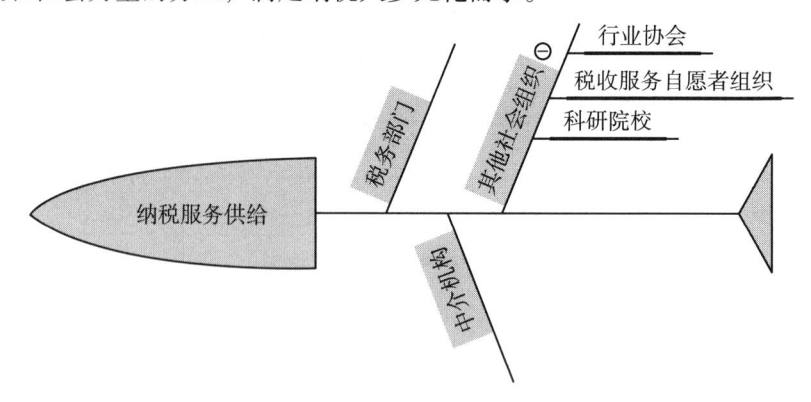

图 2-12　广东省纳税服务多元供给体系

以美国为例，美国联邦税务局非常重视通过专业的中介和社区组织为纳税人提供纳税服务，从而构成了以政府、中介和社区组织为主体的纳税服务体系。社区组织包括纳税人协会、志愿者机构等，他们提供的服务多种多样，既可在解决纳税人的具体问题上提供法律帮助，也可通过开展税法宣传活动，为纳税人提供优良的纳税服务。美国联邦税务局也很注重通过加强与志愿者机构的合作，为特殊纳税人群体提供免费的纳税服务。如低收入纳税人服务中心就为纳税人提供免费的纳税服务，合作、教育与交流组织联合社区组织促进社区纳税服务，老年人税收咨询中心则为老年纳税人免费办理纳税申报、申请税收优惠等。因此，应当充分整合社会资源，共同投身于服务纳税人的行列中。对于整体联动不仅需要在制度与技术层面展开，还需要在融合的过程充分体现服务纳税人的理念，除此之外，还包括与社会资源的整合，共同形成服务于纳税人的完整体系。

规范社会中介机构，推进纳税服务社会化，加强对税务代理服务机构的宣传解释工作，鼓励纳税人通过中介机构办理涉税事务。对税务机关与中介代理机构之间的关系进行合理界定。税务机关是为及时足额征收税款而提供的无偿的纳税服务，中介机构提供的是有偿纳税服务。纳税人更高层次的纳税服务需求，如税收筹划，需要通过中介机构来提供。中介机构比税务机关更了解纳税人偏好和需求，能够为纳税人提供优质的纳税申报、税务分析和税收筹划等服务。

6. 建议优化税务系统人力资源配置，寻求纳税服务供需的合理结构

管户数是指税务机关所管辖范围内的税户数量。随着广东省经济的蓬勃发展，企业、个人税户数量都呈现出快速增长的趋势。截至 2019 年 6 月底，广东省实有各类市场主体1 187.7万户,同比增长8.34%。2019年1~6月,广东省新登记市场主体108.5万户,日均新登记企业2 641户[①]。事实上,每年新进人员的分配去向均偏向于管户数多、税收量大的分局,即便如此也难以解决人力资源配置不均的问题。这一方面是由于新增纳税人数量远超过了新增税务人员;另一方面是由于行政事业单位编制的特殊政策,不如企业灵活。税务系统的自然减员率比较低,除正常的退休、调动外,几乎不会出现人员总量减少的情况。人员流动也很少,这对于要按编制来招人的政府行政部门来说,人员编制总量在一定时期内变动不大,现有的编制得不到释放,进入系统的人数只能被限定在一定的范围内,人力资源配置不均的矛盾难以获得有效解决,而人均管户数量特别大的地区往往伴随着纳税人较低的满意度评分,且形成顽固特征,比如珠三角地区、广州天河区、东莞以及2018年满意度排名最低的珠海横琴等,这些地区的满意度水平长期低位徘徊,事实上每年排名靠后且难以提升的结果也在一定程度上损害了税务人员的服务热情和工作积极性,征纳关系处于恶性循环状态,纳税服务供给方和需求方各有各委屈、较难打破情感壁垒。以珠三角地区为例,结合往年调查结果来看,珠三角地区的总体满意度得分一直排名倒数第1位,这主要与珠三角地区管户数量较为庞大和纳税人服务期待较高有关:一是人力资源配置不均衡所导致的纳税服务供需不匹配问题在珠三角地区比较突出。珠三角很多地区人力资源分配不合理,有的基层机构设置与税源分布状况不相适应,在征收任务繁重的情况下,纳税服务工作就会力不从心。二是珠三角地区纳税服务基础水平较高,参照以往纳税服务水平进一步提高了纳税人的期望水平,使珠三角地区纳税人满意度的提升难度较大。

本课题仅针对广东省现状开展研究,全国其他地区也可能存在类似珠三角地区的问题。鉴于机关单位人力资源配置的特殊性,建议对税务系统内部人力资源配置情况进行深入调研,借鉴人均管户数量大且纳税人满意度高的地区典型经验,并结合纳税人满意度评分进行综合、客观的评判。通过全面调研,一方面科学评估税务系统人力资源配置现状,另一方面总结推广先进经验,在现有人力资源配置现状无法立即改善的条件下,寻求纳税服务供需结果优化的路径。

[①] 资料来源:"广东省日均新登记企业2641户",http://www.huaxia.com/gdtb/gdyw/szyw/2019/07/6158956.html。

(三) 以合理需求为导向厘清纳税服务边界，引导纳税人期望趋向正当水平

根据纳税人满意度＝纳税人实际感受（质量感知＋价值感知）/纳税人期望，除切实提高纳税人实际感受外，笔者认为提升纳税人满意度可以从三方面入手。

1. 避免模糊承诺，服务承诺力求明确客观真实

纳税人感知到的纳税服务承诺包含明确承诺和含糊承诺两类，明确的承诺可以导出纳税人确定的期望水平，而模糊承诺则使纳税人期望不可预期和标准化，从而可能超越了税务部门所能提供纳税服务的边界，造成供给和需求不匹配的后果。因此，纳税服务宣传必须遵循客观真实的原则，清晰界定纳税服务的边界，坦诚告知纳税人哪些期望可以得到满足，哪些期望暂时或始终无法得到满足。

2. 以纳税人的合理需求为导向，采集需求热点

国家税务总局在"纳税服务概况"中提出"以法律法规为依据，以纳税人合理需求为导向"①，这与"以纳税人需求为导向"的笼统表述相比，更有助于厘清纳税服务边界。根据《国家税务总局关于加强纳税人需求管理工作的通知》中的关于"问需求、优服务、促改革"要求，广东省应当问需问计于纳税人，完善纳税人需求管理机制，增强需求管理的统一性和规范性，充分响应纳税人正当需求。一是定期梳理、分析纳税人需求，对纳税人反映的突出问题，及时调整改进纳税服务措施并落实到位；二是充分利用纳税人需求大数据分析结果，定期向相关部门推送征管制度和税收政策的改进建议；三是定期将具有普遍性、代表性需求的改进措施向社会公开，接受社会各界监督，提高纳税人对税收工作的参与度和满意度。

3. 厘清纳税辅导服务边界，缩小期望与供给差距

目前的税收法律政策文件中并未正式提出税收宣传与纳税辅导的内涵，在国家税务总局网站上，可以看到对税收宣传内容的表述为："税法宣传是纳税服务的重要内容，税务机关广泛、及时、准确、有针对性地向纳税人宣传税收法律、法规和政策，普及纳税知识，是增强全社会依法诚信纳税意识，提高纳税人税法遵从度的重要措施。"，由于每年总局都会牵头开展全国税收宣传月活动，

---

① 资料来源：http://www.chinatax.gov.cn/n810351/n810901/n848198/index.html。

在每年的通知中会规定宣传的具体内容,因而税收宣传的服务边界相对清晰。但纳税辅导在总局层面未有明确的界定,会产生基层部门和纳税人对纳税辅导的深度、层次理解不一致的情况,即税收宣传辅导的内涵和外延不清晰,导致税务部门所提供宣传与纳税人期望值之间不相匹配且较难调和的问题。现实中,有些个性化辅导则走过了头,超越了税收政策宣传和纳税辅导本来的界限。税务机关有义务宣传、贯彻、执行税收法规,辅导纳税人依法纳税。但是在税务机关宣传和辅导到位后,纳税人对税收政策了解的更高层次要求,如利用税收政策进行税收筹划,需要纳税人主动学习或购买社会服务。

纳税宣传辅导一般是税务部门主动为纳税人提供的服务内容,以新政策出台为例(见图2-13),属于税务部门合理供给范围内的"信息公开"和"要点提示",应由国家税务总局统一策宣传辅导口径,及时更新12366税收知识库,并加工形成简明平实、通俗易懂的宣传材料,为咨询解答提供实际支撑。各省税务机关根据税务总局统一的深化增值税改革政策宣传辅导口径,进一步细化、落实本省面向纳税人的政策宣传辅导。而对于掌握、适用政策以及进一步的筹划则需要纳税人购买中介服务或通过加强内部培训学习,以满足纳税人更深层的辅导需求。随着经济的发展,纳税人对纳税服务的需求越来越多元化,对纳税服务的要求越来越高。然而,税务机关在纳税服务工作中容易形成"路径依赖"——由税务机关单一渠道主动提供服务。由于税务机关的资源、人力有限,纳税人的纳税服务需求与税务机关的纳税服务供给之间容易出现矛盾,从而使纳税服务工作陷入困境。在这种形势下,借助社会力量推进纳税服务工作成了必然选择。

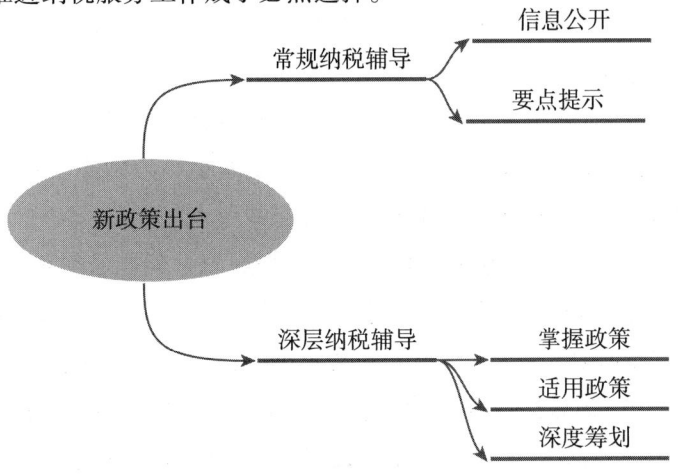

图2-13 纳税辅导边界划分

（四）牢固树立降低征纳成本意识，提升纳税人感知价值

1. 拓展"承诺制"容缺办理，为"最多跑一次"工作提速

《国家税务总局关于进一步优化办理企业税务注销程序的通知》对未处于税务检查状态、无欠税（滞纳金）及罚款、已缴销增值税专用发票及税控专用设备，且符合相应情形的纳税人，优化即时办结服务，采取"承诺制"容缺办理，即：纳税人在办理税务注销时，若资料不齐，可在其作出承诺后，税务机关即时出具清税文书。这是首次提出"承诺制"容缺办理机制，目前仅适用于办理税务注销这一事项。

建议结合"最多跑一次"清单，进一步拓展"承诺制"容缺办理机制应用范畴，对主件齐全，其他条件和材料有所欠缺的事项，可采取"先办理、后补件"的方式，真正实现"一次办好"。对低风险或无风险资料不齐的事项，给予先行办理，由纳税人后续提交相关资料或邮寄补办资料。对具有一定风险但纳税人急需办理的事项，因非主观故意缺少有关资料的，由纳税人填写承诺书，自愿申请税务机关对所办业务予以先行办理，并承诺在规定期限内补齐所有资料后，给予办理。比如信用等级较好的纳税人在办理延期缴纳税款时，纳税人在提交承诺书，承诺业务真实的情况下，不需要再报送货币资金余额情况、银行存款账户对账单、应付职工工资、社会保险费的支出预算等资料。

2. 借鉴横琴"容错免责"机制，降低纳税人违法风险

珠海横琴新区税务局在全国首创税务诚信报告免责体系，对当前纳税服务工作改进具有较强的示范作用和借鉴意义。免责体系规定对税收政策未明确的涉税事项和重大的特定涉税事项，鼓励纳税人主动诚信报告，税务部门予以备案或给予明确的税务处理意见，日后按规定补缴税款的，税务部门不予处罚。在现行政策体系下，纳税人因非主观故意导致的违法行为会被征收滞纳金、罚款，从而推高其纳税成本，引起纳税人的不满。由于政策未明确而产生答复口径不一致、引起纳税争议等问题，这些问题给纳税人带来困扰，而纳税服务改进亦无处着手。该体系的建立能够减少纳税人因非主观故意导致的违法行为和风险，保障纳税人利益，也可以减轻办税人员的压力，实现了税企"双赢"的效果，在诚信报告的前提下，消除了纳税人的未来隐忧，同时也化解了征纳双方矛盾，真正方便了广大纳税人和缴税人，因而建议将"容错免责"机制在广东省乃至全国范围内推广使用。

3. 强化税收成本管理，建立征税成本核算制度

要降低税收成本，就迫切需要税务部门增强成本意识，牢固树立税收成本观念，必须在思想上彻底摒弃过去的"无本治税"的旧观念，把税收成本与效率的高低作为评价税务机关工作成效大小的一个重要标准，才能在税制的确立、机构的设立、征管力量的配备、管理方式的选择上，将税收成本作为决策的重要权数，切实遵循"法制、公平、文明、效率"的治税原则。

要把降低和控制税收成本提高到税务管理的高度和层面，通过强化税收成本管理，优化税收成本支出，控制和降低税收成本。应尽快建立一个规范、系统的税收成本核算制度，由国家税务总局制定统一的税收成本目标管理制度，主要包括税收成本开支范围、成本核算方法、成本管理责任、固定资产管理办法、成本监督和考核、降低成本的核算方法和违章处理等。其中重要的是税收成本开支范围和成本核算方法确定。

（五）借鉴区块链技术，探索纳税人满意度评价的常态化、科学化

税务机关自身开展纳税人满意度调查效果不理想，很大程度上是由于直接向纳税人调查，纳税人存在顾虑，使得调查难以收集到准确真实的信息。由于管理和服务的关系并存，导致税务机关得出的调查结果公正性不足，即使调查的过程是严谨和客观的。由社会调查机构独立调查则可以避免这种弊端。在调查中，税务机关成为委托人，调查公司成为受托人，调查公司按照行业标准开展调查，纳税人更容易接受和认同调查结果，从而提升调查的公正性和社会影响。因此，我国目前是以第三方调查机构为核心的纳税人满意度评估模式，由税务部门主导纳税人满意度调研，向第三方购买调研服务。这种模式亦存在天然缺陷：一是由于调研指标设计的复杂性，大部分纳税人接受电话访问或填表需要额外耗费大量的时间，积极性不足。二是公信度存疑。即便与由税务机关主导调查的模式相比，第三方调查的独立性和专业性大增强了，但由于税务机关和第三调查机构是买方和卖方关系，无法排除个别税务机关在调查过程中有意施加影响，因而难以保证绝对的公信力。三是由于样本选取方式或权重赋予的原因，可能会影响最终结果的准确性以及可比性。由于广东省各个城市的纳税人户数不同，样本地选取又是按照总纳税人户数的某一百分比确定的，纳税人户数越多的城市选取的样本总量越大，某些极端情况如评分极低或者评分极高对其造成的影响会越小。以 2014 ~ 2016 年为例，三年的抽样方法都是随机数抽样方法，是没有经过合理分层而

进行的样本选取，偶然因素居多，选取到极端情况的概率高，抽取的样本可能不具有代表性，一定程度上影响最终结果的准确性。四是纳税人满意度评价及服务完善有时滞效应。由于纳税人满意度评价工作复杂、搜集及整理数据乃至形成最终调研报告需要花费大量时间，因此目前的工作是每年安排一次，本年度评价中所反映出来的问题只能由第二年才能采取有效的措施改进，从而形成"服务—评估—完善"的时滞效应。

区块链通过技术可有效解决上述问题，将相关信息转换成一个个区块数据，并将这些区块数据链接成区块链，通过区块链的数据进行交叉计算验证，在全球范围内形成一个不受时间空间限制的高度可信数据网络。通过精心设计的加密认证算法，区块链上的所有评价信息可以实现完全可信。如图2-14所示，利用区块链技术，可以自动记录每个人和每个企业的海量纳税人满意度评价信息，纳税人每次接受线下或线上服务时均可马上做出评价，这些评价信息存储在区块链网络的每一台计算机上，各信息采集加工机构通过加密形式存储和共享自己掌握的纳税人满意度评价信息区块链，可以实现实时采集、实时生成、实时查询、实时更新。通过区块链分布式地、去中心化地上传、处理、查询，可以有效缩短整个征信业务链条，减少信息生成时滞。区块链技术可以将满意度评价过程的每一步都自动化，并具备自信任的特性，不需要借助第三方机构的担保或保证，保障系统对相关活动进行记录、传输、存储的真实性，实现动态评价、实时管理，有效提高纳税人满意度评价的科学性和信度。由此可见，区块链有望成为未来纳税人满意度评价体系的基石。

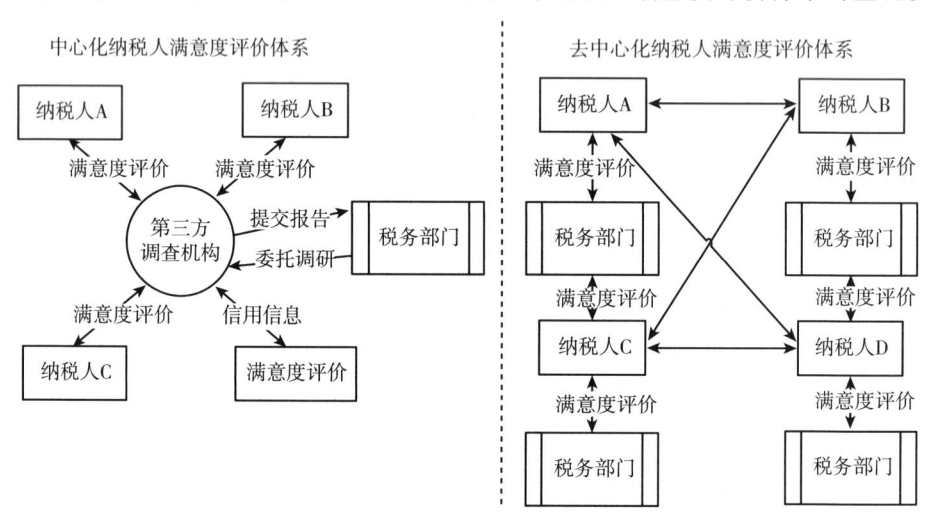

图2-14 中心化纳税人满意度评价体系与去中心化纳税人满意度评价体系对比

参考文献

[1] 何晴, 郭捷. 纳税服务、纳税人满意度与税收遵从——基于结构方程模型的经验证据 [J]. 税务研究, 2019 (9): 94-100.

[2] 周仕雅. 基于纳税人需求视角的电子税务局建设路径研究 [J]. 财政科学, 2019 (8): 81-88, 116.

[3] 宋震. 纳税人满意度影响因素分析及对策建议 [J]. 税务研究, 2019 (8): 119-123.

[4] 孙京. 纳税服务满意度调查及优化策略研究 [D]. 辽宁师范大学, 2019.

[5] 白亚卿. 基于纳税人满意度的现代纳税服务体系优化研究 [D]. 首都经济贸易大学, 2018.

[6] 赵树强. 顾客满意理论视角下基层纳税服务的优化研究 [D]. 山东财经大学, 2018.

[7] 司晓悦, 张芳祯, 边江. 纳税人满意度影响因素研究——基于S市地税系统的实证分析 [J]. 东北大学学报 (社会科学版), 2017, 19 (4): 392-398.

[8] 邵峰, 李檬, 张海波, 富春雨. 发达国家纳税服务的主要经验 [J]. 税务研究, 2010 (4).

[9] 于洁. 对优化纳税服务的思考 [J]. 辽宁经济管理干部学院学报, 2005 (2).

[10] 金鑫. 优化纳税服务 [J]. 中小企业管理与科技 (下旬刊), 2009 (11).

[11] 靖树春. 对纳税服务几个基本问题的认识 [J]. 税务研究, 2007 (9).

[12] 韩晓琴, 杨贵荣. 减税降费背景下推动社会化纳税服务的思考 [J]. 税收经济研究, 2019 (4).

第三章

粤港澳大湾区纳税服务研究

一、粤港澳大湾区建设中纳税服务的重要意义

(一) 背景

粤港澳大湾区包括香港特别行政区、澳门特别行政区和广东省广州市、深圳市、珠海市、佛山市、惠州市、东莞市、中山市、江门市、肇庆市（以下称珠三角九市），总面积5.6万平方公里，2018年末总人口约7 000万人，[①]是我国开放程度最高、经济活力最强的区域之一，在国家发展大局中具有重要战略地位。是与美国纽约湾区、旧金山湾区和日本东京湾区比肩的世界四大湾区之一。建设粤港澳大湾区，既是新时代推动形成全面开放新格局的新尝试，也是推动"一国两制"事业发展的新实践。

改革开放以来，特别是香港、澳门回归祖国后，粤港澳合作不断深化实化，粤港澳大湾区经济实力、区域竞争力显著增强。目前，粤港澳大湾区拥有占全国5%的人口，占全国0.6%的土地，创造了全国13%的GDP；粤港澳大湾区2017年地区生产总值已达10.2万亿元人民币，超过俄罗斯。[②] GDP增速为世界四大湾区中最高，面积、人口、港口集装箱吞吐量、机场旅客吞吐量在全球各大湾区中均排名第1位，已具备建成国际一流湾区和世界级城市群的基础条件。为此，2015年3月，国务院授权发布的《推动共建丝绸之路经济带和21世纪海上丝绸之路的愿景与行动》首次提出要深化与港澳台合作，打造粤港澳大湾区。2016年3月，国家"十三五"规划再次提出要推动

---

① 资料来源：珠三角数据根据广东省统计局，香港、澳门相关统计数据根据中商情报网整理得到。
② 资料来源：笔者根据网络数据统计。

粤港澳大湾区和跨省区重大合作平台的建设，携手港澳共同打造粤港澳大湾区。2017年3月，李克强总理在政府工作报告中提出要推动中国内地与港澳地区深化合作，制定粤港澳大湾区城市群的发展规划。这是"粤港澳大湾区"第一次被写进政府工作报告。2017年7月，在习近平总书记的见证下，香港行政长官林郑月娥、澳门行政长官崔世安、国家发改委主任何立峰和广东省省长马兴瑞在香港共同签署了《深化粤港澳合作 推进大湾区建设框架协议》。2017年10月，习近平总书记在党的十九大报告中提出以粤港澳大湾区建设、粤港澳合作、泛珠三角区域合作等为重点，全面推进内地同香港、澳门互利合作，制定完善便利香港、澳门居民在内地发展的政策措施。2018年10月，香港行政长官林郑月娥在施政报告中宣布成立"粤港澳大湾区建设督导委员会"，统筹香港参与推进大湾区建设事宜，并提出"明日大屿愿景"发展计划。2018年11月，中共中央 国务院《关于建立更加有效的区域协调发展新机制的意见》中指出，应以香港、澳门、广州、深圳为中心引领粤港澳大湾区建设，带动珠江—西江经济带创新绿色发展。

2019年2月，中共中央 国务院印发《粤港澳大湾区发展规划纲要》（以下简称《规划纲要》），绘出了大湾区发展蓝图，提出要将粤港澳大湾区建设成为充满活力的世界级城市群、具有全球影响力的国际科技创新中心、"一带一路"建设的重要支撑、内地与港澳深度合作示范区及宜居宜业宜游的优质生活圈。并结合粤港澳大湾区发展的战略定位，明确了粤港澳大湾区的总体建设目标，要求到2022年，粤港澳大湾区综合实力显著增强，粤港澳合作更加深入广泛，区域内生发展动力进一步提升，发展活力充沛、创新能力突出、产业结构优化、要素流动顺畅、生态环境优美的国际一流湾区和世界级城市群框架基本形成。

（二）纳税服务对粤港澳大湾区建设的重要意义

粤港澳大湾区是在"一个国家、两种制度、三个关税区、四个核心城市"背景下的复合叠加型湾区经济体。湾区的经济发展不仅得益于其天然的地理优势，而且依赖于合理的经济政策（Met，1985）。而税收与经济活动密切相关，合理的税收政策特别是税收协作对于促进大湾区内部生产要素的自由流动会产生事半功倍的效果。因此，如何在两种制度、三个关税区、三个法律体系的异质城市群内，加强税收协作，消除大湾区人员、技术、资金、资源等各种要素自由流动税收障碍，营造良好的税收营商环境，已成为大湾区建设中需要直面的理论难题和现实挑战。而纳税服务不仅是打破大湾区内部税收壁垒的"先手棋",还是营造良好的税收营商环境的关键抓手,对于加快大湾区建设,促进大湾区高质量发展至关重要。

首先,促进要素的自由流动。从湾区演进发展规律看,要素自由流动是打造世界一流湾区的重要基础和条件(张玉阁,2017)。相比于旧金山、纽约和东京等国际大湾区,粤港澳大湾区的"一个国家、两种制度、三个关税区、四个核心城市"背景,使得湾区内部要素自由流动的障碍更加明显(龙建辉,2018)。

而现代化的纳税服务体系对于促进大湾区内部生产要素的自由流动会产生事半功倍的效果。粤港澳大湾区是一国两制、三个关税区的区域性协作,税收差异会导致局部区域存在税收对抗或过度竞争,在一定程度上增加区域协作中的制度摩擦成本,妨碍粤港澳大湾区内部要素的自由流动。因此,深化纳税服务改革,提升纳税服务质量,特别是建立以纳税服务为纽带的税收协作机制,切实保护纳税人合法权益,提供更加便捷、优质、高效的纳税服务,对于破除制度性的税收障碍,消除大湾区内部的税收对抗力量或过度竞争,推进要素自由流动具有重要意义。

其次,优化营商环境。营商环境不仅是湾区企业健康发展的基础,也是湾区经济竞争力的重要组成部分。特别是粤港澳大湾区经济活力强、开放程度高,企业在面临"走出去"寻找更广阔的市场和更丰富的资源的同时,也面临着税收歧视、重复征税等方面的税收风险。此外,湾区内产业丰富,门类齐全,不同的企业对于开展点对点、面对面的具有个性化和针对性的政策辅导和风险提示的需求日益强烈。因此,结合当前粤港澳大湾区一般性与个性化纳税服务需求,有针对性地优化纳税服务内容,拓宽纳税服务渠道,提升纳税服务质量,构建现代化的服务型税收管理新体系,营造一个高效便捷的税务营商环境,能给予企业更大的发展空间,激发企业更强的活力和创造力,对粤港澳大湾区整体的营商环境产生积极影响。

最后,推动区域经济社会协调发展。粤港澳大湾区作为中国南部重要的经济增长极,涵盖了七千多万人口,地区生产总值超十万亿元,是中国开放程度最高、发展活力最强的区域之一。区域内部制造业门类齐全,产业链丰富,市场化程度较高。但不容忽视的是,湾区内部存在明显的差异。纵向来看,虽然经过四十多年改革开放,珠三角的各地级市有了长足的发展,但与穗、深、港、澳四个中心城市相比,差距依然很大,如何避免在发展的过程中产生马太效应,是我们需要考虑的;横向来看,穗、深、港、澳已经形成了各自的发展优势,再发展时如何扬长避短,实现优势互补,把各自的特长组合在一起形成更大的综合竞争优势,也是我们需要考虑的。

要解决上述问题,各城市间需健全合作协调机制,促进区域内经济社会均衡协同一体化发展。而财税是国家治理的基础与重要支柱,税收领域特别是纳税服务层面的协作质量对其他领域的政策协调有着至关重要的影响。粤港澳大湾区建设的推进,需要进一步发挥税收服务于经济社会的职能,以纳税服务为纽带推进"粤港澳"三地开展更深层次交流协作、实施更高层面协调发展、形成更大的发展合力。

二、粤港澳大湾区建设对纳税服务的需求

湾区经济是区域协同发展战略引领之下的新型滨海经济形态,其以高密度的陆海交通枢纽、体系化的产业布局和功能互补的多城市并联等优势,发挥着引领创新、聚集牵引、辐射外溢的核心功能作用。湾区经济的功能提升对纳税服务提出了更高的要求。

(一)粤港澳大湾区"一国两制"的独特性对纳税服务跨区域协作需求日趋强烈

粤港澳大湾区是"一国两制""三个关税区"的区域性协作,湾区建设面临着"一国两制"的独特背景,粤港澳社会制度不同,法律制度不同,分属于不同关税区域,这是大湾区要素自由流动的最大障碍,也是大湾区建设面临的挑战和现实背景。而要破除要素跨境流动的障碍,打造具有全球竞争力的湾区,就要加强内部的协调与协作。具体到纳税服务,由于粤港澳大湾区处在不同体制不同关税区内,香港澳门纳税服务与内地珠三角城市存在差异,这就决定了不仅要全方位提升纳税服务质量,满足大湾区内纳税人纳税服务的共性以及个性需求,更要加强大湾区纳税服务的跨区域协作,以消除大湾区要素自由流动的税收障碍,促进大湾区要素的自由流动,更好地推动粤港澳经济高质量发展。

(二)粤港澳大湾区"总部经济"对纳税服务个性化需求日趋迫切

粤港澳大湾区聚集了一批规模大、竞争力强、税收贡献率高的总部企业,

形成了特色鲜明、错位发展的总部经济集聚地（CBD）。广州在大湾区中的定位为"国家中心城市"，支柱性产业主要有服务业、金融、房地产、交通运输仓储和邮政、信息软件、新一代信息技术、人工智能、生物制药等。近年来，广州推进"三中心一体系"建设，聚焦国际航运中心、物流中心、贸易中心和现代金融服务体系，经济发展稳中提质，城市枢纽功能增强。深圳在大湾区中的定位为"现代化国际化创新型城市"，支柱性产业主要有文化创意、高新技术、现代物流、金融、节能环保、新一代信息技术、新材料、新能源、互联网、生物等。香港在大湾区中的定位为"国际金融中心"，支柱性产业主要有金融、商贸、科技、物流、旅游、法律专业服务等。

以广州 CBD、深圳 CBD 和香港的总部经济为例来看，广州天河区是广州的第一经济大区和城市中心区，总部经济发展领跑全市。在 2018 年广州认定的 470 家总部企业中，天河区 CBD 以 148 家位列榜首，占全市总部企业的 31%。[①] 天河 CBD 集聚了全市 141 家的总部企业，是广州最大的总部经济集聚区。综观广州总部企业分布版图，天河、黄埔和越秀集中了全市六成以上的总部企业。其中，又以天河占比最多，149 家总部企业在数量上领跑全市各区（见图 3-1）。天河区总部企业集中在金融业，信息传输、软件和信息技术服务业，租赁和商务服务业，数量占全区总部数量的 76%。天河区各行业总部企业分布情况如图 3-2 所示。当前天河正处于迈向高质量发展的黄金期、窗口期、机遇期，连续 12 年实现经济总量领跑广州，总部经济将助力天河进一步构建高端高质高新现代产业体系，实现新的增长极。其中总部企业单位性质如图 3-3 所示。福田街道是深圳中央商务区所在地，辖区总部企业 50 家，占全区 22%；五星级酒店 7 座；"年税亿元楼"32 栋，占全区"亿元楼"总数的 40%，其经济产出占全区 GDP 总量 23%，是深圳市总部经济最发达、聚集效应最显著的街区之一。据投资推广署和政府统计处联合进行的统计调查结果显示，母公司在海外及中国的驻港公司数量，在 2019 年有 9 040 家，较上年年增长 3.3%，2018 年较 2017 年的增幅为 6.4%，2019 年较 2017 年增加 9.9%。其中，2019 年的总部数量有 1 541 家，2018 年有 1 530 家，2017 年有 1 413 家。在公司来源地方面，中国内地居榜首，共有 1 799 家公司，之后分别为日本（1 413 家）、美国（1 344 家）、英国（713 家）、新加坡（446 家）。[②]

[①][②] 资料来源：根据广州市税务局网站数据整理得到。

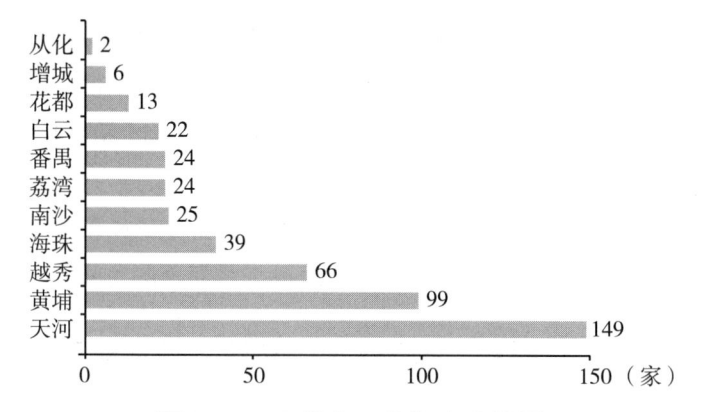

图 3-1　广州各区总部企业数量

资料来源：根据广州市税务局网站数据整理得到。

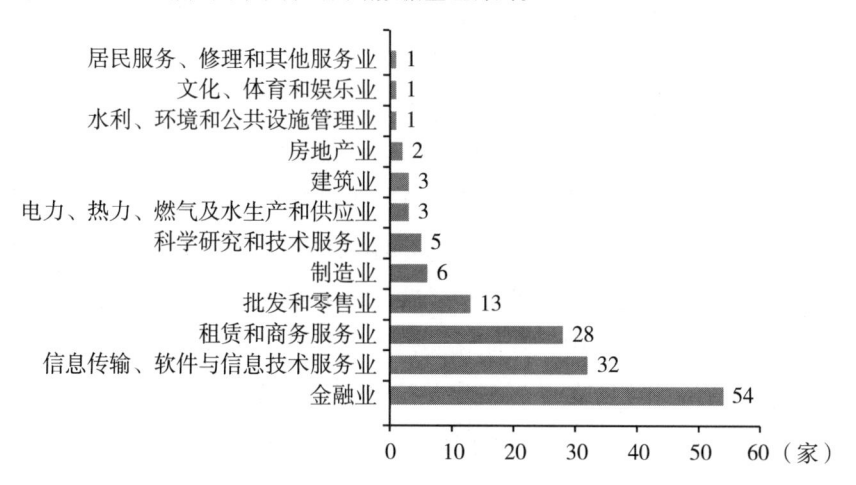

图 3-2　天河区总部企业行业分布情况

资料来源：根据广州市税务局网站数据整理得到。

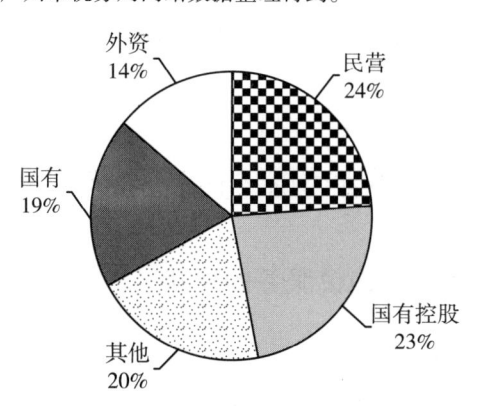

图 3-3　天河区总部企业行业性质

资料来源：根据广州市税务局网站数据整理得到。

总部企业和"走出去"企业普遍正面临着国际双重征税、税法遵从成本高等特有的税收风险问题,对以下两个方面纳税服务个性化需求日趋迫切:一是对预约定价知识的宣传、辅导和培训,通过做出合理的预约定价安排,以及成本分摊协议、无形资产等业务领域的预约定价安排,全力帮助总部企业积极参与国际竞争;二是一支符合国际税收管理与服务需要、业务精湛、素质优良、作风过硬的专业团队,更好地服务于总部经济发展。

(三) 粤港澳大湾区"互联网+"和数字经济的迅速发展对纳税服务的智能化需求日趋明显

当前,全球迎来"互联网+"和重大数字化机遇,"互联网+"和数字化市场规模将达数万亿美元,制造业也将发生翻天覆地的变化。粤港澳大湾区"互联网+"和数字化水平均居全国前列,数字基础设施水平跻身世界先进行列,"互联网+"和数字生活新业态多样化发展,这必然会催生纳税服务的智能化需求。另外,减税降费以及在商事登记制度改革、"大众创业,万众创新"等一系列利好政策的推动下,粤港澳大湾区纳税人数量剧增,而数量庞大的纳税人对应的是庞大的纳税服务需求,特别是对提升纳税服务智能化水平的要求越来越高。其中,智能化实体办税服务厅就是国家税务总局提倡的在"互联网+"和数字经济时代满足这种需求的重要体现。该类办税服务厅按照"以纳税人为中心"的设计理念,创新式功能分区,借助信息通信、计算机网络、智能控制等先进技术,实现服务智能化、互动化、多样化感观式服务体验,为纳税人提供灵活多样的信息交互、业务受理、涉税缴费等24小时服务。同时,该类办税服务厅可实现全方位、全过程可视化的智能分析和在线管理。

三、粤港澳大湾区纳税服务的现状与问题分析

(一) 粤港澳大湾区纳税服务的现状

1. 香港的纳税服务

(1) 强烈的纳税服务意识。

香港税务局高度重视纳税服务工作,设立了系统的纳税服务机构,制定了完备的税收服务体系,建立了服务承诺制度,免费为纳税人提供询问、处

理报税表、储税券、评税反对、退还税款、税务调查等项目,并成立服务承诺关注委员会,协助监察服务事务,以保证为纳税人提供周到的纳税服务。优质服务,与时俱进,对纳税人施之以礼,提供有实效的服务是香港税务局的税收使命之一。

香港的税制是以纳税人自愿据实申报为基础,在做到少税种、多公平、轻税负、易计算的同时,要求有一个高效、周到的服务体系与之相配套。为此,香港税务局不仅把"服务市民"作为一种承诺和宣传口号,赫然印在各种宣传手册封面上,更将之视为头等重要的工作,明确提出"本局的首要任务是尽一切能力服务市民"。由此可见,在香港税务局的观念里,纳税服务不仅是义务而且是首要任务,必须做好。

香港税务局的税务人员具有强烈的纳税服务共识,他们秉承的服务信念是"专业精神、讲求效率、积极回应、处事公平、注重成效、待人以利、群策群力"。香港税务局各个部门及税务人员工作作风严谨、责任心很强,全局上下配合协调,对待纳税人提出的咨询及问题都予以认真回复,从不拖拉,做到事事有人管、件件有答复,其优秀的办事效率获香港市民和社会的一致好评。

(2)系统的纳税服务体系。

一是系统的纳税服务机构设计。香港税务局高度重视纳税服务工作,为了切实完成好"服务市民"这项首要工作,香港税务局在机构设计上,按事前、事中、事后既联系又制约的思路,设立了服务标准研究小组、咨询服务中心(纳税服务中心)、服务关注委员会三套机构。服务标准研究小组的主要任务是研究服务标准,密切检查服务承诺的执行,并定期对各项服务水平进行检讨,向"服务承诺关注委员会"提供一切所需资料。咨询服务中心是纳税服务大厅内专为纳税人提供免费电话询问服务和柜台查询服务的内设机构。服务关注委员会由税务代表、专业人士和各界代表组成,主要职责是监察税务局各项服务承诺的实施情况,按季度检查纳税服务实际成绩并提出改进意见。

二是完善的香港税务承诺制度。香港税务局制定了切实可行的服务承诺制度,为纳税人提供公平、效率和有用的服务。为使服务承诺制不流于形式,真正为市民服务,服务标准研究小组与服务承诺关注委员会密切监察及定期检讨税务局各项服务标准,经常与税务局长商讨完善和提高服务环境和服务质量事宜。税务局每年召开一次服务承诺年报记者招待会,先由税务局长对过去一年本局的服务表现、为市民承诺的各项服务工作完成情况及存在的问题进行报告，然后由服务承诺关注委员会主席对税务局执行服务承诺表现进行总体评价，并提出今后执行服务承诺的意见和建议。

（3）低成本的税务管理。

一是便捷的电子化服务。在香港，从纳税人呈交报税表、缴纳税款，到税务部门进行办税指引、发出评税通知、受理审批文书，均实现了税务网站一站式办理。据了解，香港约有80%的涉税事务实现了电子化手段处理，而且在这一过程中还辅以很多智能化服务，其网上电子税务局的作用非常突出。特别是推行了服务平台"税务易"，将电子服务带入一个新的阶段。纳税人可用"税务易"通行密码和税务编号，通过音频电话或网站，随时获取自己的税务资料（包括查询是否有尚未递交的报税表、税务局是否已发出评税通知书、已缴或未缴税款的详情、索取尚未递交的报税表及缴税证明等）。这些措施，让纳税人及时了解自己的纳税情况，纳税越来越简单，需要的时间也越来越短，极大地方便了纳税人。

二是高效率低成本的税务管理。香港税务局纳税服务效率高，纳税人税法遵从度高，使香港成为全世界税收成本最低的地区之一。其成功的原因除香港税制简单外，高效率、现代化的税务管理是最直接的因素。

三是公开透明的税收支出情况。香港税务局定期向市民公开各项纳税服务的支出款项，市民也可通过香港税务局网站或电话直接向税务局提出有关税务支出项目的查询。对于市民提出的税收支出项目异议，税务局长必须亲自解答和回复相关问题，并将答复的内容及时公布在香港税务局的网站上，便于市民随时查询。

2. 澳门纳税服务

配合智慧城市建设和"以人为本"施政理念的落实，特区政府推动电子政务向智慧政府方向发展。根据《2015年—2019年澳门特别行政区电子政务整体规划》，特区政府继续从系统建设、基础设施建设和信息安全管理等方面着手，大力推进业务流程电子化、内部管理电子化、公共服务电子化、政府网站电子化，为社会提供优质便捷的服务。

继续实施《2015年—2019年澳门特别行政区电子政务整体规划》，按照发展的目标、原则和战略，继续有序开展工作，密切跟踪电子政务领域的六个方面。将电子税务纳入《2015年—2019年澳门特别行政区电子政务整体规划》。

优化跨部门服务流程与政府内部管理，提供更为便捷的税务服务。2016～

2019 年，特区政府推动公营部门逐步优化业务流程。按照规划时间，2017年，优化了涉及酒店、娱乐场所、医疗卫生等领域的 45 项跨部门服务流程，推出了相关的网上行政许可和手机行政许可。查询应用程序进度和服务指南，使申请者更容易访问信息。

完善税务政府门户网站，税务政府门户网站自推出以来，一直作为特区政府服务市民、传播政府信息和提供政府服务的便捷工具。

3. 湾区九市纳税服务新做法

（1）推动数字化、智能化纳税服务。

探索建设智能办税服务厅。基于"互联网＋智能办税"理念，以佛山市税务局为试点打造广东省首个"云交互"智能办税服务厅。智能办税服务厅以智能柜台为核心，依托远程交互系统，将佛山各区税务资源集约起来，通过远距离交互协作、高效率资源调度和智能化风险管控，打造无地域限制、全智能通办、可复制推广的智慧办税综合体。智能办税服务厅自正式启用以来，累计服务纳税人 15 298 人次、办理业务 25 166 笔，得到广大纳税人的称赞。

（2）全面推进"一次不用跑"改革。

在办税事项"最多跑一次"的基础上，充分发挥"互联网＋纳税服务"优势，通过拓展技术应用、精简资料报送、优化办税流程、探索制度突破，推动电子税务局与 V－tax 远程可视自助办税系统的深度融合，全面推进办税事项"一次不用跑"改革。

（3）推进办税服务便利化举措。

梳理广东省内通办和同城通办事项。全面落实税务总局深化办税便利化改革要求，组织成立通办专项工作组开展办税费事项全省通办、同城通办清单梳理工作。以税务总局和原省国税、省地税出台的全省通办、同城通办等相关文件为基础，结合现行税收政策、业务系统、档案管理和办税实际等情况，对业务保障平台全部依申请办税事项进行清分，初步梳理形成全省通办业务清单和办税费同城通办基础业务清单，并同步了相关公告和通知，已面向广东全省税务系统进行了两轮意见征集。

创新"主题办税"模式。江门市作为创新"主题办税"的试点单位，以纳税人需求为核心，梳理纳税人税费办理行为，对现有的办税服务厅涉税费事项进行主题化归集，以整体事项为导向形成"主题办税"新模式。目前已经初步完成主题办税事项范围的确定和主题事项知识库的编制，将 781 个单一事项归集为 384 个办税主题，依托广东省统一登录平台完成"主题办税"功能模块开发和测试，并在江门全市和广州部分地区办税服务厅试点应用，纳税人和基层办税人员整体反映良好。

持续强化办税服务日常监测，一是依托办税服务厅日常监测机制，运用纳税服务综合管理系统，安排专人持续开展办税厅日常监测，重点加强对办税厅各项服务制度、个人所得税改革、减税降费等事项落实情况的监测，累计监测办税服务厅 650 厅次，形成监测台账 118 份。二是建立起重点联系办税服务厅制度，通过问题直报、拥堵情况日报等方式及时掌握办税厅运转情况，按日、月、季形成报表或问题清单，针对共性问题需求开展专题分析，形成监测专报，推动服务和管理改进。三是持续抓好纳税服务工作预判分析，自 2018 年 12 月起定期组织召开纳税服务工作研判分析专题会议，分析下一征期各项重点改革任务对广东省纳税服务工作可能产生的问题和影响进行专题研判、分析，提前谋划应对措施，最大限度地保障办税秩序平稳。

（4）完善纳税信用管理机制。

逐步拓展纳税信用管理范围。稳步推进企业纳税信用评价工作，在纳税信用管理手段上不断创新，进一步研究开展纳税人信用状况监控预警，由佛山市局、江门市局开展个体工商户纳税信用管理试点工作，探索建立个体工商户纳税信用评价方法，由东莞市局开展办税人员信用管理试点工作。持续推进纳税信用管理系统本地管控项目建设，梳理广东省纳税信用本地管控特色需求，推进信息系统开发。继续完善纳税信用管理综合评测体系建设，梳理评测指标与评分模型，初步完成数据测算工作。

（5）深入推进"银税互动"工作开展。

与广东银保监局通过召开联席会议等方式推进"银税直连"工作模式，发布《国家税务总局广东省税务局 中国银行保险监督管理委员会广东监管局关于进一步深入开展"银税互动"工作的通知》，推动税务、银行信息互通互联。

（二）粤港澳大湾区纳税服务存在的问题

1. 纳税服务协作亟待进一步加强

（1）税收利益分配尚不太合理。

香港、澳门对企业征收的税种税率较低，香港法人利得税税率为 16.5%，澳门所得补充税税率最高为 12%，而且征税范围窄，规定的各项费用扣除相对宽松，虽然内地企业所得税税率已下调到25%且有部分产业优惠政策，但总体比港澳的税负要重。香港、澳门对个人征收的税种与内地相比，同样有税率低、征税范围窄的特点，而且港澳对个人均设置了较高的免税额。此外内地还开征了增值税等间接税。总体而言，香港、澳门与内地相比具有十分明显的税收竞争优势。因此，目前出现了大量企业总部或研发、销售中心设在港澳，而生产基地在广东（深圳、东莞等）的局面，造成内地税收大量流失，影响了三地间的税收利益合理分配。

此外，由于税率差异，大量外国投资者在香港设立离岸公司，许多投资者在进入珠江三角洲投资之前，往往先在香港设立离岸公司。离岸公司常常是非居民所设立，用来从事保险、海外销售、国际航运和税收庇护等业务。

（2）所得双重征税不利于粤港澳大湾区内要素流动。

虽然目前内地与香港、澳门在避免所得双重征税和防止偷漏税的协作方面已取得一定成绩，但由于内地与香港、内地与澳门税收制度、法律差异，部分领域仍会存在税收管辖权争议，产生双重征税的问题。一是企业所得税方面，对于来内地经营业务的港澳企业而言，根据《关于对所得避免双重征税和防止偷漏税的安排》的规定，常设机构的判定是其是否在内地构成纳税义务的重要条件。对常设机构的认定存在失误的可能，造成对所得来源地的判定错误。二是个人所得税方面，《国家税务总局关于执行内地与港澳间税收安排涉及个人受雇所得有关问题的公告》颁布实施后，个人所得税双重征税问题得到很大程度的解决，但其适用对象仅为在港、澳受雇或在内地与港、澳间双重受雇的港澳税收居民，而不适用于境内受雇的香港居民或者澳门居民并全职在内地工作的个人。粤港澳税制差异给人流、物流和资金流的自由流通带来阻碍，其中税务政策阻碍了人才自由流动方面。按规定香港/澳门居民在任何12个月内于内地工作或停留连续或累计超过183天，须向内地申报缴纳个人所得税，而内地个人所得税税率高于港澳。尽管可以抵免，但额外税务成本和行政成本的提高使企业和个人避免跨区出差、工作和生活，会妨碍大湾区内包括人才在内的生产要素流动，制约大湾区发展。另外，由于基础设施互联互通，香港居民一天内在香港居住但在深圳从事业务的税收问题不利于要素的流动，改革中的个人所得税需要考虑这一问题。

（3）税收情报共享交流尚存在障碍。

国际税收情报交换规则的发展正处在"多边化"和"自动税收情报交换"成为国际标准的进程中。总体而言，"一带一路"沿线是滞后于这两大发展进程的。在我国,《中华人民共和国税收征管法》及实施细则没有关于税收情报交换的专门条款,虽然在香港 CEPA 与澳门 CEPA 中有涉及信息交换的条款,但在实践中,内地与香港、澳门间的信息共享远远落后于税收业务的需要,现行税收征管中关于"涉税信息共享制度"流于形式。《多边税收征管互助公约》中,适用于我国税务机关征收管理的 16 个税种,但是内地与港澳目前依据香港 CEPA 和澳门 CEPA 规定的范围进行涉税信息交换,条款涉及税种较少,导致信息交换内容范围较窄。

(4) 一体化税收协作平台缺失。

统一的沟通、交流、协作平台的缺失将导致粤港澳大湾区税收征管无法高效协调和协作,整体质效低下。且如何及时获取涉税信息是税务局面临的主要挑战,面对复杂的经济形态,需要提高税收信息透明度以实现涉税信息沟通及交换,这有赖于一体化税收协作平台的建立。

2. 纳税服务体系现代化水平还有待进一步提升

应该说,粤港澳大湾区的税法信息咨询、税法宣传、办税服务、权益保护、信用管理、社会协作六个方面的纳税服务的现代化水平在不断提升,质量在不断提高。但随着粤港澳大湾区建设推进,有些方面还亟待进一步提升。

(1) 纳税信用管理亟待进一步改进。

随着粤港澳大湾区的推进,要素流动的加快,需转变思路,从以往推进法人的纳税管理向自然人纳税信用管理继续推进,但目前相关的管理还不到位。一是基本制度方面不完善,对涉税人员信用管理尚待加强,主要依据国家税务总局发布的《纳税信用管理办法(试行)》等规范性文件,执行效力低,虽然在新《中华人民共和国个人所得税法》中明确了要推动自然人"联合惩戒",具体的细节尚未出台。二是失信惩戒方面不完善,参评范围过于狭窄,基本上只有企业参评,个体工商户、自然人、扣缴义务人、纳税担保人、税务代理人未列入参评范围。游离在参评范围之外的纳税人,其失信风险会大大增加。对严重违法失信行为的惩戒力度不够大,对失信案件公布标准、信息公布内容、信用修复、案件撤出等的标准不完善。然后就是守信激励方面,纳税信用对自然人企业融资发展激励效果不足,纳税信用尚未成为其信用资产,纳税信用的"含金量"有待提升,诚信纳税的示范作用和激励作用效果还不显著。三是评价过程不透明,结果发布半公开,税务部门评价的结果应及时告知纳税人。但是,实际情况是,每年 4 月,税务部门开展一次纳税信用评价并发布 A 级和失信纳税人信息;B、M、C、D 级纳税人通过税务机关提供的渠道自助查询，导致有相当一部分纳税人直到被惩戒才知晓自己的信用级别。四是政策复杂多变，引起守信不易。税收规范性文件是税务机关行使权力、实施管理的重要依据，对纳税人等税务行政相对人的权利义务影响重大，但是确定性不足。五是新业态经济税收管理的缺位，造成守信不公。大部分的数字经济交易还处在税收管理真空地带，无法评价纳税信用，同时违法失信的成本偏低，也在一定程度上造成守信不公，互联网技术与纳税信用管理还未高度融合，"互联网＋"纳税信用管理的创新模式和管理机制运用才刚刚起步，还不成熟。例如对"金税三期"综合征管软件数据库信息的利用无法深入。六是纳税信用管理工作缺乏动态调整，纳税人失信信息难以及时获取。七是权威信用评级中介机构的数量较少。中国纳税信用管理的中介机构数量少，且这些机构为税务机关提供纳税人信用信息的机制不成熟，信息化水平较滞后，没有建立起一套完整而科学的信用调查和评价体系，导致个人和企业信用信息数据库规模普遍小。八是缺乏完善的自然人纳税信用监督网络和后续跟踪管理。现有税收征管手段难以控管税源，单独税务部门的监督管理不可能独立完成，多部门协调监督网络尚未形成，自然人行为数据和关系数据不健全，使得纳税信用管理面临一定的监督难度。

（2）智能化纳税服务广度和深度亟待进一步拓展。

首先，现阶段纳税服务智能化发展背景下，管理机制不够完善，信息孤岛、信息壁垒现象依然不在少数，存在税务部门与涉税第三方、纳税人之间信息不对称现象。而互联网纳税服务平台建设功能不够强大，电子化办税范围过窄，信息化不够深入，互联网纳税服务产品标准化、智能化程度不高，各种涉税应用的及时性、针对性、智能性有待进一步提高。仅仅依靠传统的纳税服务模式和手段，显然跟不上纳税服务科学化、管理精细化的形势要求，也无法满足纳税人日益增长的涉税需求。其次，互联网平台交互功能欠缺，虽然网上办税功能也日臻完善，但在与纳税人的实时交互方面仍显不足。纳税人在税务机关的互联网平台上，通常难以得到即时的咨询服务，只能被动查看网站公布或微信推送的信息。最后，纳税服务区块链技术创新不足。从技术角度讲，区块链技术仅是一种规则与制约标准体系，始于承担比特币的交易信息数据库的职能，面对税务机关软件系统多样、业务种类繁多、流程复杂、协作主体多样的特征，区块链原始技术在灵活性、适应性等方面存在缺失，尤其缺乏"主动预警、数据校验、信用评价"等机制。

(3) 纳税人权益保护有待进一步加强。

纳税人权益保护仍存在一些重要问题亟待解决：一是社会化权益保护机制尚未形成。纳税人权益保护社会参与度不足，公众大多认为涉税维权是税务机构或政府部门的职责，而忽视纳税人、社会媒体、社会中介机构的作用。二是法律保障体系不健全，既缺少高层次的权益保护法律，执法监督制约也不到位。三是纳税人维权力量不足，涉税服务社会化待加强。四是纳税人诉求表达机制尚不畅通，要完善税务行政复议制度、税务行政诉讼制度和税务行政赔偿制度，整合纳税服务投诉受理渠道，健全纳税服务投诉处理机制，使税务当事人在感觉自身权益受到侵害时，有畅通的渠道获得法律救济。五是中国公民在海外的合法权益保障尚待加强，需要完善涉外税收制度和税收管理，保证中国公民在海外的合法权益，要促进实施"走出去"战略，尤其围绕"一带一路"布局和粤港澳大湾区布局，尽快与相关国家签署 BEPS 行动计划，有效维护我国公民、法人在这些国家（地区）的税收权益。

3. 纳税服务共性化和个性化需求尚不能全部满足

粤港澳大湾区的纳税服务共性需求包括纳税人对纳税相关政策的知识性需求、数字化信息化服务的事务性需求及简化办税流程的程序性需求。个性需求主要包括基于粤港澳大湾区税收制度的差异性产生的纳税信息差异化需求与跨区域协作需求等。由于目前三地税务部门纳税人需求管理机制不够健全，专业化的需求采集和分析团队的缺乏，加上大数据应用的成效不够明显，部门间信息壁垒制约，税务机关与政府部门和第三方的信息交互尚未制度化、常态化，造成数据的流动性和可获得性不强，大多数税务部门与纳税人之间并没有建立完善的信息交流机制，税务机关对分散在税收征管各个环节的纳税人的需求无法进行统筹管理、分类处理、集中应对，纳税需求管理闭环机制尚未建立健全。使得大湾区不同的企业对于开展点对点、面对面的具有共性化和针对性的纳税服务需求很难全部满足。

四、国际经验借鉴

粤港澳大湾区最突出的特点在于其"一个国家、两种制度、三个关税区"的基本设定，使得它在税收合作与协调方面的需求凸显。针对粤港澳大湾区纳税服务改善提升的共性与个性需求，本部分着眼于促进区域税收合作（协调）、优化税制顶层设计、规划纳税服务战略、设立纳税服务机构、加强纳税人权益保护、推广电子化纳税服务等多个维度，对提升改善纳税服务的各项经验进行总结借鉴。

（一）各国（地区）纳税服务的发展趋势与先进经验

1. 完善区域税收合作（协调），减少纳税服务协同制度障碍

（1）具有宽松的外部环境与强烈的税收合作（协调）意愿。

对共同体或国际组织成员国之间的税收合作来说，发展目标的一致性以及合作意愿的强烈程度至关重要。欧盟早在1957年就签订了《罗马条约》，明确提出欧洲共同体的目标是：通过建立共同市场和使成员国的经济政策不断接近。建立关税同盟之后，各成员国又为了欧洲统一市场的形成，展开经济政策协调、税收合作等多方面的深化合作（周咏雪，2012）。目前，欧盟成员组织已经开始尝试优化税收制度，进一步应对互联网上（有形和无形）商品和服务跨国销售的复杂性问题，并将创建"单一数字市场"列为"十大政治优先事项之一"。近年来经济合作与发展组织（OECD）也在重点推进四个领域的税收合作事宜，包括有效落实税基侵蚀和利润转移（BEPS）行动项目，增强税收信息透明度，增强税收确定性以及提高税务部门能力建设等。

（2）贯彻"平等互利、自主自愿"的税收合作原则。

"平等互利、自主自愿"是区域经济合作中公认的原则，也是欧盟区域税收协调遵循的重要原则之一。在欧盟内部进行税收协调的过程，其实就是成员国放弃部分税收主权的过程。在这个过程中，如果某个成员国认为本国在税收协调中获得的利小于弊，就不会接受协调。当这种情况发生时，只能通过与该成员国开展进一步磋商和谈判的方式加以解决。要么对所协调的条款进行修改和完善，要么采取一些例外条款，允许该成员国暂不执行或暂缓执行有关的协调。例如在对储蓄利息所得税进行协调时，欧盟就经历了这样的妥协过程，最终规定在过渡期内，比利时、卢森堡和奥地利可以不进行有关储蓄所得的信息交换，并对储蓄所得征收预提税。

（3）建立法律合作框架对税收协调予以法律保障。

欧盟前身欧洲煤钢共同体从1957年起就签订了《罗马条约》，对关税以及间接税的协调进行了明确的规定，为关税和间接税协调提供了法律依据。自1967年起，欧盟前身欧共体颁布67/227/EEC指令、67/228/EEC指令促进成员国之间的增值税合作，直至2016年欧盟通过《增值税行动计划》改革方案，继续推进电子商务时代的增值税合作，可见间接税的协调进展相对顺利。

但是《罗马条约》没有明确规定对直接税进行协调，使直接税的协调缺乏法律依据，这也是造成欧盟直接税协调进展缓慢的原因之一。直到 20 世纪 90 年代，欧盟才通过实施"一揽子税收计划"促进所得税合作，包含统一企业所得税税基、避免对母子公司双重征税、对企业合并、转让等交易提供税收优惠以及建立仲裁机构等（吴泱、廖乾，2018）。

（4）建立地位超然的专门机构居间协调。

经济一体化的成功是各方利益相互妥协的产物，若缺乏权威的税收协调组织，无论是国与国之间还是某一国家内特定地区的税收利益根本无法调和。同时，各国（地区）政府需要向该机构让渡一部分税收权力，以确保协调的充分有效与可持续性。

欧盟税收政策的协调是由欧洲执行委员会、欧洲议会以及欧洲部长理事会共同承担的，原则上是由欧洲执行委员会提出建议，征求各成员国的意见，将最终起草的指令、规则以及决定提交议会及部长理事会，在议会及部长理事会正式通过之后，这些指令、规则以及决定才正式生效。欧洲法院作为司法机构，通过判决案件，在税收协调，特别是直接税协调方面起到了重要的作用。对两年内未达成协议的双重征税案件由欧盟仲裁机构作出裁决，这一机构由欧盟成员国主管当局任命的两名代表和经过主管当局同意的独立人士及主席组成，独立于当事国之外的第三方，能够公平和有效地维护各成员国税收利益。

即使在欧盟内部，各国政府为了协调地区发展，也都设有专门跨省区的权威性组织管理机构，负责区域援助计划的制订、调整或修改及贯彻执行；定期召集有关部门和地方的会晤以沟通信息，对各方利益进行均衡。如英国专门设立了"苏格兰开发署"和"威尔士开发署"；法国设立了"国土整治和区域行动评议会"；德国从联邦政府到各级地方政府都设有专门负责区域政策的委员会；比利时为促进跨国企业更有效地筹集资金，成立了"税收协调中心"，该中心设立了特别税收奖励金，专为向全世界的子公司筹借资金所获得的利润缴税（罗春梅，2010）。

（5）建立科学合理灵活的税收合作机制。

通过法律、组织、协定、机构合作等机制的创新，解决区域一体化战略中的税收利益矛盾，是深化税收合作的关键。

一是利益协调机制。仍以欧盟为例，由于各国税收政策差异，起初各成员国的税收竞争非常激烈，从德国比利时、卢森堡、荷兰等国围绕投资转移的矛盾和冲突一度引发了以不正当税收竞争为核心的投资大战。为了对该行为予以限制，1997年12月1日欧盟成员国通过了关于限制不正当税收竞争的行动纲领，就规范区域恶性竞争方面取得共识；为获取经济发展较落后国家的支持，每年拨款数十亿法郎予以特别援助，同时对个别地区尝试特别税收政策的做法，在一定程度上换取其做出让步。

二是信息交换机制。早在1997年，欧盟成员国地方税务机关之间就开始采用直接联系的方式收集情报。例如法国2001年与德国、2004年与西班牙、2006年与比利时之间均签订了有关信息交换的协议。这些跨境条约使得信息可以通过国家主管机关所委托的代表实现。在交流的方式上，这种信息交换可以是经请求的交换，也可以是自发交换，或者自动交换，即鼓励特定区域之间税务机关的直接合作，这样就不需要每一次都通过税收主管当局进行。边境地区之间税收信息的直接交换是打击偷逃税的有力手段，提高了交换的效率，减少了中间层层传递的环节，同时保证了信息的正确无误。美国则是通过州际间税收合作协议对税收信息的交换予以规定。美国州际间纳税信息的交换既可以遵循《统一税收交换协议》，也可以通过州际间独立的双边税收协议来实现。

三是联合决策机制。比如里尔是法国北部一个大都市，大约由87个地区组成。1968年法国成立里尔城市区域（CUDL），率先在当地成立了一个由各地区议会选出的区域委员会，担当里尔大都市区域的联合决策机构，确保一体化主体规划的有效实施。这个决策机构在促进税收合作与吸引外资发展方面，一方面进行税基分享，同时还出台针对地方政府在联合决策机制之外单独吸引外资的惩罚措施，即合作建立一个共享税来协调地区发展。类似地，德国鲁尔地区同样是通过统一税收奖励的办法，以实现从重化工业过剩的旧地区向新的高科技区转型。

（6）充分利用多种形式的税收合作平台。

除了立法、成立固定机构、签订多（双）边协定等较为正式的合作形式以外，各种国际（区域）性定期会议、论坛等形式也在税收合作中得到广泛引用。国际税收组织通过经常、固定化的税收会议取得共识，影响力日益扩大，如亚洲税收论坛年会、美洲税收管理组织年会、欧洲税收管理组织年会、英联邦税收管理组织年会等。2009年，25个非洲国家亦正式成立了"非洲税务管理论坛"。一些国际性组织，如OECD也于2002年发起成立高级别税收论坛——税收征管论坛（Forum on Tax Administration，FTA），包括所有G20成员、OECD成员及部分非OECD成员等共计46个成员。目前，FTA已发展成为各税务局在局长层面进行沟通对话和协调合作的独特平台。除了以报告和指南的形式出版税收征管相关内容，为各成员及更广泛的国际税收社会提供参考借鉴，FTA 还负责撰写出版 OECD 税收征管系列丛书，该书每两年更新一次，提供了 56 个发达国家和新兴经济体（包括所有 OECD、欧洲联盟 EU、G20 成员）在税收征管方面的可比信息（缪慧星、何璐伶，2017）。

2. 构建便申报、利征管、低税负的所得税税制，降低纳税人的遵从成本

一是建立便于征纳的个人所得税税制，实行综合计征模式。典型如美国对个人所得税实行综合计征，一方面体现"多收入多纳税"的公平调节理念；另一方面可以扩大税基，使大部分人能尽纳税义务、建立公民责任意识。同时，对一般纳税人的费用采取标准扣除制度，既保证非贫困人群都纳税，又简化了申报纳税过程。

二是建立以单一账号为核心的综合申报制度。为了建立全面翔实的信息系统，便于查询和评税，香港地区规定雇主对雇员支付采用支票结算，居民无论有多少银行账户和银行卡，在银行总行都只有一个收入账户，所有信息都会自动汇入，税务局据此建立以身份证号作为税务号的全面的信息系统和信誉评级系统。

三是简化报表和纳税程序。2010 年，美国国内收入局（IRS）进一步简化纳税程序，使大多数纳税人可以在五分钟以内填好申报表。中国台湾地区为简化申报，根据企业类型设计了三种所得税申报表：普通申报表用于一般营利事业；蓝色申报表用于账务资料健全、运作规范、信誉良好的企业；简易申报表用于小规模营利性事业团体。在日本，一般纳税人使用白色申报表；而对规范纳税、信誉良好的纳税人，税务机关则准予使用蓝色申报表，并给以一定优惠，而且不审查、不调整其申报表，但若发现有虚假行为，将取消其蓝色申报资格并追索其纳税义务。这一制度既可以有效鼓励诚信纳税、形成良好的纳税文化和提升社会信誉，又可以提高征管效率。

3. 制定核心职能战略规划，贯彻"以人为本"的纳税服务理念

西方发达国家纳税服务理念主要体现在人性化的纳税服务方式、对纳税人权益维护的高度重视和以纳税人满意度为核心的战略策划方面，并且有着较长时间的理论背景和实践基础。理论上，效率公平税法原则的提出、社会契约论的形成和税收遵从理论的奉行，以及公共财政理论和新公共管理理论的影响，奠定了纳税服务的理论基础。实践上，西方国家长期的民主运动深入人心，政府部门被定位为公共服务部门，提供均等优质的职能服务是主要使命，而税务机关的天职就是提供高效的纳税服务。

例如美国 IRS 在 2009~2013 年战略规划中将"改进纳税服务"作为首要战略目标，将"通过帮助纳税人理解和履行税法义务，统一公平地执行税法，为纳税人提供最高品质的服务"作为使命，把"减少纳税人履行纳税义务所需时间、降低履行义务的难度、及时退税和强化税收援助"作为中心任务。其《2019 年纳税人优先法案》基于"为纳税人服务"的愿景，通过一系列大胆举措对 IRS 职能进行了重新设计核规划，希望能够持续推进 IRS 的现代化进程，并进一步提升纳税人在申报纳税、获取信息、解决争议和支付税款等方面的便捷体验（任国哲，2019）。英国税务海关总署在年度战略规划中也明确把"提高个人和企业税法遵从度以及享受减税和福利的程度"列为六大目标之首。加拿大税务局在其"未来发展计划"中明确表示要大力打造"以顾客为中心的行政理念和文化"。

4. 配备专门机构、优化服务模式，提升税务部门服务能力

多数西方国家税务机关在配置机构时，专门成立了针对服务纳税人的业务部门。例如美国 IRS 下设首席法律顾问、全国办公室、辅助服务机构、职能机构和业务部五大机构，以专业化业务部的形式代替了以往州、郡、市层层设局的模式，实现了层级少、人员少、扁平化的精简管理。其中在职能机构中专门设置全国纳税人援助官，下设纳税人援助官办公室，该办公室独立于 IRS 的其他部门，直接向税务局长报告工作，同时根据地域设置地方纳税人援助官，为需要纳税援助的纳税人提供帮助。此外，英国、新西兰、阿根廷等国按照纳税人类型设立业务机构，分类管理并提供针对性纳税服务，以降低服务成本，实现成本效益最大化，切实保护纳税人权益。

采用"三位一体"的纳税服务模式。目前，世界各国纳税服务的主要内容体现在税法宣传、纳税咨询和权益保护三个方面。他们采用各种形式提高税法宣传与纳税咨询的效果，以优化税收征纳关系。例如日本自 1954 年起，将每年 11 月 11 至 17 日定为全国"税法宣传周"，通过制作通俗易懂的宣传册、开发税法游戏软件、制作税法动漫等方式，让不同群体、不同文化水平的人们均可以获取税法知识；法国强调税务机关与纳税人之间的对话和沟通，咨询的针对性强；澳大利亚、加拿大、英国、荷兰等国专设税务咨询服务机构，通过网络和电话为纳税人提供咨询服务。

5. 提升税收法治化、社会化水平，完善纳税人权益保护体系

一是在法律的确定性方面，许多西方国家以法律的形式保障纳税人权利，使纳税人的权益维护得到保障。例如澳大利亚的《纳税人宪章》（1977年）、加拿大的《纳税人权利宣言》（1985年）、日本的《纳税者权利宣言》（1986）等，这些国家均以纳税人权利法案或宪章等形式进行了明确，为纳税人享有的隐私权、保密权、投诉权、申诉权、知情权等提供了法律依据和保障。

二是加强纳税服务监督，完善涉税申诉复议和司法救济。对纳税人权益的维护即是对税务部门的监督，例如美国于1979年成立的纳税人权利维护办公室（National Taxpayer Advocate，NTA），主要监督税务人员行政执法的合法与合理性；设立税务行政复议部门，为纳税人税收争议提供有效解决途径。最新的《2019纳税人优先法案》要求将IRS的诉讼管理功能独立并完善NTA职责，包括向国会报告纳税人权益维护令的处理情况。英国的纳税人对涉税存在争议时，可向税务部门申诉复议，若无法达成一致，则可向所在选区的诉讼官员提起诉讼，由诉讼官员对涉税争议进行评估并给出最终结论；在涉税服务中，还可根据纳税人的实际状况给予无偿税收咨询和司法救济，帮助纳税人争取税收减免或税收优惠。加拿大纳税人对估税或者再估税存在异议时，可向税务部门提出复议请求，甚至可直接向法院提起诉讼，争议税款也可不预先缴纳。

三是在税收征管与执法过程中强调保障纳税人隐私。加拿大税务部门在征税过程中不得公开纳税人个人和财务信息，当对纳税人进行搜查和扣押时，必须事先取得司法授权，在申请授权时还要提供证据，证明其存在合理的理由。

四是充分发挥行业中介与社会组织力量，为纳税人权益保护提供专业帮助与外部监督。澳大利亚有税务代理机构2万多家，约有75%的个人纳税人和95%的企业纳税人委托税务代理履行申报义务。日本税务代理制度发展较早，体系建设较为完善，税务代理机构为纳税人提供专业化帮助，满足其纳税需求，减轻其税务负担，同时还可减少税务部门工作量，降低征纳成本。据相关研究不完全统计，日本85%以上企业都接受税理士的服务，推行率非常高。日本的《税理士法》也明确规定了税务代理机构执业范围、从业人员资格和相关法律责任，进一步优化了纳税人权益保护的外部环境。

6. 推广多元化电子纳税服务，提升纳税人满意度

目前，西方国家的电子化纳税服务主要有以下四个特征。

一是政府主导，统一规划。电子纳税服务作为政府电子政务的重要组成部分，必须由政府统筹规划、统一协调，实现信息系统标准化和一体化，从而避免软件不兼容、数据不统一、信息无法共享的问题。例如美国在1993年9月正式出台了信息高速公路计划,至今已经建成了将整个局域网、ISP及广域网相连接的数据通信骨干网,完善了全国信息基础设施建设,为电子纳税服务的全面实施奠定了基础。英国自2012年开始推行整体政府数字化,目前已经成为全球最为领先的数字化政府。税务数字化是英国政府数字化最重要的内容之一,英国税务海关总署(以下简称HMRC)于2012年12月公布《税务数字化行动计划:2012》,拉开了英国税务数字化的序幕。

二是兼顾经济效益与服务效率。世界各国十分注重电子纳税服务系统的建设,主要体现在提升服务效率和减少纳税人成本方面。例如加拿大政府电子政务推行后,大大节约了行政成本,纳税人也节省了时间,同时政府可以把节省下来的费用用于电子政务的运行与维护。英国的税务数字化成效也已经显现。截至2015年,英国企业已经基本实现了税务数字化管理,公司所得税和增值税在线申报分别达到了98%和99%;其个人纳税人对税收事务进行数字化管理已具备一定基础,在线申报率达到86%。[①] 2020年,HMRC计划实现与所有纳税人的数字化互动,届时将为纳税人提供包括税收和子女津贴等全方位服务,纳税人可以通过各种设备获得上述服务。HMRC承诺使用最先进的技术加密数据并保障其安全。

三是标准化与个性化相结合。电子纳税服务系统的标准化是数据统一、信息共享、协同合作的基础。因此,世界各国推进电子纳税服务系统建设时,都统一制定系统管理标准。同时结合个性化电子纳税服务,满足不同纳税群体及不同层次的服务需求。例如美国IRS利用计算机技术,研究开发了纳税服务分析系统,对纳税人的需求进行追踪分析,进而不断改变纳税服务方式。

四是重视涉税主体信息化培训。世界各国在推进电子纳税服务的过程中,都十分重视服务受众与服务提供者专业技能的培养,以高素质人才的全面发展来支撑电子纳税服务工程。例如德国税务局公务员从选拔、初任、晋级到升迁都需要经过专业化的培训和继续教育,以此确保税务人员具有较高的专业水平。

(二)国际启示与借鉴

1. 积极推动科学的顶层设计与广泛的社会参与

通过顶层设计区域税收协调与合作规则,有助于凝聚共识,解决争端,

---

① 资料来源:香港投资推广署和政府统计处网站数据整理得到。

协调利益，实现税收协调与合作的全局性、持续性和稳定性，对一体化的实现不可或缺。伴随着粤港澳大湾区建设上升为国家战略，其税收合作的持续深入也需要立足长远、着眼全局的顶层设计来指导。

作为政府间合作的重要领域，区域税收合作无疑应以国际组织或一国中央政府为主导，但成员国家与地区的基层政府力量乃至来自社会的税务中介组织、专业人才的力量亦不容忽视。即使不考虑税收合作，分权治理的普遍存在与税收事务的专业性也会引致对地方积极执行及社会专业参与的高度需求，对经济发展异质性高、税制情况复杂、人口密集的地区尤为如此，合作的各个阶段都需要群策群力，调动各方积极性。

2. 系统构建合作的基本原则与法制保障

粤港澳大湾区的税收合作虽不涉及让渡税收主权的制度障碍，但客观上存在"一个国家、两种制度、三个关税区、四个核心城市"的发展格局。这个特征既是大湾区最突出的特点与优势，也是融合的难点所在。关键就要在体制机制改革上做文章，在制度创新、营商环境上形成突破。坚守"一国"之本，善用"两制"之利，坚持自主自愿、互利互惠，推动粤港澳大湾区内各城市合理分工、功能互补，提高区域发展协调性。

依法治国是发展市场经济的客观需要，是一国民主法治进步的重要标志，更是国家长治久安的重要保障。即使在一国内部，成熟市场经济国家如美、德、日等国，其促进税收合作的做法依然是立法先行，在法律范围内尽可能保持政策的灵活性。因此，粤港澳大湾区税收合作的持续深化，除了需要地位超然的中央政府进行顶层设计以外，同样需要稳定的法律框架、全面系统的实施细则、规范严格的约束机制来予以保障。

3. 高度重视合作的机制完善与模式创新

结合世界各区域税收合作举措来看，搭建多元化的交流合作平台，采取灵活创新的合作方式，建立促进合作的长效机制等因素对合作的成败至关重要。在某种意义上说，合作机制的建立与维护比合作的短期结果更为重要。良好的协调合作机制在不同成员间的税收合作过程中起着"催化剂"的作用。因此，构建多层次的协同机制，并将其制度化，是推动地方政府税收合作能力提升的关键。

粤港澳大湾区建设的重点不局限于技术创新，还包括制度创新；其转型升级并不止于物理变化，更要形成制度创新等深层次的化学反应，从粤港澳大湾区建设中探索可复制可推广经验，带动更大范围制度现代化的进步，才是设立大湾区的目标意义所在。因此，湾区内各地政府在开展税收合作的过程中应积极拓宽领域、创新方式、完善机制，在创新中推动合作的深化与落实。

4. 全面深化"依法治税""以人为本"的服务理念与服务方式

各国（地区）纳税服务先进经验均印证：良好的税收法律环境和监督机制是提供优质纳税服务的基石。一方面，切实尊重纳税人的平等主体地位，将纳税人权利义务以法律的形式进行明确。健全纳税服务法律地位，推动权益维护工作的有效开展。加强纳税服务信息化的法律保障，提高纳税人信息的保密性，使纳税人在接受电子化纳税服务时更加安心。另一方面，加快设计税收征管各方面各环节的立法和规范制定，使征管工作各个环节均有法可依，有章可循，降低执法风险；将纳税服务纳入目标绩效考核，通过量化和细化各项工作，以网站、电话回访、问卷调查等方式定期开展纳税人满意度调查，真实掌握纳税服务工作的实际质效；引入第三方评价机制，畅通纳税人监督反馈渠道，积极接受纳税人监督。

转变政府职能、创新服务模式、优化服务流程是提供优质纳税服务的核心。优化纳税服务及办税环境，加大税收政策宣传辅导力度，助力打造服务效率高、管理规范、综合成本低的税收营商环境高地。

5. 加快实现税收领域"互联网+"与数字化转型

整合利用税务部门已有信息、第三方信息以及纳税人自己掌握的信息是实现税务数字化的关键。一是整合税务部门内部掌握的纳税人相关信息，确保不要求纳税人向税务部门报送税务部门已有的信息；二是依托整体政府和政府数字化以及与银行等非政府机构的合作，充分获取和利用第三方信息，力求减轻纳税人报送税务部门能够从第三方获取信息的负担；三是要求纳税人按季向税务部门报送自己相关更新信息，以更好地完善纳税人的纳税信息。通过实时收集上述三方面信息数据并加以计算，基本可以实现实时掌握纳税人纳税情况，减轻纳税人纳税申报负担并防范申报错误和违法行为发生。

针对不同纳税人创建功能完备、个性化的数字税务账户是税务数字化重要的创新手段。通过为纳税人创建数字税务账户，既能汇总纳税人所有纳税信息，减轻纳税人报送信息的负担，又能实现税务部门与纳税人的在线互动，为纳税人提供个性化服务；既能使纳税人实时了解自己的纳税情况，做好资金安排，又有利于税务部门防范纳税申报中的失误和违法行为，避免税收流失。最重要的是，数字税务账户功能的不断完善将终结纳税人填报纳税申报表的负担，真正做到使纳税人轻松缴税。

五、改进粤港澳大湾区纳税服务的建议

（一）建立粤港澳大湾区多层次合作体制

1. 建立国家层面粤港澳大湾区税收协作委员会，提供顶层协调组织

粤港澳大湾区的建设需要三地政府落实的事项很多，但香港、澳门的政府与内地存在较大差异，不管是权力架构方面、运作模式方面还是职能衔接，都有很大的障碍，建议加强中央政府对粤港澳大湾区建设和跨境税收治理的顶层设计。一是借鉴京津冀协同发展领导小组的做法，设立国家层面的粤港澳大湾区税收协同发展委员会。二是建立核心城市税收间直接对话的机制，加紧制定税收专项合作规划。三是三地之间没有统一的法律合作协议，粤港澳大湾区税收合作的主体不清，路径不畅，需建立粤港澳大湾区税法合作平台，并明确其定位与功能。

2. 建立地方层面税收协作机制，保证灵活高效执行

在"放管服"改革下，需持续推进简政放权、放管结合、优化服务，逐步推行粤港澳大湾区税收一体化。

一是简化统一税收征管流程，充分释放征管体制改革红利，确保粤港澳城市间在准入门槛、制度设置、政策执行方面保持基本一致，从而进一步破除地方保护主义、扫除行政壁垒。支持纳税人跨区开展经营活动，实现开办企业"一地注册、三地共享、资质互认"，为企业在粤港澳大湾区内迁移提供无障碍服务。

二是三地间加强税收征管互助机制、情报共享机制（CRS）、税务稽查机制、纳税服务机制建设，形成合作创新的长效机制。建立以税务机关为核心，包括其他纳税服务有关政府部门（如政府的综合管理部门、经济管理部门、工商、质监、海关及其基层行政管理机构等）在内的政府部门纳税服务合作机制，为纳税人提供包括行政审批制度改革、征信体系建设、税源信息、企业经营信息共享等在内的政府机关"共享服务"，减少纳税人重复提交信息的负担，避免因跨部门数据口径不一致造成税收风险。

3. 建立社会层面税收合作机制，形成全社会共治新模式

目前粤港澳三地税收合作以官方层面为主，存在"政府强、民间弱"的

情况，不利于调动各方积极性。税务中介提供纳税服务已经成为国际惯例，应借鉴国内外先进经验，打破现有的纳税服务架构和层级，探索以税务机关为核心主体，整合相关社会主体纳税服务的资源和力量，为纳税人提供包括专业税收宣传、咨询培训、法律援助、税银合作、技术支持等在内的专业服务，减轻纳税人学习专业化税收知识的负担，避免因缺乏专业知识造成税收风险。

（二）进一步推进大湾区纳税服务体系现代化

1. 以大数据和信息技术为支持，推进纳税服务信息集成

（1）加强需求管理体系建设。

一是全面采集纳税人需求和涉税信息。通过收集纳税人访问门户网站的痕迹、办理涉税事项的记录以及通过热线电话咨询问题的类型等，统一标准规范分类，实现大数据采集。

二是实施纳税人需求分类分级管理。纳税人需求按实现形式层面，划分为告知性需求、便利性需求和政策性需求，进行分类应对管理。按提出纳税人的规模、行业、成长期间等，对纳税人需求进行分级应对管理。

三是建立有效的需求分析模型。深度挖掘数据，运用大数据原理对纳税人涉税痕迹进行合理分类汇总，提炼出一定时期的重点需求和变化趋势，及时分析响应，并作为税务部门改进纳税服务的依据。达到"广集需求、深挖数据、精准服务"的目标，从而形成"需求采集—需求分析—需求响应—持续改进"良性循环机制。

（2）加强纳税服务云平台建设。

一是提供优质服务。纳税服务平台应建立基于云服务的智能化系统，体现新公共服务的特质。统一平台入口、整合税务信息资源，便于纳税人自由地调阅政策法规、办税指南以及自身的纳税情况等信息。打破时间、空间、物理终端的限制，使纳税人随时随地享受个性化的服务。

二是掌握实时需求。纳税人能够通过云平台与税务机关实时沟通。同时，税务工作人员也能及时地了解到纳税人时下最关心的问题，降低因多平台数据采集，造成纳税人需求数据丢失或失真的风险。

三是实现资源共享。建立与其他政府部门、社会服务部门之间的"信息桥梁"。将各单位的电子政务系统接入云平台，通过云平台内部信息驱动引擎，实现不同电子政务系统间的信息整合、交换、共享和政务工作协同，提高税务机关整体工作效率。

四是支撑风险管控。在税务部门简政放权后,对纳税人提供的申报、备案以及登记信息和其他部门共享的信息,进行风险控制,形成"先松后紧"的税收管理模式(孙玉山、刘新利,2018)。

2. 以纳税信用管理为核心,强化税收诚信体系建设

(1) 优化纳税信用评定管理。

一是扩大纳税信用评定范围。探索实施个人纳税信用管理,将企业纳税信用情况对应到经营者、管理者、财务负责人等,与个人纳税情况评价结合形成个人纳税信用评定结果,增强对重点岗位、重点环节、关键人员的监督制约,将税法遵从的要求延伸到最基本的税法履行者。

二是扩大纳税信用信息采集范围。在纳税人缴纳税款的相关数据及税务机关管理数据的基础上,通过工商、海关、司法、银行、行业组织等部门机构获取相关信用信息,避免因信息来源单一陷入不完全信息博弈的陷阱。

三是增强评价指标的针对性和有效性。增设分指标,鼓励纳税人实施遵从行为;在常规指标的基础上,设置发票管理指标、享受税收优惠指标,出口退税指标等专项指标,防止发生纳税信用结果应用与纳税信用评价指标脱节的现象,使纳税信用评定结果更权威、逻辑更严密。

四是优化纳税信用评定周期。通过纳税信用积分管理,将纳税信用评定周期缩短,实现实时、动态的管理。通过建立诚信档案,将纳税信用评定周期延长,组织三年评价或五年评价,对纳税人的纳税信用历史进行综合、全面的评价。组成短期、中期、长期纳税信用评定结果,从而形成纳税人遵从度报告。

(2) 倡导征纳双方诚信合作。

优化营商环境的最终目标是达到纳税人自觉遵守税法的意愿。纳税信用管理应建立在征纳双方诚实互信的基础上,征纳双方基于平等的法律关系签订遵从协议,约定双方权利(力)、义务,建立诚信治税、诚信纳税的良好氛围。税务部门应通过增加行政透明度、公开服务承诺、加强执法监督、严格过错追究等措施,使税务部门的公权力依法行使,并受到有效监督与制约,使纳税人的权利能够应享尽享,并受到有效保护与救济。

(3) 拓展信用结果应用范围和成效。

一是深化评价结果的对内运用。在涉税申请的流程、程序方面以及办税辅导、税收宣传、纳税咨询、权益维护等方面,对守信纳税人提供便利,减少资料报送，加快审批速度，提供免填单服务等。对信用较低的纳税人实施重点监管，在享受税收优惠、出口退税等程序中增加补充证明的负担，加强纳税评估、税务稽查等税务监管措施。

二是进一步提高纳税信用评价结果对外部应用的有效性。随着企业纳税人统一社会信用代码的全面推广以及金税三期系统中个人纳税人全员建档的实施，跨部门共享信用信息有了重要的基础。税务部门应与海关、工商、质检、环保、银行等部门合作，加快构建"大征信"格局，最大限度地实施信息资源共享，为优质企业提供快捷方便的服务，对破坏营商环境的失信企业实施联合惩戒。

3. 以完善多元治理为导向，完善纳税人权益保护

（1）完善纳税人权益保护法律保障。

一是国家层面应要完善宪法，对纳税人权益进行相关规定，并通过专项法律来明确纳税人权益保护的细则。政府部门结合相关法律规定，制定纳税人权益保护的相应规章制度与政策举措。

二是健全纳税人权益保护执法体系，完善和明确法定税务执法程序，建立执法责任制度，使税务执法更规范、更系统；建立纳税监察制度，对违反法规和滥用权力的部门或人员，追究其相应法律责任；加强税收行政执法外部监督，强化对税务部门规范制约。

三是完善纳税人权益司法保障。首先，设立如税务法院或税务检察院等专门的税务司法部门及时审理税务案件，提高案件审理效率和减少误判，维护税收法律的权威性。其次，完善纳税人诉讼制度与司法救济，纳税人可就不公平的税款和违法用税行为向法院提起诉讼，有利于维护税法公平和纳税人合法权益。

（2）拓展整合纳税人维权渠道。

一是设立纳税人权益维护中心（站），负责受理纳税人的举报、投诉、税法咨询以及税务行政争议，并为纳税人寻求法律救济提供指引服务，快速响应纳税人提出的意见、建议和权益维护诉求。

二是办税服务厅分别建立纳税人维权服务窗口，通过12366热线电话受理维权，在官方网站、微信建立维权通道，构建为纳税人维权的立体化网络格局。

（3）搭建社会化纳税人权益保护平台。

健全纳税中介代理机构职能，完善纳税中介行业制度，加大行业监督力度，提高税务师和税务代理机构准入门槛，规范纳税代理范围及行业自律管理，促进纳税中介代理机构健康发展，推动税务部门、纳税中介代理机构、纳税人相互配合，共同发展。

4. 以人工智能、区块链等互联网技术为支撑，促进办税服务质效提升

（1）加速推进人工智能办税服务。

以云技术、大数据和人工智能等技术为支撑，依据"网上办税为主、自助办税为辅、实体办税服务厅兜底"为指导思想，解决纳税人办税实际困难，节约办税时间，降低办税成本为目标，打破税务服务在时间空间的限制，深化"放管服"改革，实现"互联网+税务"行动计划，打通税务服务"最后一公里"。

作为传统办税服务大厅的延伸和补充，人工智能办税服务将打破时间与空间的壁垒，有效弥补办税窗口8小时以外及节假日的服务盲点，进一步缓解纳税人有限办税时间与日益增长的办税需求之间的矛盾，增强了纳税人满意度和获得感，营造了优质的税收营商环境。

（2）构建智能化实体办税服务厅。

一是构建智能化实体办税服务厅管理系统。管理系统主要针对实体办税服务厅内部的服务和管理需求进行建设，在实体办税服务厅的内部推行智能化管理，实现服务制度的规范化、服务流程的简单化、服务行为的标准化和人员培训的定期化。同时，在此基础上构建智能咨询系统，在电子税务局大数据的支撑下，主动向纳税人推送各种税收政策、个性化的办税指南、风险提醒、购买发票提醒、申报提醒等。根据纳税人办税习惯为纳税人选择最佳的办税地点，利用电脑、微信等终端为纳税人提供智能咨询、远程辅导等服务，解决纳税人疑难。

二是构建智能化实体办税服务厅服务系统。服务系统主要针对实体办税服务厅的业务职能进行建设。具体设想是依托电子税务局的大数据，以信息化手段为支撑，以智能化办税服务为目标，推出网上预约办税服务，对纳税业务进行智能识别，对服务内容进行智能判断，对服务资源进行合理分配，将办税数据智能存储。在进一步优化办税服务流程的前提下，有效分流窗口业务量，全面降低征纳双方的办税成本（张霄、姚凤民，2018）。

（3）研究探索基于区块链的税收信息结构。

目前，粤港澳大湾区在"互联网+税务"发展方面已取得积极进展，税收管理现代化具有了一定的基础，应重视将区块链技术引入"互联网+税务"

建设，加快研究形成基于区块链的税务区块链矩阵、涉税区块链圈等新信息结构（"利用区块链促进税收管理现代化的研究"课题组，2019）。

一是研究探索税务区块链矩阵。区块链矩阵是基于区块链税收管理信息系统的基础设施。在区块链平台中，要总结现有税务信息架构的经验和教训，深入研究区块链的特点，优化现有的税务信息结构，形成完善的税务区块链矩阵。具体包括居民企业基本信息及信用、居民自然人基本信息及信用、非居民情况、财产情况、发票信息、风险情况，提供不同纳税人、不同生命周期、不同维度的信息对接和流动，为整合涉税信息利用提供新契机。

二是研究探索涉税区块链圈。区块链圈实际上就是不同行业和部门的跨区块链合作。通过区块链合作平台，与金融链、物流链、政府涉税链合作，形成税务区块链的"朋友圈"。通过区块链技术，一方面，实现构建包括税务机关在内的政府涉税信息监管链圈。通过建立税务、市场监管、财政、海关、银行、法院等部门的区块链交换和合作，税务机关可以对交易链条上政府管理部门各方的信息进行全面掌握分析，提升征税效率和准确性，并能够指导税收征管、税务稽查等具体工作的有序化、有针对性开展。另一方面，还可以实现构建税务发票（信息链）、资金链、物流链等企业运营信息共享和交流，实现"可信涉税信息管理"，编织纳税人涉税信息增值服务链圈，通过与金融行业、物流行业、行业协会等合作，为经济运行提供可靠的信息保障。

（三）完善粤港澳大湾区跨区域企业纳税服务追踪新模式

1. 促进湾区内税收信息—服务—部门三重融合

一是大数据深度融合，精准收集粤港澳大湾区内跨区域涉税需求。立足大数据技术，摸清企业涉税需求，对接服务线上线下窗口，精确打通涉税政策落地的"最后一公里"。

二是服务深度融合，确立纳税服务、税收管理、信息共享、税收分析、税收调查、创新工作六大领域的具体协作项目。

三是财税与金融深度融合，税银协作增值服务企业发展。开展多层次的"税银协作"，帮助企业降低融资成本，实现税务、企业、银行共赢。通过对企业金融账户信息，涉税信息、涉税服务的分析建立适应粤港澳大湾区跨区域企业追踪服务新模式。

2. 完善三地纳税人认定互认制度

推行政策备询一体化和事前裁定互认是"投资者最难过的一道坎"，就是落地前的可行性分析，企业会有很多对税收政策和政务服务方面的疑惑。打造深度合作品牌，实现税收事前、事中、事后三环节"全程一体化"，推进税收简政放权、强化放管结合、优化办税服务，营造自贸区趋同港澳的法治化、国际化营商环境。

在征收管理环节，三地税务局应联合开展个体定额调查，办理催报催缴，协同管理非正常户，与新区工商、金融部门建立社会综合治税体系，加强异常征管数据的比对，联合公告违章、走逃的欠税人信息，结果互认等。这不仅方便税务部门后续管理，也有效为纳税人"减负"。

3. 重视对跨区域企业的税收宣传

税务机关应系统地向区内港澳企业进行粤港澳大湾区税收政策与服务宣传，把近年来内地税制改革、减税降费、便民办税等举措的内涵和影响、税务机关对粤港澳大湾区建设的支持态度和落地过程中各项服务措施技巧性地传达给纳税人，让跨区域纳税人感受到内地税务机关的善意与尊重，进而增加对粤港澳大湾区税务机关和税收营商环境的认同感，稳定在湾区经营的信心。

4. 实现纳税咨询服务精准有效

税务机关应区分跨区纳税人类型，对跨区企业关心的问题有侧重地进行答复。在湾区建设发展进程中，"引进来"和"走出去"企业在后 BEPS 时代关心的问题并不相同，并且随着对外开放程度、不同企业在不同国家等情况发生变化。税务机关要主动搜集和整理跨区企业关心的主要问题，如执法是否更严格、国别（区域间）报告的使用等，并且区分跨区公司类型，有重点地采取对应服务措施。

5. 细化对跨区域企业的跟踪辅导

将对跨区域企业的管理与服务结合起来，对同期资料和国别报告的准备、无形资产和劳务定价规则的变化等给出指引，对预约定价、双边磋商等具体措施加大宣传辅导，加强对转让定价文档合规性的指导和审查。通过这些服务措施，降低跨国跨区域企业遵从成本，全面掌握跨国（区域）公司信息，有针对性地帮助跨国（区域）公司解决问题，并协助湾区内"走出去"的企业及时应对外国税务机关调查。

6. 支持引导粤港澳大湾区纳税服务社会化

跨区企业对纳税服务充满个性化和专业化的需求，其中不乏属于私人产品的需求，如跨境纳税事宜的具体咨询，为企业投资经营决策提供参考等。

高水平中介机构具备拓展自身业务的内在利益驱动,也拥有专业优势,对粤港澳大湾区建设、"一带一路"建设等的实施带来的市场机遇有敏锐的识别能力,尤其长于个案策划。应鼓励中介机构参与服务粤港澳大湾区建设,满足跨境企业和潜在投资者不同层次,尤其是高度专业化的纳税服务需求,同时引导中介机构在提供纳税服务时,牢记合法性和独立性,推动纳税服务社会化、市场化健康发展。

参考文献

[1]《利用区块链促进税收管理现代化的研究》课题组. 基于区块链的"互联网+税务"创新探索——以深圳市税务局的实践为例 [J]. 税务研究, 2019 (1): 68-73.

[2] 任国哲. 从《2019年纳税人优先法案》看美国税收治理思想的演变 [J]. 国际税收, 2019 (8): 50-55.

[3] 孙玉山, 刘新利. 推进纳税服务现代化 营造良好营商环境——基于优化营商环境的纳税服务现代化思考 [J]. 税务研究, 2018 (1): 5-12.

[4] 吴泱, 廖乾. 欧盟税收合作经验对粤港澳大湾区建设的启示 [J]. 西南金融, 2018 (9): 14-19.

[5] 章程, 谌韵灵, 郑施晴, 王明明. 纳税服务的国际借鉴与比较 [J]. 国际税收, 2018 (8): 73-76.

[6] 张霄, 姚凤民. 智能化实体办税服务厅的构建——基于人工智能视角的讨论 [J]. 税务研究, 2018 (8): 70-75.

[7] 赵美凤, 李建英, 王绿荫. 推进我国纳税服务现代化的路径研究 [J]. 税收经济研究, 2018, 23 (2): 45-50.

[8] 周咏雪. 协调区域间税收分配的国际经验借鉴与启示 [J]. 税收经济研究, 2012, 17 (2): 24-29.

[9] 罗伯特·B. 登哈特和珍妮·V. 登哈特夫妇. 新公共服务: 服务而不是掌舵 [M]. 中国人民大学出版社, 2004.

[10] 邵峰, 李檬, 张海波, 富春雨. 发达国家纳税服务的主要经验 [J]. 税务研究, 2010 (4): 77-79.

[11] 李传玉. 从税法遵从的视角考量纳税服务工作的优化和完善 [J]. 税务研究, 2011 (3): 84-87.

[12] 袁政慧, 赵蓓, 陈琳琳. 纳税服务与纳税人满意度: 理论框架与实证分析 [J]. 税务研究, 2012 (12): 63–65.

[13] 安然, 周志波. 中国电子纳税服务发展探讨 [J]. 国际税收, 2014 (9): 64–67.

[14] 王再堂. 大数据时代税务机关网上办税安全管理问题探析 [J]. 税务与经济, 2015 (1): 106–108.

[15] 李建英, 钮佳佳, 周欢欢. 纳税服务体系现代化研究 [J]. 经济与管理评论, 2015, 31 (3): 118–124.

[16] 马伟. 借力移动互联网 助推税收现代化 [J]. 税务研究, 2015 (11): 112–114.

[17] 宋永信. 试析以纳税人需求为导向的分类纳税服务 [J]. 税务研究, 2015 (12): 51–54.

[18] 祝洪溪, 国凤, 靖树春. 推进纳税服务现代化的策略 [J]. 税务研究, 2015 (5): 95–98.

[19] 唐学军. 以纳税服务标准化推动税收现代化 [J]. 中国税务, 2016 (2): 30–31.

[20] 冯守东. 新形势下纳税服务创新研究 [J]. 税务研究, 2016 (10): 122–126.

[21] 陈淼, 方莉君. 以纳税人差异化纳税信息需求为导向构建新媒体纳税信息服务平台——以微信、微博提供纳税信息服务为例 [J]. 经济与管理, 2016, 30 (1): 29–35.

[22] 邓力平, 陈斌. 营改增: 中国特色纳税服务的成功实践 [J]. 税收经济研究, 2017, 22 (3): 1–7.

[23] 郭滨辉, 成慕杰. 国际税收协调经验对粤港澳大湾区的启示 [J]. 财会研究, 2018 (11): 15–20.

[24] 林江. 粤港澳大湾区建设与区域财税政策协调 [J]. 财政监督, 2018 (17): 26–31.

[25] 冯光泽. 新时代我国纳税服务创新的探索与实践 [J]. 税务研究, 2018 (4): 52–56.

[26] 广州市税务学会群众性税收调研课题组. 社会心理学视角下"后营改增"时期纳税人满意度研究 [J]. 国际商务财会, 2018 (5): 22–28.

[27] 赵汉臣. 以优化税收营商环境为契机 高质量推进纳税服务水平新

提升［J］. 经济研究参考, 2018（71）: 14-16.

［28］国家税务总局广州市税务局课题组. 税收视角下的粤港澳大湾区创新协调发展［J］. 国际税收, 2019（6）: 50-53.

［29］David Widdowson. Managing Compliance: More Carrot, Less Stick, Tax Administration-Facing the Challenges of the Future, Prospect Media PtyLtd［M］. Cambridge University Press, 1998: 12-19.

［30］OECD Committee of Fiscal Affairs. Principles of Good Tax Administration Practice Note［J］. the Forum on Strategic Management, 2001（13）: 135-172.

［31］Lars P. Feld, Bruno S. Frey. Trust breeds trust: How Taxpayers are Treated［J］. Economics of Governance, 2002, 3: 87-99.

［32］Robert B. Cialdini. Social Psychology: Goalsinteraction［M］. Boston: Allyn&Bacon, 2003: 65-77.

［33］Devriesetal. Evaluation of Tax Service of the Federal Government［J］. Journal of Accounting and Economies, 2013: 27-32.

第四章

新形势下广东省涉税专业服务发展研究[*]

一、引言

  2015年12月，中办、国办印发的《深化国税、地税征管体制改革方案》第二十九条明确指出："规范和发挥涉税专业服务社会组织在优化纳税服务、提高征管效能等方面的积极作用。"可见在我国税收征管制度改革的逐步推进过程中，涉税专业服务机构发挥着越来越重要的作用。2017年国家税务总局正式出台《涉税专业服务监管办法（试行）》，首次系统地阐述了涉税专业服务监管的各项规定。但就我国实际情况而言，涉税专业服务出现的时间并不长，相比发达国家，在理论研究和实践经验方面都比较缺乏。为降低我国税务部门征管成本、推进税收现代化治理进程，税务机关应当充分发挥涉税专业服务社会组织的传导扩张效应，进一步提升税收管理的社会综合效能。

  面对新技术、新业态的快速发展对税收治理机制带来新的挑战和机遇，广东省政府高度重视推进依法治税、深化税制和征管改革、努力改善税收营商环境的工作。特别是2019年，广东省税收法治进程提速，"一带一路"、粤港澳大湾区建设顺利推进，个人所得税等税制改革稳步推进。这些新形势、新变化为广东省涉税专业服务提供了难得的发展机遇并提出了新的更高要求。面临新形势，广东省涉税专业服务应积极推动税务师事务所服务税收改革，

---

  * 涉税专业服务目前主要集中在中国注册税务师协会管理的税务师事务所、部分财税咨询公司、会计师事务所和律师事务所，其中又以税务师事务所的专业性最强，涉税执业范围最广（可参考中国注册税务师协会关于贯彻《涉税专业服务监管办法（试行）的公告》）。本章主要以税务师事务所作为该行业主导力量加以阐述。

引领全行业积极服务落实减税降费政策、帮助小微企业减税降负、助力企业重组并购、协助企业走出去、宣传辅导新个人所得税,服务国家税收改革的大局。但是,从广东省实际情况来看,涉税专业服务定位不够清晰,涉税专业服务范围发展不充分,尚未形成成熟的监管机制,监管形势依然严峻。

因此,面对广东省新税制改革和粤港澳大湾区建设的新形势,探索如何结合涉税专业服务的发展现状,推动广东省涉税专业服务规范化发展与有效监管,具有重要的研究价值。

(一) 研究目的

涉税专业服务要有一个清晰的定位,才能更加高效地服务纳税人,提高税务机关依法征税的效率,促进征纳双方的和谐统一。涉税专业服务必须展示其专业性才能有更好发展,对涉税专业服务有效监管是涉税专业服务发展根本保证。本书研究的目标有以下三个方面。

首先,分析广东省涉税专业服务的现状和发展,从不同涉税专业服务组织的角度出发,结合其与纳税人、税务机关的密切关系,对广东省涉税专业服务进行定位,为完善我国涉税服务制度和现代税制体系的建设提供借鉴。

其次,对广东省涉税专业服务从业人员的转型和涉税专业服务的改革创新、转型升级提供思路,探索涉税专业服务市场的良性发展和新兴税务服务模式的运用。

最后,对广东省涉税专业服务监管提出新的思路,通过对税务师事务所实地访谈和调研,深入了解当前广东省涉税专业服务发展存在的问题与不足,分析该行业在保持人员稳定性、维系和拓展客户和提升业务水平等方面面临的困境。在国家简政放权、放管结合、优化服务改革的总体要求下,为构建开放、公平、专业的涉税专业服务市场提出建设性意见。

(二) 研究意义

目前,广东省的涉税专业服务制度还有待完善,特别是与发达国家城市相比,还存在着法制体系不健全、涉税专业服务比例较低、涉税服务监管不力、涉税服务供求信息不对称和税务机关纳税服务与中介机构涉税专业化服务边界模糊等亟待解决的问题。研究如何强化广东省涉税专业服务的发展,对广东省现阶段涉税专业服务机构的转型升级,形成和谐统一的税收征纳关系和实现税收现代化具有重要的理论与现实意义。

首先，对广东省涉税专业服务发展监管的研究有助于丰富我国税法参与主体的理论研究，完善我国涉税专业服务法律规范体系。我国涉税专业服务出现的历史短暂，许多理论并不完善，诸多法律制度处于建设阶段尚不成熟或者还未建立。因而对其法律制度的探索，对完善涉税专业服务法规体系有着重要的意义。

其次，对广东省涉税专业服务发展的研究有助于推进我国涉税专业服务立法的进程。当前我国涉税专业服务的最大"瓶颈"是立法缺失，通过对涉税专业服务实施情况和立法现状及问题等进行系统研究，提出涉税专业服务的立法建议，有利于加快修订《中华人民共和国税收征收管理法》步伐，推动《税务师法》的出台。

再次，通过对广东省数家税务师事务所的实地访谈发现，目前广东省涉税专业服务发展面临没有专门的行业法律、法治保障不到位、行业整体发展放缓、行业收费不规范等问题。特别是国家近年来对涉税服务领域市场准入门槛的逐步开放，税务师及税务师事务所已不能依靠政策层面的优势而垄断相关领域的业务，市场发展速度较为缓慢。调研显示，广东省税务师事务所行业在 2017 年，不论是机构总数、从业人数、运营资金还是利润总额，和 2016 相比均有所下降。通过分析目前广东省涉税专业服务机构发展存在的一些问题，并总结发达国家涉税专业服务机构制度的经验，能够明确涉税专业服务机构的功能定位，推动税务师事务所行业根据自身优势制定相应的行业战略规划，为广东省该行业更好的发展提出建设性的意见，研究具有重要的现实意义。

最后，对广东省涉税专业服务监管的研究有助于促进社会对涉税专业服务立法问题的关注，提升税务师事务所等涉税专业服务机构的法律地位、确定涉税专业服务的法定业务，确保涉税专业服务有法可依、执业有据。从而推动涉税专业服务的健康发展，实现税收共治，进而实现保障国家税法权威和税收经济利益，维护纳税人合法权益的最终目的。

（三）国内外相关研究综述

围绕涉税专业服务及其行业这一课题研究，国内外众多学者以及税务机关的一线从业人员从不同角度开展了细致、深入的探讨。

1. 国外研究状况

国外的涉税专业服务出现得比较早，不少国家已经形成了完善和成熟的涉税专业服务制度体系，现有文献从不同视角较为深入地阐述与分析了涉税专业服务发展过程与存在的问题。

针对涉税专业服务及其行业的发展现状，赫蒂彻（Khadijah，2014）从涉税专业服务提供者的角度，审视自我评定体系下马来西亚涉税专业服务机构在国家税收征管体系中发挥的作用，认为涉税专业服务比管理税务事项更具有成本效益。马歇尔（Marshall，2006）进一步考察了自我评定制（self-assessment system）下的涉税专业服务如何在纳税申报和提供专业税务咨询过程中发挥作用，以及这一过程中存在的税务风险。从国际经验借鉴角度，美国联邦税务署（U. S. Internal Revenue Service，2012）的工作报告详尽阐述了美国涉税专业服务的实践与发展，认为美国涉税专业服务管理模式应将政府监管与行业自律二者结合，并总结了这一模式的特点与优势。张（Cheung，1999）通过对比澳大利亚、中国和美国的税务代理制度，认为全世界税务实践的趋势表现为由专业人员向企业与个人提供优质的涉税专业服务，提出应当建立涉税专业服务的专业标准，以促进涉税专业服务制度的完善与发展。

2. 国内研究状况

当前，涉税专业服务的重要性日益凸显。李林军（2018）从涉税专业服务社会组织的作用不可替代、涉税专业服务社会组织的创新不可停顿、涉税专业服务社会组织的管理不可或缺三个方面，阐述了涉税专业服务社会组织的重要性以及税务师行业面临改革创新、转型升级的境况。

近年来，针对涉税专业服务及其行业的发展现状，国内很多专家学者进行了详尽的理论研究。在行业发展存在的问题方面，韩晓琴和杨贵荣（2019）认为，长期以来，我国涉税专业服务定位不清，纳税人对涉税专业服务的认识有偏差，这给涉税专业服务的工作开展造成一定程度的障碍。丁芸和张岩（2019）认为，我国税务机关与涉税专业服务机构的职能重叠，将涉税专业服务机构视同附属于税务机关的下级机构，打击了纳税人聘用涉税专业服务机构的积极性，也使我国的涉税专业服务偏离了正确的方向。关于行业业务范围方面的研究，郑杰（2016）认为我国涉税专业服务存在着涉税专业服务比例低、服务范围局限等问题，提出了拓宽涉税专业服务多元化渠道、鼓励行业特色化发展等措施。陈郭治（2016）提出全行业正处在新旧制度交替的过渡期，很多涉税专业服务机构涌入市场，从业人员业务素质和机构服务质量良莠不齐，影响行业的整体水平和发展，认为涉税专业服务的标准化是提升行业整体水平和效益、使之规范发展的不二法门。

关于行业监管体系方面的研究，闫海（2019）认为，涉税专业服务市场缺乏有力监管导致涉税风险责任不明等问题，会对我国涉税专业服务水平和税收征管质量产生影响，而税务机关重视并加强对涉税专业服务市场的监管，同时涉税专业服务社会组织规范自身执业行为，这两方面形成合力才能更好地规范我国涉税专业服务市场。刘英杰（2016）探讨了加强涉税专业服务管理的必要性，认为涉税专业服务要按照相关法律法规的要求，为纳税人提供准确、客观、高质量的涉税专业服务。杨卫华（2017）探讨了涉税专业服务税务部门和社会中介的边界问题，认为税法宣传、纳税咨询、办税服务、纳税人的权益保护以及信用管理等涉税专业服务都应当由以税务机关为代表的政府部门无偿提供；涉税咨询服务、涉税代理服务、提供涉税证明文件、涉税账务的记载和核算、代理纳税人进行涉税账务的建立和核算以及编制财务报表和纳税申报表等服务应当由涉税社会中介组织有偿提供。目前涉税专业服务社会化程度不高，税务部门涉税专业服务有越位和缺位现象。

对于为何要与时俱进地推动涉税专业服务的转型升级，马龙和尚玮（2019）、柳光强和周易思弘（2019）以及周秀梅（2013）等学者从国际经验借鉴角度，详细介绍了世界上其他国家涉税专业服务可以借鉴的经验，能够指导我国涉税专业服务健康有序发展。徐向真（2016）从涉税专业服务的角度出发，介绍国外涉税专业服务的经验做法，探讨我国应如何充分发挥涉税专业服务机构的作用，同时认为我国应提高纳税人的纳税意识、充分发挥涉税专业服务机构的桥梁作用。许慧萍（2016）从我国涉税专业服务定位角度，认为我国有些事务所挂靠于税务机关，涉税专业服务机构与税务机关关系不明确、职责不清晰，降低了管理上和业务上的独立性，提出事务所要对自身进行准确定位，要创新服务方式与服务内容。对于我国涉税专业服务的发展方向，赵恒群、曲军（2015）分析了我国涉税专业服务模式的未来走向，认为涉税专业服务需要合理的竞争秩序，涉税专业服务机构应着重提升自身的服务质量与专业水准。郑杰（2016）认为，需要从法制角度确立涉税专业服务的法律地位和法定业务，同时支持涉税专业服务特色化发展，拓宽服务多元化渠道。

此外，随着我国涉税专业服务的进一步发展，不少一线从业人员逐渐开始重视纳税人对涉税专业服务的实际需求。2016年中国税法论坛暨第五届中国税务律师和税务师论坛上，王书桐以"以客户需求为导向的涉税服务"为题，提出涉税专业服务提供者应当跟上社会的发展，积极理性面对更新变化的客户需求带来的机遇与挑战。对此，湖南省注册税务师管理中心和湖南省注册税务师协会于2016年下半年围绕"纳税人最期盼的涉税专业服务是什么"，针对纳税人对税务师事务所涉税专业服务需求、获取服务方式的渠道、对其提供服务的评价和建议进行了税务师行业服务工作问卷调查[①]。该调查为探析税务师行业发展中的现实问题、准确把握税务师行业的发展方向奠定了基础。

通过梳理上述涉税专业服务的相关研究发现，近年来国内外学者对涉税专业服务进行了大量的研究与探索。大部分研究详细介绍了我国涉税专业服务的发展，同时也指出我国涉税专业服务制度存在法律法规不够健全、从业人员专业素质水平参差不齐、涉税专业服务业务范围狭窄等问题。尽管上述研究较为深入地分析了我国涉税专业服务的定位、发展状况以及存在的问题，但缺少来自广东行业发展的实际证据。本书将在以上研究的基础上，对广东省涉税专业服务进行准确定位并提出促进行业发展的针对性的对策，从而推动广东涉税专业服务更好、更快地发展。

（四）研究框架与研究方法

1. 研究框架与技术路线

本章紧扣"新形势下强化广东省涉税专业服务发展"这一现实研究课题，从涉税专业服务的战略定位、发展目标与现状出发，探讨现阶段广东省涉税专业服务领域的状况及特点，对广东省涉税专业服务进行定位，并且提出完善广东省涉税专业服务发展与监管的具有操作性的对策。对于广东省涉税专业服务，不但要有整体层面上的认识，还应该从行业性质、行业目标、行业的改革发展方向上有一个全面、清晰的定位，从而与时俱进地推动广东省涉税专业服务的转型升级，达到一个新的高度。本章严格遵循"提出问题—理论分析—现状考察—对策研究"的分析思路，同时采用数据分析与实地访谈相结合的方法，从新形势下广东涉税专业服务面临的发展与监管困境等多个层面，探寻当前广东涉税专业服务及其行业发展与监管的问题，本章的技术路线图如图4-1所示。

---

① 资料来源：纳税人最期盼的涉税专业服务是什么？——湖南省税务师行业服务工作问卷调查报告 [J/OL]. http://www.cctaa.cn/hyxw/hyyw/2017-02-28/CCON17900000015038.html, 2017-02-28.

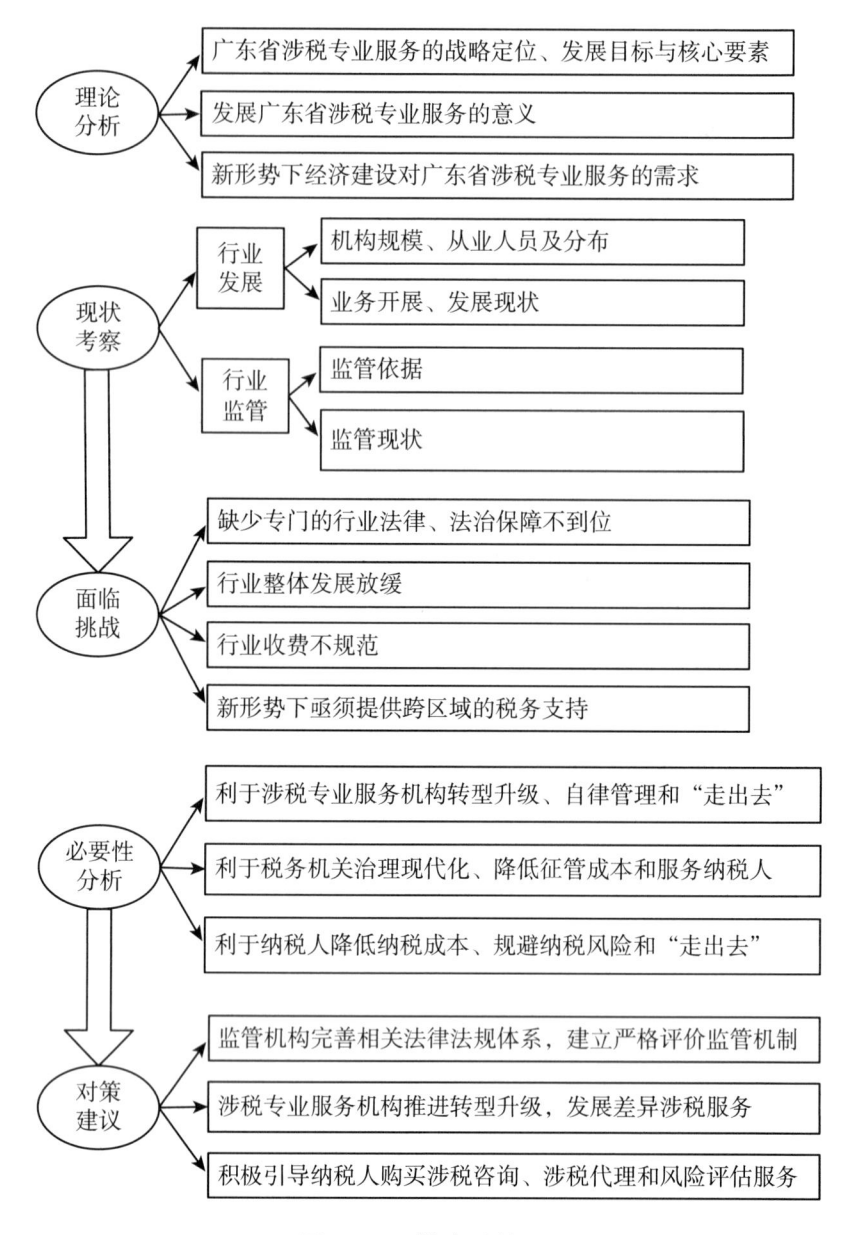

```
                    ┌─ 广东省涉税专业服务的战略定位、发展目标与核心要素
    ┌理论分析┐──────┼─ 发展广东省涉税专业服务的意义
    └────────┘      └─ 新形势下经济建设对广东省涉税专业服务的需求

    ┌────────┐  ┌─行业发展─┬─ 机构规模、从业人员及分布
    │现状考察│──┤          └─ 业务开展、发展现状
    └────────┘  └─行业监管─┬─ 监管依据
                           └─ 监管现状

                    ┌─ 缺少专门的行业法律、法治保障不到位
    ┌面临挑战┐──────┼─ 行业整体发展放缓
    └────────┘      ├─ 行业收费不规范
                    └─ 新形势下亟须提供跨区域的税务支持

    ┌────────┐     ┌─ 利于涉税专业服务机构转型升级、自律管理和"走出去"
    │必要性  │─────┼─ 利于税务机关治理现代化、降低征管成本和服务纳税人
    │分析    │     └─ 利于纳税人降低纳税成本、规避纳税风险和"走出去"
    └────────┘

    ┌────────┐     ┌─ 监管机构完善相关法律法规体系,建立严格评价监管机制
    │对策建议│─────┼─ 涉税专业服务机构推进转型升级,发展差异涉税服务
    └────────┘     └─ 积极引导纳税人购买涉税咨询、涉税代理和风险评估服务
```

图 4-1 技术路线图

2. 研究方法

本章主要运用的研究方法有:

首先,定性分析与定量分析相结合的方法。本章对涉税专业服务和涉税专业服务的概念进行界定,并就广东省涉税专业服务的战略定位、发展目标与核心要素和经济意义进行理论上的抽象,都属于定性分析的范畴。在此基

础上，本章通过数据分析与调研访谈发现，就广东省涉税专业服务发展现状展开定量分析，从广东省税务师事务所的机构性质、区域分类、营业规模等方面，到从业人员资质分类、年龄分布、审批情况等，最后对广东省税务师事务所向税务机关的业务报备类型和份数展开定量分析，探索当前广东省涉税专业服务发展过程中主要存在的问题。

其次，宏观分析与微观分析相结合的方法。从大宏观层面，本章的研究首先放眼于国家依法治税、个人所得税等税制改革和《中华人民共和国税收征收管理法》相关层面征管改革的大环境，这些新政策、新变化为广东省涉税专业服务提供了难得的发展机遇并提出了新的更高要求。再着眼于广东省减税降费政策稳步推进、"一带一路"和粤港澳大湾区建设的新形势，探索广东省涉税专业服务及其行业发展的现实需要。从微观层面本章对广东金算盘税务师事务所、广东穗友税务师事务所和广东立信税务师事务所等数家机构展开实地调研，深入了解当前广东省涉税专业服务发展存在的问题与不足，分析该行业在保持人员稳定性、维系和拓展客户和提升业务水平等方面面临的困境，实现宏观分析与微观分析上的结合。

最后，文献研究与实地访谈式调研相结合的方法。通过查阅和收集国内外现有的法律法规、政策文件、学术专著等资料，获取与涉税专业服务相关的研究成果。同时结合《中华人民共和国税收征收管理法》修订、简政放权过程中出台的政策文件，深化对广东省涉税专业服务研究成果的剖析。在实地调研方面，针对当前广东省税务师事务所发展的实际状况设计访谈问题，组织课题成员对广东金算盘税务师事务所、广东穗友税务师事务所和广东立信税务师事务所等数家机构进行访谈、交流和讨论，搜集研究数据。文献整理与实地调研相结合，为广东省涉税专业服务研究提供理论支撑、研究数据和实践基础。

二、新形势下广东省涉税专业服务的基本理论分析

（一）新形势下广东省涉税专业服务的战略定位、发展目标与核心要素

1. 战略定位

中国特色社会主义进入新时代，放管服改革、税制改革和征管改革的深

化,呼唤建立一个规范、健康的涉税专业服务市场,涉税专业服务进入一个新的发展阶段。涉税专业服务在深入贯彻党的十九大和全国"两会"精神的实践中,在深化改革的大格局中,要找准定位、认清地位、提高站位,为开创涉税专业服务发展新阶段而奋斗。

2017年,国家税务总局发布《涉税专业服务监管办法(试行)》的公告,进一步放开了涉税专业服务市场。在这样的新形势下,对于广东省涉税专业服务来说,既是机遇,又是挑战。地处改革开放前沿、粤港澳大湾区的实际建设区域,广东省涉税专业服务应具有能促进区域发展的战略定位。

(1) 提供全方位税务支持的服务中介。

涉税专业服务具有涉税专业服务中介性质的职能。这是因为,目前事务所开展的涉税专业服务经过不断的尝试和发展完善,已由单纯的代理业务向咨询筹划类发展,而且政府向社会组织购买公共服务、依法引入具有专业资质的涉税专业服务机构参与国家税收征管已经成为趋势。这些特点决定了涉税专业服务的服务中介性质定位。

经济全球化和资产全球化的时代背景要求在全球范围内征税和展开国际税收合作,我国大力推行"一带一路"建设,同时,广东省地处粤港澳大湾区的实际建设区域,在这种背景下,为了加强税收征管,我国已逐步建立起涉外税收体系,与不少国家签订了国际税收协定,推行吸引外资的税收政策。在企业"走出去"的过程中,涉税专业服务在海外投资中发挥的作用越来越重要,这些都要求广东省涉税专业服务机构能提供协助国家建立和完善企业走出国门所需要的税收支持与服务。同时,还要能提供利于粤港澳大湾区企业发展的税务支持。

(2) 提供市场化的涉税专业服务。

涉税专业服务机构是在市场经济下发展而来的市场服务机构,在提供涉税专业服务过程中,会与纳税人和税务机关之间形成确定的权利义务法律关系,执业过程中要遵循社会主义市场经济发展规律,保持自身的独立性,进行市场化运作,即涉税专业服务机构按照市场规律和市场需求进行业务营销,开发客户,提供涉税专业服务的过程。

在我国,影响行业发展的根本因素,是社会经济发展对涉税专业服务的"需求偏好"。只有从社会经济发展的真实需求出发,采取正确的方法和有效措施,展开业务营销,让纳税人了解涉税专业服务,了解税务师的专业能力,了解企业自己的涉税专业服务需求,并提供税务咨询、税务筹划和税务产品等涉税专业服务，涉税专业服务才能不断发展壮大。

2. 发展目标

广东省涉税专业服务作为我国经济建设的一员，其发展目标服从于我国涉税专业服务的整体发展目标。

（1）税务机关不可或缺的助手。

新形势下，放管服改革、税制改革和征管改革的深化，对于税务机关而言，涉税专业服务是帮助税务机关提高税收征管效率、降低税务管理成本的一大助力。目前，我国纳税人和涉税业务的数量在不断增多，但是税务机关的征管资源却很有限，由涉税专业服务机构来办理征纳过程中繁杂的、事务性业务，有助于减轻征管力量薄弱带来的压力，对税务机关提高征管效率与征管质量产生积极影响。尤其是在税务机关展开税务稽查时，借助于涉税专业服务机构，能起到事半功倍的效果。

（2）纳税人的专业的帮手。

对于纳税人而言，借助涉税专业服务是维护自身合法权益，降低税务风险的需要。近几年来，税收政策、税收优惠政策出台频繁，企业税务人员对于税收法律与政策的理解和把握免不了会发生偏差，而涉税专业服务机构的专业人员对税收法律和财会制度有着深刻细致的解读和研究，在协助健全完善企业内部财务及管理制度、给纳税人办理各项涉税事宜、提供涉税专业服务等方面有着专业优势，可以有效地降低纳税主体的涉税风险，维护其合法利益。

（3）税收共治的抓手。

自党的十八届三中全会提出推进国家治理体系和治理能力现代化的改革总目标以来，税收理论界和实务界对税收治理体系和治理能力现代化进行了积极探索，税收共治的提法在这一过程中应运而生。

统筹各方力量，形成全社会综合治税的强大合力，构建税收共治格局，成为深化国税、地税征管体制改革的基本原则之一。新形势下，对于征纳双方来说，各有需要面对的难点与痛点。那么，或许可以借助涉税专业服务的力量来平衡征纳双方权利和义务，优化税收治理结构。

3. 广东省涉税专业服务发展的核心要素

（1）完善的涉税专业服务法律法规体系。

广东省涉税专业服务顺利发展的核心要素是构建完善的涉税专业服务法律法规体系。通过研究某些涉税专业服务的发展比较发达的国家可以发现，他们的税务师法律制度都比较完善，详细地规定了从业人员从事涉税专业服务过程中的业务范围、权利与义务、遵守的执业规则、法律责任、惩处制度等，保证了涉税专业服务从业者执业过程中的法制化，也确保了涉税专业服务的健康发展。国外的这些法律都非常规范，条文设置的规定也很详细，有利于从业者严格遵守法规要求，既不受税务机关左右，也不受纳税人意志的影响，客观、独立地执业，使涉税专业服务的结果更加公正，在减轻税务机关压力的同时维护纳税人的利益。

（2）涉税专业服务机构具备独立性。

涉税专业服务机构应具备独立性。不少国外涉税专业服务制度推行较好的国家，具有严格的涉税专业服务从业资格考核制度或定期的考察制度。实践中，涉税专业服务机构作为第三方的法人机构，为其所完成的业务承担责任，自觉接受税务机关的监管，遵循自愿委托、依法服务、客观公正、诚实信用原则，发挥其专业胜任能力，为纳税人提供优质、高效的服务。这或许可以为完善我国的涉税专业服务制度提供一定的借鉴意义。

（3）完善的配套管理措施。

涉税专业服务是高智能、高回报、高风险的专业服务。很多发达国家建立完善的配套管理措施，比如制定《涉税专业服务执业赔偿保险制度》，能较好地降低或化解涉税专业服务中的执业风险，从业者事先考虑该项业务可能出现的各种风险，在自我责任方面确定合适的保险金额，在出现失误时需要向委托人支付赔偿金。合理的赔偿保险制度能提高涉税专业服务机构的可信度，使涉税专业服务业务数量与规模得到有效的拓展。例如德国《税理士法》中规定了，税理士对于业务活动可能出现的赔偿责任必须适当投保，并对一项涉税专业服务规定了最低保险金额。

（二）发展广东省涉税专业服务的意义

1. 发展广东省涉税专业服务是深化国税地税征管体制改革的内在要求

随着国家税制改革的不断深化，《深化国税地税征管体制改革方案》提出"规范和发挥涉税专业服务社会组织作用"，这给广东省加强税收管理和服务指明了新的方向，也触及一些前沿性问题。这些问题的解决，不仅要靠广东税务机关自身的努力，还需要纳税人转变观念和广东涉税专业服务机构协助，才能理顺广东省税务机关、纳税人和广东省涉税专业服务机构三方的关系，构建广东省"税收共治、多方共赢、协调发展"的良好税收环境。

2. 发展广东省涉税专业服务是优化纳税服务和提高征管效能的有效途径

行政审批制度改革的深入推进，对发挥广东省涉税专业服务机构力量参与广东省社会化税收服务提出了新的要求。积极探索引入广东省涉税专业服务机构参与税收管理，有利于畅通广东省税务机关和纳税人之间沟通交流、信息反馈及问题解决的渠道，充分发挥桥梁作用，能够有效地解决纳税服务和税收征管工作中的"堵点"和"难点"问题。

3. 发展广东省涉税专业服务是广东省税收现代化管理模式改革向纵深推进的迫切需要

广东省税务机关经过多年来持续深入的改革创新实践，正处于将数据化管理模式改革向纵深推进的关键时期，探索引入涉税专业服务机构参与税收管理，是全面完善和深化数据化管理模式改革的必要补充，不仅有利于提高税收收入质量和税收管理工作质效，也有利于优化纳税服务和维护纳税人合法权益，为纳税人减少涉税风险提供专业指导，营造法治、公平的税收环境，全面提高税法遵从度，实现税收现代化。

（三）新形势下经济建设对广东省涉税专业服务需求的理论分析

1. 新形势下经济建设中税务机关的需求分析

随着我国改革开放进入攻坚期，现代社会经济活动愈加复杂，我国税制改革也进一步深入，税务机关面对上亿的市场主体、数亿的个人所得税纳税人，各类纳税人之间每天都在进行着大量的、复杂的市场交易活动，因此，与税收相关的各种市场交易信息是零碎、分散的，甚至是难以全面获取和准确掌握的。

对于广东省税务机关来说，由于广东省涉税专业服务主体身处市场之中，在微观领域相对于税务机关更具有信息优势（掌握着更为充分和完备的市场信息），所以能够更好地解决市场涉税信息不对称问题。因此，税务机关可以将一些繁杂、琐碎的税务审核、确认与评估等工作委托给涉税专业服务主体来完成，只需花费相对较小的代价就能够实现降低征管成本、提高征管效率的目的。

2. 新形势下经济建设中纳税人的需求分析

对于纳税人来说，立法机关、政府及税务部门会经常性地修改已有的税法条款并持续性地出台新的税法条款，纷繁复杂的税法及税收优惠政策对普通纳税人来说很难全面准确地获得并加以正确理解和运用。为了更好地履行税收法规规定的纳税义务、防范涉税风险,专业化的涉税专业服务需求应运而生。

纳税安全是纳税人对涉税专业服务的基本需求,具体包括两个方面:一是降低涉税处罚风险;二是正确运用政策,依法缴税。由于纳税人自身的原因或涉税专业知识的不足,往往认识不到自己的需求或不能主动地提出需求。

如果不存在涉税专业服务,相当一部分纳税人可能无法有效地处理各种涉税事务,防范各种涉税风险,进而维护自己的纳税安全和经济安全。尤其是新形势下在企业"走出去"过程中,对外投资、对外贸易无疑是重要环节。走出去的企业需要了解投资所在国税收法律法规,对当地税收执法环境会存在不确定性,在有税收争议时该怎样处理和解决等,因此,"走出去"企业对跨境涉税专业服务的需求不断增加。

三、新形势下广东省涉税专业服务现状分析

(一)广东省涉税专业服务发展现状分析

1. 涉税专业服务的概念

涉税专业服务是指涉税专业服务机构接受委托,利用专业知识和技能,就涉税事项向委托人提供的税务代理等服务,包括代理、咨询、鉴证、策划、审查、培训、风险排查等。目前,我国涉税专业服务机构包括税务师事务所和从事涉税专业服务的会计师事务所、律师事务所、代理记账机构、税务代理公司、财税类咨询公司等机构,其中税务师行业是涉税专业服务的主力军,专业性最强。作为一种代理服务业,涉税专业服务是征税机关提升征管效率和完善行政职能的重要协助者,也是纳税人从事经济活动不可或缺的咨询服务方,有力地维护了国家税收秩序和税收环境。

2. 涉税专业服务机构规模

据广东省税务局 2019 年的管理数据显示,广东系统目前共有 805 户事务所,其中有限所 580 户,合伙所 148 户,省内分所 77 户。广东省注册资金 5 000 万元以上的事务所共有 2 户,注册资金 2 000 万~5 000 万元的事务所共有 1 户,注册资金 1 000 万~2 000 万元的事务所共有 7 户,注册资金 500 万~1 000 万元的事务所共有 11 户。[①]

---

① 资料来源:广东省税务局。

2017年国家税务总局发布《涉税专业服务监管办法（试行）》后，广东省的税务师事务所的经营现状有所变化。税务师事务所机构总数和2016年相比，减少了15家；股东人数也从2016年的1 527人减少到2017年的1 489人；合伙人从2016年的309人减少到2017年的297人；税务师事务所从业人员也有所减少，2017年减少了417人，执业税务师人数也比2016年减少了148人；注册资金规模有所扩大，比2016年增加了490万元，但运营资金减少了660.71万元；资产总额有所扩大，扩大了3 336.691万元，但收入总额却减少了9 587.52万元，利润减少了1 840.46万元，委托人户数也减少了60 648户。①

到了2018年底，税务师事务所的规模又有所变化。和2017年相比，税务师事务所的机构总数增加了77家；股东人数也增加到了1 603人；合伙人增加了20人；税务师事务所从业人员增加了50人，执业税务师人数增加了158人；注册资金规模有所扩大，增加了13 500.5万元，运营资金也增加了414.64万元；资产总额有所扩大，扩大了8 183.297万元，收入总额增加了15 307.821万元，但利润减少了404万元，委托人户数也减少了13 131户。②

从以上数据可以看出，税务师行业近三年来的发展规模是先降再升，执业人数也有所波动，注册资金有所增加，资产总额也有所扩大，收入总额扩大了，但利润没有增加，委托人户数一直在减少，说明委托业务数量（数量）有所减少。

3. 涉税专业服务机构从业人员及分布

广东省共有从业人员17 431人，其中执业税务师6 101人，非执业税务师1 599人，其他从业人员9 683人，律师1人，会计师47人。

在广东省从业人员17 431人中，35岁以下从业人员有5 493人，占全省从业人员的31.51%；36～50岁从业人员9 266人，占全省从业人员的53.16%；51～60岁从业人员有2 080人，占全省从业人员的11.93%；60岁以上的从业人员有592人，占全省从业人员的3.40%。③

4. 涉税专业服务业务开展情况

广东省近几年涉税专业服务业务的主营业务收入呈现逐年递增情形（2017年除外），2014年主营业务收入总额178 681.83万元；2015年主营业务收入总额188 934.92万元，比上年增长10 253.09万元，增长了5.74%；2016年主营业务收入总额192 276.18万元，比上年增长3 341.26万元，增长了

---

①②③　资料来源：广东省税务局。

1.77%；2017年主营业务收入总额187 670.40万元，比上年减少了4 605.78万元，增长-2.40%；2018年主营业务收入总额198 455.24万元，比上年增长10 784.84万元，增长了5.74%。[①]

5. 发展现状分析

根据国家税务总局12366纳税服务公告显示，广东省目前的涉税专业服务机构共有1 029家税务师事务所，其中855家已经进行了行政登记，还有174家处于未经行政登记的状态[②]。这些数据说明，大部分税务师事务所能按照《涉税专业服务监管办法（试行）》的规定，及时在相关系统中进行行政登记，但也有部分事务所，出于各种原因，脱离于监管系统之外。

从税务师事务所的发展来看，服务机构数量处于波动之中，主营业务收入总额在增长，资产总额也在增加，但利润总额在减少，委托人户数呈现出递减的态势。从业人数处于增加的态势，当然，也存在注册税务师执业的变更和注销现象。

从这些数据来看，税务师事务所的发展处于变动之中，涉税事项的委托量有所减少，涉税专业服务的市场有待发展。

（二）广东省涉税专业服务监管分析

根据国家规定，目前对广东省涉税专业服务的监管遵循的主要是国家税务总局制定《涉税专业服务监管办法（试行）》，该监管办法自2017年9月1日起施行。在该办法中，对涉税专业服务的具体内容做了明确的说明，涉税专业服务是指涉税专业服务机构接受委托，利用专业知识和技能，就涉税事项向委托人提供的税务代理等服务。涉税专业服务包括纳税申报代理、一般税务咨询、专业税务顾问、税收策划、涉税鉴证、纳税情况审查、其他税务事项代理、其他涉税专业服务等。其中，专业税务顾问、税收策划、涉税鉴证和纳税情况审查四项业务，应当由具有税务师事务所、会计师事务所、律师事务所资质的涉税专业服务机构从事；纳税申报代理和其他税务事项代理涵盖《全国税务机关纳税服务规范（2.3版）》列举的所有办税事项，共6大类192项。这些由纳税人、扣缴义务人办理的税务事项均可由涉税专业服务机构代为办理，向所有涉税专业服务机构开放。

---

① 资料来源：广东省税务局。
② 国家税务总局12366纳税服务公告的数据统计截至2019年11月25日。

国家税务总局发布的一系列监管办法和措施有：《涉税专业服务监管办法（试行）》《税务师事务所行政登记规程（试行）》《涉税专业服务信息公告与推送办法（试行）》《涉税专业服务信用评价管理办法（试行）》《国家税务总局关于采集涉税专业服务基本信息和义务信息有关事项的公告》《国家税务总局关于税务师事务所行政登记有关问题的公告》《从事涉税服务人员个人信用积分指标体系及积分记录规则》。这些监管办法和措施构成了涉税专业服务的监管依据。

1. 监管依据分析

第一，监管机构。根据《涉税专业服务监管办法（试行）》的规定，广东省税务机关对广东省涉税专业服务机构在广东省境内开展的涉税专业服务进行监管，同理，省内各地的税务局对当地的涉税专业服务机构进行监管。

第二，监管途径。广东省税务机关依托金税三期应用系统，建立了广东省涉税专业服务管理信息库。通过采集信息，建立对广东省涉税专业服务机构及其从事涉税专业服务人员的分类管理，确立广东省涉税专业服务机构及其从事涉税专业服务人员与广东省纳税人（扣缴义务人）的代理关系，区分纳税人自有办税人员和涉税专业服务机构代理办税人员，实现对广东省涉税专业服务机构及其从事涉税专业服务人员和纳税人（扣缴义务人）的全面动态实名信息管理。

第三，监管机制。广东省税务机关通过建立行政登记、实名制管理、业务信息采集、检查和调查、信用评价、公告与推送等制度，同时加强对广东省税务师行业协会的监督指导，建立与其他相关行业协会的工作联系制度，推动广东省税务师行业协会加强自律管理，形成较为完整的广东涉税专业服务监管制度体系。

第四，监管过程。目前广东省税务机关对涉税专业服务机构的监管主要通过两类信息的采集来展开，即纳税人、涉税专业服务机构都要登陆广东省电子税务局进行信息登记。在广东省电子税务局网上办税服务厅中，针对涉税专业服务机构管理业务，已相继提供了线上备案登记的功能。对纳税人而言，登录广东省电子税务局网站（http：//gs.etax-gd.gov.cn），可以完成个人用户注册，并登记为经个人实名认证的企业办税人员，完成涉税相关业务信息录入。对涉税专业服务机构而言，可以直接在该系统进行税务师事务所行政登记，便可管理机构基本信息和人员信息、涉税专业服务协议采集、专项业务报告要素信息采集、年度服务报告信息等涉税专业服务机构管理。此外新入职到涉税专业服务机构时，相关人员可以通过协议采集成为涉税专业服务人员，并为对应企业办理相应业务。在从涉税专业服务机构离职时，同样要到该系统进行登记，并注明离职状态。

2. 监管现状分析

（1）日常监管情况分析。

根据国家税务总局制定《涉税专业服务监管办法（试行）》，广东省税务机关对广东省涉税专业服务机构及其从事涉税专业服务人员的分类管理过程中，会定期公告纳入监管的涉税专业服务机构名单及其信用情况，同时公告未经行政登记的税务师事务所名单。也会根据情节严重程度，对违反法律法规及相关规定的涉税专业服务机构及其涉税专业服务人员采取以下处理措施：责令限期改正或予以约谈；列为重点监管对象；降低信用等级或纳入信用记录；暂停受理或不予受理其所代理的涉税业务；纳入涉税专业服务失信名录；予以公告并向社会信用平台推送。

此外，对税务师事务所还可以宣布《税务师事务所行政登记证书》无效，提请工商部门吊销其营业执照，提请全国税务师行业协会取消税务师职业资格证书登记、收回其职业资格证书并向社会公告；对其他涉税专业服务机构及其涉税专业服务人员还可由税务机关提请其他行业主管部门及行业协会予以相应处理。

在日常监管中，按照自愿原则，税务师事务所可自愿加入广东省税务师行业协会。从事涉税专业服务的会计师事务所、律师事务所、代理记账机构可自愿加入税务师行业协会税务代理人分会；鼓励其他没有加入任何行业协会的涉税专业服务机构自愿加入税务师行业协会税务代理人分会。加入税务师行业协会的涉税专业服务机构，应当接受税务师行业协会的自律管理，享有税务师行业协会提供的相关服务。

但根据目前的管理办法，对于没有主动纳入监管的税务师事务所处于"无为"的状态，仅仅只是在国家税务总局的官网上对未纳入行政登记的税务师事务所进行公告。

（2）2019年涉税专业服务机构行政登记情况分析。

根据国家税务总局12366纳税服务公告显示，广东省目前纳入监管的涉税专业服务机构共有855家，占全国纳入监管涉税专业服务专业服务机构的12%；有174家未经行政登记的税务师事务所，这些事务所大部分位于广州和佛山，占全国未经行政登记的税务事务所总数的18%[①]。

---

① 国家税务总局12366纳税服务公告的数据统计截至2019年11月24日。

（3）涉税专业服务信用评价结果分析。

根据国家税务总局制定的《涉税专业服务信用评价管理办法（试行）》，广东省税务机关要定期对管辖区域内的涉税专业服务机构的信用评价得分进行公布。

2019年5月，广东省税务局公布了《涉税专业服务机构信用评价400分以上名单的公示》。根据该名单显示，广东省涉税专业服务机构年度信用累计积分在400分以上的有33家，最高分达到了441.79分，得分在430分以上的有4家，得分在420分以上的有8家，其他的25家得分分布在400～420分。

33家涉税专业服务机构均为税务师事务所，年度信用等级均达到了TSC5级。33家税务师事务所中，从事涉税专业服务人员最多的一家有71人，最少的只有3人，28家事务所的涉税专业服务人员在20人以下。33家事务所中有25家位于广州，3家位于佛山，1家位于惠州，2家位于茂名，2家位于江门。

四、新形势下广东省涉税专业服务发展面临的挑战

（一）税务师行业没有专门的行业法律，法治保障不到位

1. 涉税专业服务法治保障不到位

目前涉税专业服务立法不足，导致广东省涉税专业服务从业人员在业务开展方面无法可依，在一定程度上增加了涉税专业服务的执业风险。在发达国家，一般都存在着健全的涉税服务法律法规来约束和保障从业人员的涉税专业服务活动。2017年5月，国家税务总局出台的《涉税专业服务监管办法（试行）》及公告解读，其精神与以前国家税务总局发布文件的基本精神有所不同，导致目前税务师事务所的处境不明朗。作为上位法，《中华人民共和国税收征收管理法》尚未对涉税服务制度做出具体的规定，从事涉税服务的税务代理人包括哪些主体，其主要业务范围是什么，都没有明确的指示。而《中华人民共和国税收征收管理法》第八十九条规定的"代为办理"，往往被理解为只有注册税务师代纳税人向税务机关申报纳税的行为才受到该条款的约束。

2. "七个公告"的监管作用有待加强

国家税务总局自 2017 年发布实施的关于涉税专业服务方面的"七个公告"①，没有结合到目前税务师事务所业务和人员的实际特点，难以发挥有效监管。

对于涉税专业服务机构而言，在涉税专业服务机构不存在涉税服务失信的情况下，税务机关依据国家税务总局关于发布的《涉税专业服务信用评价管理办法（试行）》公告公布的涉税专业服务机构信用等级和信用积分的高低，对税务师事务所维护现有业务和拓展客户助益有限，因为市场上纳税人选择一家中介机构或是基于长期的合作关系，或是基于彼此的关系网。同时，《国家税务总局关于采集涉税专业服务基本信息和业务信息有关事项的公告》要求税务师事务所与纳税人签订民事代理协议后，报送《涉税专业服务协议要素信息采集表》，实践中被代理纳税人担心商业信息的泄露而不愿配合税务师事务所。

对于涉税专业服务从业人员而言，国家税务总局关于发布的《涉税专业服务信用评价管理办法（试行）》公告要求税务师事务所就涉税服务人员进行信息采集和信息报送，根据笔者对广东金算盘税务师事务所、广东穗友税务师事务所和广东立信税务师事务所等数家机构的调研发现，该行业从业人员流动性比较大，大多数从业人员把事务所作为考资格证的跳板，每年 1~2 月是该行业的离职高峰期，实践中税务师事务所往往选择性报送少数从业人员的信息。

3.《中华人民共和国税收征收管理法实施细则》权责不清增加执业风险

按照《中华人民共和国税收征收管理法实施细则》第九十八条规定，税务代理人违反税收法律、行政法规，造成纳税人未缴或者少缴税款的，除由纳税人缴纳或者补缴应纳税款、滞纳金外，对税务代理人处纳税人未缴或者少缴税款 50% 以上 3 倍以下的罚款。在现行的法律法规中，这是对税务代理人处罚的唯一法律条款，但是国家法律并未对应如何具体操作做出明确规定。实际工作中因税务代理人违反税收法律、行政法规造成纳税人未缴或少缴税

---

① "七个公告"分别为国家税务总局关于发布《涉税专业服务监管办法（试行）》的公告、国家税务总局关于发布《税务师事务所行政登记规程（试行）》的公告、国家税务总局关于发布《涉税专业服务信息公告与推送办法（试行）》的公告、国家税务总局关于发布《涉税专业服务信用评价管理办法（试行）》的公告、国家税务总局《关于采集涉税专业服务基本信息和业务信息有关事项的公告》、国家税务总局《关于税务师事务所行政登记有关问题的公告》和国家税务总局关于发布《从事涉税服务人员个人信用积分指标体系及积分记录规则》的公告。

款的，一般是对纳税人不予处罚，而对税务代理人的处罚基本上没有落实到位。涉税专业服务法律法规的权责不清在一定程度上增加了涉税专业服务的执业风险，造成广东省税务师事务所在业务开展方面束手缚脚。

（二）广东省涉税专业服务行业整体发展需培育

1. 立法的缺失造成行业法律地位不明

涉税专业服务立法的缺失，造成税务师事务所的法律地位不明，没有法定业务，难以拓展高端服务市场，近年来广东省涉税专业服务整体发展放缓。

首先，作为涉税专业服务主力军，税务师行业至今没有行业专门法，造成税务师从业市场竞争力降低。根据涉税专业服务行业近三年来的发展数据，广东省税务师事务所行业在2017年，不论是机构总数、从业人数、运营资金、利润总额来看，和2016相比均有所下降，委托户人数大约下降了13.67%。2018年相关数据显示，该行业市场有所回暖，但整体来说，市场发展速度较为缓慢（见图4-2）。

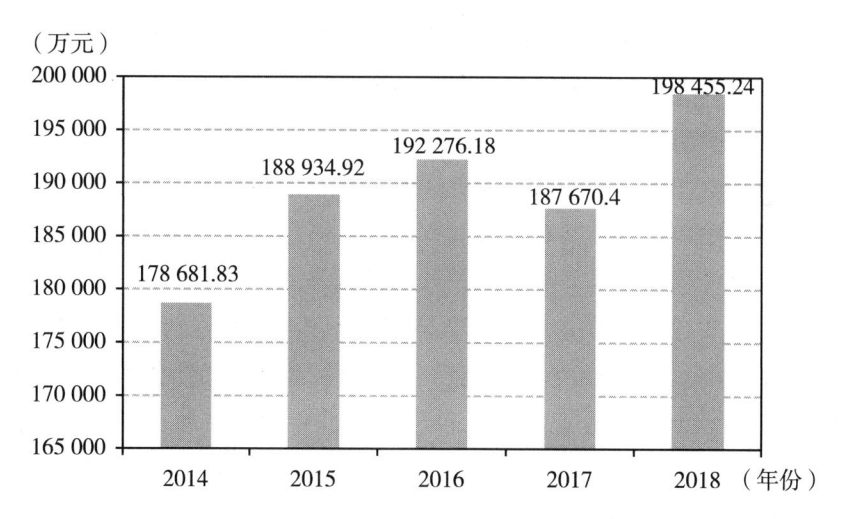

图 4-2　广东省2014～2018年税务师事务所主营业务收入情况
资料来源：广东省税务局。

其次，受国家取消注册税务师认证资格影响，税务师准入门槛降低。2014年7月22日国务院取消了注册税务师作为准入类职业的许可和认定事项，将其修改为水平评价类职业资格。2015年颁布的《税务师职业资格制度暂行规定》，正式将原有的注册税务师更名为税务师，同时将其由职业准入类调整为水平评价类资格。

最后，随着国家近年来对涉税服务领域市场准入门槛的逐步开放，涉税服务业务特别是涉税鉴证业务由原来的税务师事务所独占转变为由税务师事务所、会计师事务所和律师事务所三分天下的局面。我国分别于1993年和1996年颁布《中华人民共和国注册会计师法》和《中华人民共和国律师法》，确立了注册会计师和律师的法律地位和法定业务，但都没有针对涉税专业服务做出相关规定。据笔者对广东金算盘税务师事务所、广东穗友税务师事务所和广东立信税务师事务所等数家机构的调研发现，2017年广东省税务师事务所受国家税务管理部门放开涉税鉴证业务的影响，从业人数和业务规模出现明显下滑。

2. 纳税人主动寻求涉税专业服务的意识较差

广大纳税人法律观念和纳税意识不强，主动寻求涉税专业服务的意识较差，直接造成广东省涉税专业服务市场需求不旺。从国外经验来看，涉税专业服务的需求在一定程度上产生于税收制度的复杂性，很多西方国家的税制体系以所得税为主，其特点是税款计算复杂、税负难以转嫁，于是纳税人寻求涉税服务的比例也高，如美国80%以上的纳税人是通过涉税服务机构进行纳税申报的，日本在这方面的比例更高，约为85%。目前，我国个人所得税和房地产税改革正在积极推进，将来自然人纳税人数量也会随着制度的改革显著增加。相较于上述那些涉税专业服务比率很高的国家，我国纳税人自觉依法纳税和寻求涉税服务的意识还比较低。根据注册税务师协会开展的"纳税人最期盼的涉税专业服务是什么"问卷调查显示，纳税人从未接受过税务师事务所涉税专业服务的占比高达73.98%，但其中不愿意接受税务师事务所涉税专业服务的只占8%左右。目前广东省涉税专业服务的比例偏低，从业人数增长缓慢，因而涉税专业服务在税制转换进程中仍有很大的发展与提升空间。

3. 税务专业人才服务能力不足

税务专业人才服务能力不够，难以满足纳税人对税务师事务所的服务需求。据不完全统计，广东省2019年提供涉税服务的人员为17 431人，但是具有税务师执业资格的专业人员仅有6 101人，占比不足36%，难以满足大量"走出去"企业的实际需要[①]。注册税务师协会的统计资料数据同样显示，至2012年12月31日我国涉税从业人员拥有大专学历的比重为45.27%，本科学

---

① 资料来源：广东省税务局。

历比例仅为44.10%，研究生及以上的人员仅占比2.51%；执业注册税务师中大专和本科学历的人员分别占39.23%和53.87%，中专及以下和研究生及以上的人员占比仅为2.83%和4.07%。① 虽然我国从业人员的专业能力和真实水平不能仅被学历所反映，但以上数据却在一定程度上表明我国从事涉税专业服务行业的高层次人才不是很多，行业内同时掌握税收法规、财会政策、法律和企业管理方面知识的人才很少。

高素质、高层次专业人才的缺乏，加上从业人员后续教育制度不够合理和严格，不仅影响了涉税专业服务质量的提高，更严重阻碍了税务师事务所职能作用的发挥。当前涉税专业服务机构业务范围较多停留在传统业务层面，如办理税务登记、变更、注销税务登记和代办发票的准购手续等，而像税务筹划、税务顾问、税务检查和涉税风险评估等高端业务有待进一步拓展与渗透。

（三）广东省涉税专业服务行业收费不规范

1. 行业发展标准和收费标准缺位

由于缺乏专业职能边界的约束，涉税专业服务机构的发展缺乏具体的行业发展标准和收费标准。随着国家近年来对涉税专业服务领域市场准入门槛的逐步开放，涉税专业服务业务特别是涉税鉴证业务由原来的税务师事务所独占转变为由税务师事务所、会计师事务所和律师事务所三分天下的局面。由此近年来，广东省涉税专业服务市场上出现了所谓的注册管理师、税务咨询师、税务筹划师等名目繁多的机构，这些没有资质的个人和事务所鱼目混珠，凭借不正当的手段例如低价等抢市场、抢业务、抢客户，导致劣质服务驱逐优质服务，扰乱了服务行业市场秩序。这些无序竞争不仅损害了整个行业的形象和信誉，还导致基层税务机关和税务人员因噎废食，不敢把涉税专业服务机构和从业人员作为纳税服务体系的组成部分来看待和使用，税务师事务所维护国家和纳税人利益的重要作用无法得到充分发挥。

2. 行业独立性和专业性不足

独立性和专业性是涉税专业服务存在的基础，执业者必须站在公正、客观的立场，目前广东省涉税专业服务缺乏独立性。涉税专业服务提供者作为一个独立核算的经济实体，与其他公证机构一样自主经营、自负盈亏，不应

---

① 资料来源：关于注册税务师行业2012年度报表情况的通报。

受到税务行政部门以及纳税人的干涉,这样才能真正体现我国税法的意志。然而,目前一些涉税专业服务机构存在着涉税独立性缺失、管理不规范等问题,一些涉税专业服务机构由于过于依赖某一企业或者公司的收入来源而根据客户管理层的意图出具虚假或者形式上的报告。

3. 涉税专业服务机构缺乏专业的监管队伍

自2014年国家开始取消注册税务师资格和法定业务之后,一段时间以来对涉税专业服务的监管基本处于停滞状态。2017年国家税务总局发布涉税专业服务监管相关规范后,涉税专业服务机构由纳税服务部门负责监管,纳税服务部门开始通过业务规范和信用评级开始进行对涉税专业服务机构监管的转变,但转型期间,监管力度不足情况比较突出。纳税服务部门在繁忙的税收工作中无法专注于涉税专业服务机构的监管工作,目前基层监管工作仍停留在贯彻落实上级的各项规定,以及配合行业协会做好执业人员资格审查、年审等行政管理的工作上,对于中介机构的业务规范化以及竞争秩序等关注度不够,难以对上述部分涉税专业服务机构违背市场公平竞争秩序,恶意拉拢业务、乱收费等行为实施有效监管,更难以对影响中介机构长期发展的潜在风险真正发挥监管作用。

(四) 新形势下要求广东省税务师行业提供跨区域的税务支持

1. 积极服务新形势下广东省征管改革

随着广东省深化税制和征管改革,以及金税三期征管信息系统的进一步推进,纳税人将面临更为严格的事中事后管理,以及随之增长的税务稽查,新式税收征管格局对纳税人的纳税合规要求正在不断提高。随着税收法定原则的落实,2019年新的《中华人民共和国个人所得税法》正式实施,综合征收后计税所得项目、专项附加扣除的具体范围和标准已同步施行。税务师事务所要积极响应国家税务总局的号召,结合业务实际,更新《税务师行业业务指导目录》,组织全行业积极开展服务税收改革工作。税务师事务所应助力税务机关做好服务个人所得税改革相关工作,通过批量申报、软件平台等为纳税人提供扣缴、汇算清缴等服务,推动三方沟通机制和政府购买涉税专业服务等工作的落实。积极联系各类全国性行业协会、商会,开展相关税法课题研究、举办论坛等战略合作,推动新税法在相关行业的稳步推进。

2. 助力个人所得税改革在广东省稳步推进

积极响应纳税人的需求,广东省税务师事务所要实现"三个转变""三个提升"和练好"两个内功"。随着新《中华人民共和国个人所得税法》的实施，纳税人、扣缴义务人都将产生大量的咨询代理需求，税务机关对个人所得税的征管将发生重大变化，都需要更加专业化、精细化的服务，广大纳税人对涉税专业服务行业的执业水平提出更高要求。税务师事务所和从业人员要实现"三个转变"，即从重视企业纳税人向企业纳税人和自然人纳税人并重的转变，从通用型向个性化转变，从传统模式向"互联网+"转变。实现"三个提升"，即一是提升执业质量；二是提升参与度；三是提升素质。练好"两个内功"，即练好业务内功，要深入研究个税法的内容，研究新旧税法差异，夯实业务基础，为纳税人提供精准的专有化服务；练好服务内功，税务师应提供高端或个性化的专业服务。税务师行业应认清市场变化形势，牢固树立"敢以服务求生存"的观念，要以个税法改革为契机，增强紧迫感，切实强化服务意识，使纳税人有获得感，以高质量、个性化的服务赢得市场的比较优势。税务师事务所要把握机遇，充分发挥涉税专业服务主力军的积极作用，助力个人所得税法改革在广东省稳步推进。

3. 助力跨境企业更好开展涉外税务管理

为积极响应广东省"一带一路"倡议和粤港澳大湾区建设需求，税务师事务所应提高人员高端业务服务能力，助力跨境企业更好开展涉外税务管理。广东省企业在"走出去"的过程中，经常遇到税收方面的问题，包括对所在国税收政策不了解、当地税收执法环境具有不确定性、税收争议的协商和解决，以及相关税收协定的落实等。这些问题会直接影响企业的效益、利润，甚至还可能带来一些风险。跨境涉税专业服务联盟中的税务师事务所应更多地帮助跨境企业运用国际规则解决国际问题，共同服务在"一带一路"沿线国家施工的工程建设企业，这对税务专业人才服务能力提出更高的要求。然而，根据涉税专业服务行业业务报备的类型数据，2019年1月1日至5月31日税务师事务所共提交报告270 784份，其中企业所得税汇算清缴鉴证报告258 880份，占比高达95.6%，而土地增值税鉴证报告344份，高新技术企业认定专项鉴证报告762份，房地产涉税调整鉴证报告29份，三项合计占比不足1%（见图4-3）。这说明当前广东省涉税专业服务机构业务范围仍囿于传统的涉税鉴证业务，停留在如办理税务登记、变更、注销税务登记和代办发票的准购手续等低端业务层面，而像税务筹划、税务顾问、税务检查和涉税风险评估等高端业务服务能力不足，广东省涉税专业服务行业在新形势下仍有很大的发展与提升空间。因此，为顺应广东省企业和资本"走出去"的趋势，需要推动涉税专业服务行业国际化发展，提高该行业的高端服务能力与综合服务水平。

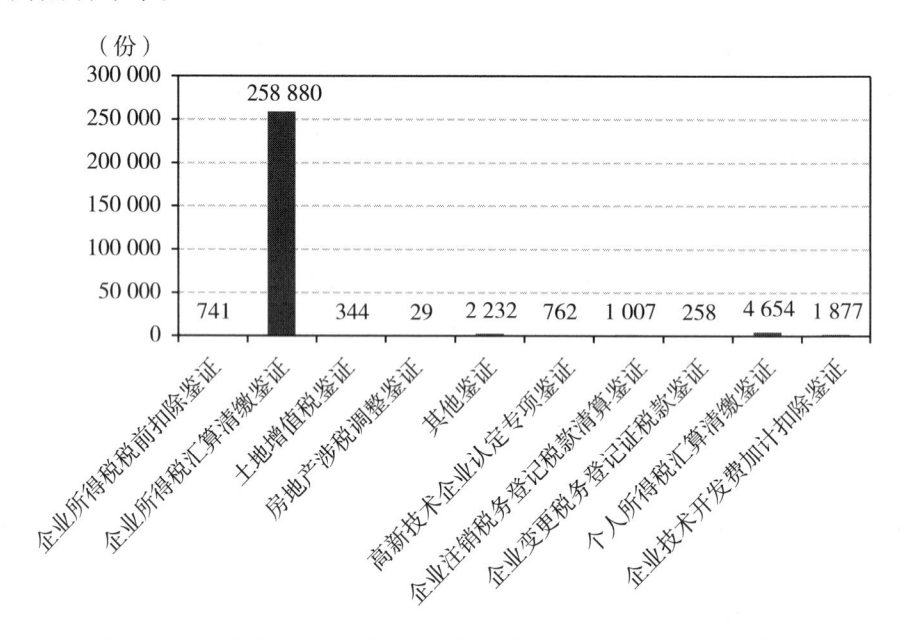

图 4-3 广东省 2019 年税务师事务所各类型业务报备情况
资料来源：广东省税务局。

五、新形势下强化广东省涉税专业服务的必要性

(一) 基于涉税专业服务机构的角度

1. 利于机构转型升级

首先，根据笔者对广东金算盘税务师事务所、广东穗友税务师事务所和广东立信税务师事务所等数家机构的调研发现，税务师事务所发展面临的主要压力是业务范围与会计师事务所存在高度重叠。广东省金税三期系统的上线、《中华人民共和国税收征收管理法》修订以及税收征管技术的深入应用，为国家依法治税及提高纳税人税法遵从度提供了有力的系统工具。纳税人涉税风险的加大，其原来被动式的涉税专业服务需求变为主动涉税专业服务需求，由只需要一份税审报告改变为需要一款能降低企业涉税风险的有价值的涉税专业服务产品，购买涉税专业服务产品由原来看价格、看关系转向看价值、看质量、看品牌。纳税人对税务师事务所的服务需求从原来简单的税务

数据审核转变为帮助纳税人进行税收风险把控、税收合规安排以及税务筹划。在这种情况下，纳税人可能利用信息不对称来弱化对税法的遵从度，降低因未遵守税法而被税务机关发现的风险。在这样的背景下，税务师事务所的出路是转型升级，结合用户的实际情况，能够将税法规定和用户实际情况结合运用，为企业提供税务风险管理服务，将涉税专业服务前移，从事后走向事中及企业涉税专业服务的全过程。

其次，随着国家近年来对涉税专业服务领域市场准入门槛的逐步开放，税务师事务所面临着不同于行业创立之初的外部宏观环境，近年来行业内从业人员的增多以及税务师事务所数量的激增使得税务师事务所行业内的竞争变得十分激烈，而国家对于涉税专业服务行业门槛的进一步开放又使得其他专业服务机构得以参与本行业中来，这更进一步加剧了税务师事务所行业的竞争。在这种外部环境下，一方面，税务师事务所行业自身有必要制定相应的行业战略规划，而就单体的税务师事务所而言，也应当有自身个体的战略规划，只有这样才能在激烈的市场竞争环境中获得长久的发展。另一方面，随着信息化的发展，人们获取税收法律法规及税收规范性文件等信息的渠道、方法相比之前的封闭式、单方向的由上而下的信息传递有了很大的改观，在这种情况下，纳税人不再仅仅满足于从税务师事务所的服务中获取信息，而是更加关注于对相关已获取的信息深加工及将各种税收政策与企业自身业务的结合运用，因此，税务师事务所面对的客户需求环境也发生了巨大的变化，这使得税务师事务所研究竞争战略具有了必要性。

最后，信息化浪潮对涉税专业服务供应端本身进行着一场"供给侧"改革。在"互联网+"环境下，由于客户接受知识、服务途径、载体的改变，税务师事务所也面临着颠覆与创新。客户获取税法知识变得很便捷，除了税务机关的12366热线和网上留言答疑互动外，百度也为客户体验提供了丰富多彩的税收知识资源。由此，传统的内容服务和比较普通的咨询涉税专业服务业务将被颠覆。税务师事务所应转型升级，为用户提供个性化的、在一般网上找不到答案的咨询方案。结合用户的实际情况，税务师的咨询要能够将税法规定和用户实际情况结合运用，为企业提供税务风险管理服务，将涉税专业服务前移，从事后走向事中及企业涉税专业服务的全过程。纳税人在对涉税专业服务种类的需求上，不同行业、经济类型、收入规模的企业对涉税专业服务的个性化需求也不同，表现的零散而且深度不一，在时间和空间上变化很大。涉税专业服务的提供者要能够精准把握纳税人的需求，吸引纳税人主动上门寻求税务指导。

2. 利于机构自律管理

在行业自律管理方面，由于现行监管办法对涉税专业服务机构的资质条件、执业诚信的刚性约束不足，加上行政监管不力，涉税专业服务水平良莠不齐，很多涉税专业服务机构完全脱离行政监管和行业自律。

首先，我国涉税专业服务社会化起步较晚，虽然也做了很多有益的探索，但发展比较缓慢，没有形成规范的供给体系。特别是税务师事务所与税务机关脱钩、去行政化后，纳税人是否购买涉税专业服务产品，找谁购买，完全取决于纳税人的选择，税务师没有"法定业务"的说法，完全参与市场竞争，全凭真本事吃饭。

其次，作为涉税专业服务社会化的最主要供给主体，税务师事务所提供的纳税服务也存在与税务机关的职责划分不清、独立性不足、从业人员执业素质不高、缺乏有效的监管等诸多问题，严重影响了纳税服务的质量。目前涉税专业服务机构由纳税服务部门负责监管，由于对涉税专业服务机构的刚性约束不强，纳税服务部门难以实现强有力的监管。

最后，贯彻落实减税降费的决策部署，既是税务师事务所义不容辞的责任，也是税务师贴近市场主动服务客户的举措。税务师事务所要认真学习贯彻《关于坚决查处第三方涉税服务借减税降费巧立名目乱收费行为的通知》精神，坚决防止借减税降费巧立名目乱收费行为、抵消减税降费效果；要强化行业自律，严守职业道德，规范执业行为，提高服务质量，自觉维护行业良好形象和社会公信力，严防发生损害纳税人和缴费人合法权益的行为。

3. 利于机构"走出去"

首先，专业化的跨境涉税专业服务需求与日俱增，将成为广东省税务师事务所涉税专业服务业务重要的新增长点。广东省在"一带一路"倡议下，一方面，"走出去"企业日益增多，"走出去"的方式更多样化，面临的税收风险更复杂化；另一方面，"走出去"企业对国外税收政策、税收流程等不熟悉，缺少相应的税务工作经验，税务师事务所需要重点关注"走出去"企业面临的涉税问题，以需求为导向，以专业为基础，提供灵活的服务方式，为"走出去"企业提供更好的服务。"走出去"企业的分支机构遍布全球，税务需求较为分散，税务师事务所可借助"互联网+"的发展，对涉税专业服务进行信息化升级，提供更方便快捷的跨境涉税专业服务。随着"一带一路"倡议的深入，税务师事务所可探寻"走出去"服务的路径，通过设立境外分支机构、与境外涉税专业服务机构合作等模式为企业提供更优质的服务。

其次，税务师事务所提供跨境涉税专业服务的难点在于自身服务能力跟不上日渐旺盛和复杂的税务需求。我国税务师事务所多以国内税收服务为主，普遍存在国际税收人才匮乏，难以开展跨境涉税专业服务的情况。为此，税务师事务所内部可结合自身服务专长，集中精力专攻某一领域的跨境涉税专业服务，树立专项服务品牌，增强客户黏性。也可直接吸收引入优秀的跨境涉税专业服务团队和人员，通过"老带新"的模式提高自身整体跨境涉税专业服务水平，实现在涉外税收业务领域的快速发展。此外，税务师事务所还可借助行业协会、战略联盟的平台力量，委派技术骨干参与跨境涉税业务的合作与交流，学习先进服务模式，提升专业能力。

最后，随着广东省"一带一路"倡议和粤港澳大湾区建设的逐步深入，涉税专业服务机构应开发新服务，在发掘市场拓展跨区域业务在为"走出去"企业提供跨境涉税专业服务的过程中，税务师事务所遇到的最大困难是缺乏国际分支机构，难以在当地为客户提供服务。跨境涉税专业服务联盟内的税务师事务所可以通过联合协作实现资源共享、信息共享，弥补在国际分支机构方面的不足，发挥协同效应、集合效应，为跨境企业提供更加优质的涉税专业服务。

（二）基于监管部门的角度

1. 利于税收现代化治理

为发挥涉税专业服务组织在优化涉税专业服务、提高征管效能等方面的积极作用，政府应鼓励纳税人主动购买涉税专业服务，将有限的税务人员从繁琐的纳税审核工作中解放出来，向"征、管、查三分离"转变。

首先，从广东省目前的情况来看，税收征管中税务机关仍然处于被动"一手包办"的地位，纳税人法律观念和纳税意识不强，主动购买涉税代理服务的意识较差，导致税务人员在依法纳税审核环节的任务繁重，这在企业所得税汇算清缴和土地增值税清算环节表现尤为明显，由此造成目前税收征管质量和税法遵从度不高。据广东省涉税专业服务行业的发展数据显示，自2015年1月至2019年5月期间，事务所向税务机关提交的报备报告份数逐年下降，2015年提交报备458 457份，2019年提交报备仅有270 784份，同比下降41%（见图4-4）。涉税专业服务机构作为协助政府与纳税人涉税事项的纽带，以提供专业化的涉税专业服务为主要目标。与此同时，税务机关能够通过公开招标采购涉税专业服务，优化纳税服务并提高征管效能，实现财税服务供需主体从简单的征纳双方升级为"政府—涉税专业服务者—纳税人"多方参与。

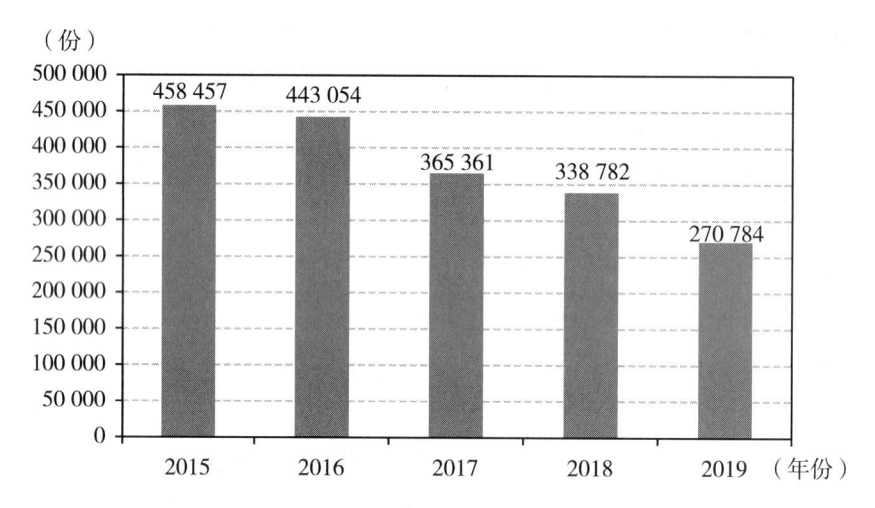

图 4-4　2015~2019 年广东省税务师事务所报备份数情况
资料来源：广东省税务局。

其次，实践中一直可能存在税务机关利用职权寻租的情况，虽然国家税务总局发布了几个规范性文件严格禁止税务机关涉足涉税专业服务，例如《国家税务总局关于严禁违规插手涉税中介经营活动的通知》，但是文件效力过低，实践中"红顶中介"的问题时有发生。同时，纳税服务与税收执法的界限不清，导致以服务代替执法的"越位"情形时有发生。例如，受现有投诉管理办法不科学、税务人员绩效考核指标的影响，一些税务机关及税务人员唯恐遭到纳税人投诉，一旦遇到投诉，为息事宁人，即使是依法行事，也不得不无原则地向纳税人妥协，片面强调纳税人的满意度，放弃公平公正的执法。

最后，由于税收专管员常年和固定辖区的纳税人打交道，加上少数纳税人自我约束能力不强，极容易产生税收领域里"人治大于法治"的现象，导致大量"人情税""关系税"的存在，这既不利于税收治理能力的现代化，又难以确保国家税收的应收尽收。涉税专业服务机构作为提供专业服务的市场中介组织，秉持着公正独立的执业原则。在税务机关与纳税人之间引入第三方中介机构，有助于打破税收征管中可能存在的"人治"问题，以促进税法遵从并维护纳税人合法权益，这对于提高广东省税收征管效能和实现税收治理现代化是至关重要的。

2. 利于转变政府职能降低征管成本

在广东省税务机关扁平化管理尚未全部到位的情况下，今后较长时期内绝大多数纳税人仍由税务基层人员进行日常管理。对于广东省税务系统有限的税务专管员而言，基层工作无论是从程序层面还是从实体业务处理层面都过于繁重，导致征管成本高且税收风险难以把控。具体涉及从纳税人户籍巡查、纳税评估、纳税辅导和纳税服务，到督促纳税人按时申报纳税、调查核实登记认定事项的真实性，并调查和初步核定定期定额户的税收定额，再到管理纳税人使用发票和税控设备。在这种落后的管理方式下，税务基层人员充当着"管事员"和"管户员"的双重角色，不仅不利于税务人员提高自身业务能力和水平，更是致使税收征管成本偏高。经过探索和实践，近几年广东省开展的由税务机关委托政府采购中心，以公开招标的方式购买涉税专业服务，主要涵盖土地增值税清算审核、企业所得税后续管理服务，能够极大减轻税务系统的征管成本。

随着大量减税降费政策在广东省逐步落地，以及当前个人所得税、房地产税等税制改革的推进，针对具体到每位纳税人能够享受到的政策红利和优惠限制条件而言，税务机关难以投入过多精力进行执法实践和探索。涉税中介是拓展纳税服务空间的重要力量，它在很大程度上弥补了税务机关对具有特殊涉税专业服务需求纳税人的服务工作，解决税务部门专业税务人才不足的问题，从而节省了税务系统高薪引进税务师专业人才的成本。据广东省涉税专业服务行业的发展数据显示，广东省系统目前共有805户事务所，全省共有从业人员17 431人，其中广东省注册资金500万元以上的事务所共有21户。[①] 从以上机构和人员规模看，广东省涉税中介机构能够成为税务机关履行纳税人服务工作的重要补充，特别是在土地增值税清算、并购税务服务和税案解决等领域。因此，应引导涉税专业服务机构发挥专业知识和技能优势，构建税务机关与涉税专业服务机构高效沟通、合作共赢的良好局面。

3. 利于精准服务纳税人需求

随着税制改革深入和社会公众纳税意识的不断增强，纳税人对纳税服务的需求更趋多元化和个性化，服务内容由文明服务等外在形式向如何规避税收风险和进行税收筹划等实质内容转变。出于效率和公平的考量以及大数据

---

① 资料来源：广东省税务局。

技术应用的不足，目前税务部门的纳税服务缺乏对纳税人的针对性识别，无法满足纳税人深层次个性需求并实施精准服务。

首先，个税改革后自然人纳税人数量与日俱增，税务部门有限的服务资源已不能承载点多面广的服务需求。调动社会力量参与纳税服务，将部分标准统一、重复量大的非执法类服务事项交由具有专业知识和技能的涉税专业服务机构共同处理，有助于集中精力加强税源管理，提升税收治理水平。税务顾问服务能够为纳税人提供有针对性的咨询建议和解决方案。一方面，涉税专业服务机构业务范围不仅停留在代理记账、发票领用、纳税申报代理等传统业务层面，将税收筹划、涉税风险评估、满意度调查、涉税鉴证、纳税情况审查等业务开放给符合要求的涉税专业服务机构，交由市场运作，可以扩大纳税服务供给内容，满足纳税人高质量服务需求。另一方面，涉税专业服务机构的类型丰富，既有税务师事务所等综合服务机构，也有税务咨询公司等专项服务机构，不仅提供一般政策咨询和代理服务，也能满足特殊人群定制化涉税需求。加上大数据、云技术、区块链等技术在企业端的广泛应用，涉税专业服务机构可以结合纳税人的财务管理实务提供更有效率的办税解决方案和软件技术支持。

其次，受税收政策比较专业复杂、办税员无资质要求、会计专业知识缺乏等因素的影响，纳税服务对象表现出的办税业务水平参差不齐，尤其是自然人、小规模纳税人、个体工商户等服务对象成为纳税服务需求的主力，这类纳税人更希望得到政策耐心讲解和实务操作辅导，重复性服务资源占用量大。借助会计师事务所、税务师事务所、律师事务所、代理记账机构、税务代理公司、财税类咨询公司等涉税专业服务机构的组织优势、资源优势、专业优势，可以帮助缓解供需矛盾，补充服务资源，提升服务质量。纳税人咨询内容涉及政策法规、办税流程、财会知识等多个方面，涉税专业服务机构熟悉财务、税收、法律等专业知识，可以分流税务部门解答简单重复性问题的压力，解决综合性问题，更可以提供一对一专业的服务。

最后，通过涉税专业服务机构加强对企业内部人员的培训，可以将政策覆盖面扩展至单位办税员、财务、人事、法人、股东、高管等各类人员，将政策辅导滴灌到位。从广度上，借助涉税专业服务机构力量，广泛招募社会志愿者，鼓励涉税专业服务机构参与税法宣传、办税辅导、座谈交流等各类宣传培训活动中，弥补税务部门人力短缺的现实不足，扩大政策宣传的幅度和频率，让更多纳税人提升参与度和获得感，促进优势互补、资源共享，扩大税法宣传的规模效应。

（三）基于纳税人的角度

1. 降低纳税成本的需要

首先，随着我国新征管模式四个转变的改革推进，税务机关充分利用税务信息化平台，正在实现以事中审核、事后稽查为重点的管理方式，这一转变必然增加纳税人自主申报的难度。同时随着企业逐步发展，他们对财税业务规范性的要求越来越高，在企业并购重组、上市融资和海外业务拓展过程中必然需要涉税咨询、国际鉴证、税收策划等方面的专业化服务，而受自身财务人员时间、经验和能力等因素的限制，加之对国家税收政策法规的理解不够及时和准确，难以满足企业业务发展的需要。企业面对专业化涉税业务需求，为节省高薪引进各类专业人才的成本，对外聘请涉税专业中介机构来承担代理业务是更好的选择。

其次，近年来广东省大力推进减税降费政策，纳税人迫切希望通过税务咨询和税收策划更好更快地享受到改革红利。但企业具有税务师执业资格的人员有限，在信息引导、涉税咨询和税收策划方面的业务技能有所欠缺，需要专业机构和专业人士提供涉税专业服务。与此同时，随着2019年新《中华人民共和国个人所得税法》的实施，个人所得税分类征收的专项扣除项目日益复杂，大量自然人纳税人不断产生涉税专业服务需要，涉税专业服务面临广阔的发展空间。根据广东省市场监督管理局发布的数据，截至2019年底，全省实有市场主体1 146.1万户，其中企业492.1万户，均稳居全国第一位，分别比上年末增长11.8%和17.1%。2018年日均新设市场主体6 294户，日均新设企业达2 679户，他们对涉税专业服务都有刚需。[①] 在这样的市场需求下，纳税人购买涉税专业服务行业的涉税代理服务，无疑是低成本、高效率的"经济人"行为选择。因此，强化广东省涉税专业服务行业是纳税人降低纳税成本、符合市场经济发展规律的必然需要。

最后，广东省涉税专业服务机构已具有一定规模，涉税专业服务机构提供涉税专业服务范围广泛，熟悉纳税人经营实务和行为偏好，能够为纳税人提供更有针对性的纳税服务方案。据广东省涉税专业服务行业的发展数据显示，广东省注册资金500万元以上的事务所共有21户，其中源恒税务师事务

---

① 资料来源：广东省市场监督管理局。

所有限公司和海华税务师事务所有限公司的注册资金达到 5 005 万元,广东伽法税务师事务所有限责任公司 2 000 万元①。根据《涉税专业服务监管办法(试行)》规定,税务师事务所合伙人或者股东由税务师、注册会计师、律师担任,税务师占比应高于 50%;根据《会计师事务所执业许可和监督管理办法》规定,会计师事务所合伙人(股东)应具有注册会计师执业资格,其中特殊普通合伙会计师事务所应具备 15 名以上合伙人,60 名以上注册会计师。因此,涉税专业服务机构从业人员具有较高的会计、审计、税收等方面的专业知识和技能。

2. 规避纳税风险的需要

首先,从外部税收管理看,广东省税务系统通过 2019 年 3 月正式上线启用的金税三期可以实现全省征管数据大集中,形成覆盖所有税种、税收主要环节、各层级税务机关的全省税收管理信息化系统。同时税务机关通过对纳税人动态信息的大数据分析,可以及时了解纳税人在当前的税收体系下的一系列行为决策信息,纳税人的合规义务和风险正在不断提高。与此同时,纳税人对程序运行所蕴含的涉税风险也更为关注,尤其是在纳税人和税务机关发生税收争议时,涉税行政复议和诉讼案件的处理亟须聘请涉税专业服务。对于上述管理变动,涉税专业服务机构能够凭借专业知识和人才优势有效地为纳税人规避政策风险,降低纳税违规风险。

其次,从外部政策环境看,国家不断完善税制结构内部的税种要素,以及随之对税收政策进行的调整,都会增加企业熟悉税法政策和办理纳税事宜的难度。加上广东省为实现简政放权、落实"放管服"政策,按照国家税务总局的规定,全部取消企业所得税优惠事项行政审批,一律实行备案管理方式。企业须自行判断其是否符合优惠政策条件,如果判断错误可能将面临被追缴税款及滞纳金的风险。这使得纳税人在便捷地享受税收优惠的同时,也面临严格的后续管理。而涉税专业服务机构作为居于税款征收和缴纳双方之间的社会中介组织,对上述政策变动十分敏感,可以凭借专业知识有效地为纳税人规避政策风险。因此,开展涉税专业服务是纳税人规避纳税风险、维护自身权益的现实需要。

最后,涉税专业服务机构利用专业优势推进纳税人合规经营,真正做到申报数据更准确、涉税风险更低,帮助纳税人提高税法遵从度。一方面利用

---

① 资料来源:广东省税务局。

涉税专业服务机构专业优势保持与税务部门的顺畅沟通，在争议调解和税收救济方面充分表达纳税人意愿，保障纳税人合法权益。同时，结合纳税人实务，由涉税专业服务机构及时向税务部门反馈税收政策执行过程中存在的问题和意见建议，在征纳双方之间化解分歧，促进共识。立足涉税专业服务机构的从业准则和专业优势，为纳税人提供全过程、全方位的税务规划与风险防控，在规范申报、依法纳税的同时，更多关注风险预判、内控测试和纳税审查等内容，真正做到申报数据更准确、涉税风险更低，帮助纳税人提高税法遵从度。

3. 利于扩大对外开放，与国际接轨

首先，依托"一带一路"倡议和粤港澳大湾区建设的推进，广东省企业"走出去"步伐加快。其中，广东省"走出去"民营企业对于海外并购，以及绿色投资的相关涉税专业服务需求非常强烈。与此同时近两年来，国企"走出去"的步伐也在加快，主要投资在新技术与网络方面。据广东省"一带一路"企业数据显示，广东企业对外合作方式从传统的商品和劳务输出为主发展到商品、服务、资本输出并进。2017年广东与"一带一路"沿线国家进出口额15 036.9亿元，同比增长14.9%，占全省进出口总额22.1%；对东盟进出口额同比增长13.4%，高于全省8%的进出口增幅。[①] 尽管目前我国的会计准则和审计准则不断与国际准则接轨，但不同国家的法律制度存在较大差异，不同的交易所、不同的资本市场也有不同的交易规则。基于"走出去"企业面临日益复杂经营环境，企业税收合规活动的负担成本急剧增加，企业现有财务人员的专业知识难以应对，亟须向涉税专业服务机构购买高端的涉税专业服务。

其次，在此次全球税改中，广东省"走出去"企业对税收实体业务和程序运行所蕴含的涉税风险也更为关注，税收遵从成本随之增长。不同国家相同税种的税率差异，是跨国公司制定转让定价策略的重要考虑因素。特别是开发新市场时，公司不仅难以投入足够的财务人员对商品进行定价和规划，更不易准确预测海外业务在销售和开支方面的进展情况。当这些业务成为集团公司主营业务的重要组成部分时，若定价方法仍然不够理想，则企业有可能面临严重的税务问题。为提高申报效率并更好享受到政策优惠，聘请专业的涉税专业服务机构成为广东省"走出去"跨国企业的必然

---

① 资料来源：广东省人民政府新闻办公室。

选择，业务需求覆盖到信息引导、国际鉴证、战略咨询和税收策划等层面。涉税专业服务人员应该密切关注各种相关配套政策、措施的出台，帮助客户进一步思考如何适应税改，调整商业模式以取得商机，向客户提出合理税务计划建议。

最后，"一带一路"沿线国家经济水平参差不齐，各国税制差异较大，征管方式复杂、税收优惠种类较多，企业在实务中容易出现未充分了解税制差异和税收优惠政策而导致的重复征税、未充分享受东道国税收优惠等问题，由此给广东省"走出去"企业带来较大的经济损失。面对复杂的国际、国内税收政策和征管程序，"走出去"企业往往因涉外税收专业人员申报经验不足的原因产生漏报、错报等申报风险。例如企业注重跨境经营企业在东道国的税收申报，而忽视境外所得在本国的纳税义务；境外错报缴纳的税额，作为境外已缴税额在计算本国企业所得税时进行抵免。企业纳税申报一旦发生漏报、错报，就可能面临补税及罚款、加收滞纳金等风险，降低了企业的纳税信用度。为助力跨境企业更好开展涉外税务管理，涉税专业服务机构应该帮助跨境企业解决税收政策执行中的难点，健全企业税务管理，让客户提前做好准备，帮助跨境企业在境外享受协定优惠待遇。

六、强化广东省涉税专业服务发展的建议

（一）基于涉税专业服务机构的角度

1. 推进转型升级，行业发展要有新作为

税务师作为涉税专业服务的最重要的主力军，目前没有专属的法定业务，没有独有的市场切入点，在与会计师和律师行业激烈的竞争中，需要抓紧时间进行转型升级。现实中，纳税人在对涉税专业服务种类的需求上，集中度相对较高，但不同的经济类型、收入规模、行业的企业对涉税专业服务的个性化需求也较突出，这给税务师行业不断开发新的服务产品提出了新要求。

2. 发展差异化涉税专业服务，满足多样化需求

基于涉税专业服务组织规模及资质的差异，应当积极引领不同资质等级的涉税专业服务机构开展与其服务水平和对象规模相当的业务。具体来说，就是大型涉税专业服务组织向更高层次发展，建立服务标准，发挥其综合服务能力；中型涉税专业服务组织应创新服务模式，进一步发掘纳税人的需求，

使自身的服务领域向精细化发展；规范扶持小型涉税专业服务组织有序发展，促进联合发展，整合行业资源，充分发挥其税务代理服务和涉税会计服务的优势，成为行业发展的重要补充。

3. 联合会计法律中介，建立服务综合体

涉税专业服务机构和从业人员众多，包含了税务师、会计师、律师和其他专业人士，不同专业人员提供的服务各有偏重、内容不尽相同。根据当前的行业状况与政策环境，涉税专业服务市场已经呈现开放之势，国家向税务师、会计师、律师等相关行业逐渐放宽限制，行业达到良性竞争的状态。在竞争市场中，涉税专业服务机构提供的业务服务价格越低廉往往越有成本优势。

然而，涉税专业服务的供求影响因素不仅局限于服务的价格，还包含了涉税专业服务质量、服务范围以及服务方式等差异化因素。在涉税专业服务需求日益精细化、专业化、科学化的今天，要想立足于市场，吸引纳税人寻求服务，仅靠价格战是远远不够的。税务师联合会计师、律师，打造服务综合体，为纳税人提供全方位的服务，满足纳税人的多元化需求，才是赢得市场的制胜法宝。此外，非价格手段还包括国家的支持与规范，通过涉税专业服务立法、完善制度规章、优化监管手段来构建健康和谐的税收环境，市场需求也会相应增长。

4. 培养人才队伍，行业发展要有新力量

促进涉税专业服务发展和壮大，一个很重要的方面就是涉税专业服务机构及其从业人员要规范执业、讲究信誉、注重形象。简政放权调整后的"税务师"具有职业资格水平性质，同时"税务师"进入专业技术人员资格清单，体现了市场对涉税专业服务高水平人员的需求，也使得涉税专业服务更加市场化，社会需求环境的变化对涉税专业服务人员的能力水平提出了新的要求与挑战。

随着税制改革的深入和税收法律法规渐趋复杂，涉税专业服务机构应提高员工培训及考核方面的投入力度，提升其专业素质和业务层次，扩大对不同专业背景人才的引进，尤其是具备经济、财务类专业知识背景，掌握一定的会计、法律知识的复合型人才，通过高质量、优质的专业服务赢得市场的肯定，如此才能适应今后企业复杂、多元化的需求。

税务师要树立终身学习意识，重视学习、善于学习，不断加强税收法律法规、会计法律法规、税务师执业准则等专业知识的学习，同时要加强企业战略管理和互联网信息化等综合知识学习，积极参加执业人员继续教育培训，积极自觉地提高自身信息技术运用水平，强化执业技能，提升专业胜任能力和综合服务水平。

5. 储备涉外涉税专业服务供给，帮助企业规避风险

与传统意义的涉税专业服务和涉税鉴证业务相比，在"一带一路"倡议背景下，尤其广东省处于沿海地带，粤港澳大湾区位于广东省中部。广东省有更多的企业会"走出去"，也有更多的企业来到广东省落户。广东省涉税专业服务为企业提供涉外服务，核心内容主要包括两个方面。其一，为"走出去"的企业提供投资国的税收法律咨询服务，分析其投资项目或经营业务的税收待遇及潜在风险，为企业出谋划策。其二，为"走出去"的企业提供在投资国的涉税专业服务，帮助企业准确履行纳税义务。企业面临重复课税或不公平税收待遇时，代表企业与投资国税务主管部门沟通，必要时代表企业提请双边磋商。

服务"一带一路"倡议，税务师事务所本身要具备提供服务的能力。这就需要事务所要事先有针对性地做好准备、做足功课。从方法上讲，用足现有的信息资源，尤其是国家税务总局和中国注册税务师协会提供的权威、全面的信息资源。

（二）基于监管部门的角度

1. 转变观念，强化税收制度供给侧改革必要性的观念

发展涉税专业服务是我国市场经济发展的需要。随着我国市场经济的快速发展，纳税人快速增加。尤其在个人所得税改为综合与分类相结合税制后，对纳税人的审核工作量呈几何级数增长。征管工作量加大和税务机关服务资源有限的矛盾日益突显，需要涉税专业服务弥补公共服务的不足。

税务机关应明确涉税专业服务组织是税收治理现代化的一种助力，将部分工作委托给税务师去完成，是当前解决税收管户剧增、管理精细化要求难题的一剂良方，是将纳税服务与执法水平往纳税人深度需求方向推进的必须举措，是税收供给侧改革的重要内容。

在全面深化税制改革的背景之下，应大力培育涉税专业服务的规模化发展。税务机关、涉税专业服务组织、纳税人要明晰各自的权责边界。税务机关的职责在于确定委托涉税专业服务的范围、标准、数量、确定涉税专业服务商、监督涉税专业服务生产过程、评估涉税专业服务的效果；涉税专业服务组织的主要职责在于依程序参与政府涉税专业服务的委托，以契约上的标准生产符合税务机关要求和公民需求的涉税专业服务。在此界限下，税务机关要定期对涉税专业服务组织的资质、变动等情况进行监管，鼓励各涉税专业服务专业组织参与涉税事务中。

2. 完善涉税专业服务法律法规体系，规范行业服务范围

坚持"法定职责必须为、法无授权不可为"，加快完善涉税专业服务的相关法律法规及其实施细则。针对税务师行业，应及早出台法律层级较高的行业法律，通过立法确立税务师的法律地位，明确税务师事务所的权利和义务，加强行业自律，规范专业行为，为涉税专业服务营造良好的政策环境。

一是修改《中华人民共和国税收征收管理法》相关条款。修改《中华人民共和国税收征收管理法》第八十九条，明确涉税专业服务社会组织的法律地位和法定业务。具体表述为："纳税人、扣缴义务人可以委托税务代理人办理税务事宜。其中，办理涉税鉴证业务应当由会计师事务所、税务师事务所和律师事务所等承办。"这样修改有立法先例可循，《中华人民共和国公司法》《中华人民共和国城市房地产管理法》《中华人民共和国环境影响评价法》三大诉讼法以及《中华人民共和国资产评估法》，均对相关中介机构的资质、设立条件和法律责任等作出了规定。

二是尽快制定税务师行业专门法。国家应尽快制定《税务师法》，或先由国务院出台《税务师条例》，对税务师事务所组织形式、设立条件、业务范围、执业人员资质以及法律责任等进行规制。制定行业专门法，是规范税务师行业发展的根本大计，也有国外立法经验可资借鉴。日本、韩国、德国等国有专门立法，如日本的《税理士法》、韩国的《税务士法》、德国的《税务顾问法》，规定了从事税务代理业务的资格和程序，明确了事务所设立的条件和法定业务范围。

三是制定涉税专业服务隐私政策。根据《涉税专业服务监管办法（试行）》的规定，涉税专业服务机构应当向税务机关提供业务委托协议。根据实地访谈的情况，该项规定或许会侵犯涉税专业服务委托人的隐私。因此，在满足合法性、合规性的前提下，应该制定涉税专业服务隐私政策保障涉税专业服务委托人的隐私权。

3. 制定涉税行业服务通用基础标准，培育涉税专业服务市场

中税协发布的《注册税务师行业业务指导目录（2013 年）》中列示了涉税鉴证业务 51 项，涉税专业服务业务 28 项，涉税拓展业务 12 项，共计 91

项，但在实体或程序上，大部分都没有制定业务标准。在基础性问题标准化方面，应该通过制度化的措施明确服务的主体要求、服务人员的资格要求；并根据业务水平内容制定相应的收费指导标准，构建涉税专业服务机构信息化管理系统；进一步理顺中税协与地方税协之间的关系；强化税协与涉税专业服务机构之间的关系等。

当然，制定标准不是目的，标准要得到有效实施才能发挥其作用。在各项涉税专业服务标准制定出来以后，中税协及地方税协、涉税专业服务机构要增强标准实施的自觉性，积极采取各种措施，使各项服务标准得到严格执行，并且定期对标准实施情况进行多方评价，不断完善各项服务标准，形成"制定标准，实施标准，改进标准，修订标准，服务提升"的良性循环，通过这个过程，持续提升服务标准的实用性，从而最终达到规范行业发展和提高服务质量的目的。

4. 建立严格评价监督机制，规范涉税专业服务市场

税务机关要按照中央关于"构建税收共治格局"的要求，用好社会主义市场机制，构建政府购买税收服务的新机制，鼓励和引导纳税人使用涉税专业服务，以便对公共服务形成有效补充和延伸。

同时，税务机关要依托大数据信息化平台，建立涉税专业服务数据库，加强对涉税专业执业机构和人员的日常管理和动态监控；完善涉税专业服务执业规范标准，丰富涉税执业检查手段，加强涉税专业服务事务所内部质量监控，促进执业质量稳步提升；创新事中事后监管手段，深化实施信用评级制度和黑名单制度，促进涉税专业服务市场规范发展。

5. 发挥广东省税务师行业协会作用，整合涉税专业服务机构资源

税务师行业协会是联系涉税专业服务机构的纽带，在组织、沟通、协调方面有着天然优势。通过行业内部资源整合和跨行业资源整合，实现涉税专业服务机构资源共享、提升整体能力，更好地为"走出去"企业服务。

（三）基于纳税人的角度

纳税安全是纳税人对涉税专业服务的基本需求，涉税专业服务主体是具有法定资质的专业性涉税专业服务机构，其对税法的理解和把握通常是纳税人所无法比拟的，那么，纳税人可以根据自己的实际情况购买涉税专业服务，既可以规避税务风险，节约自身的时间和精力，另外，对于涉税专业服务机构来说也是一种扶持。

1. 购买涉税咨询服务

对于不能正确理解和运用税法的纳税人来说，通过向涉税专业服务主体购买涉税咨询服务，就可以准确地理解和运用税法，从而有能力自行处理各种涉税事务。

2. 购买涉税准备服务

对于不能自行处理申报纳税、涉税文件准备、税收策划等各种涉税事务的纳税人来说，通过向涉税专业服务主体购买涉税准备服务，就可以借助专业性的力量顺利地完成申报纳税、涉税文件准备、税收策划方案的制订等各种涉税事务。

3. 购买涉税代理服务

对于能够自行准备涉税文件，但却没有足够的时间和精力亲自到税务机关办理各种涉税手续的纳税人来说，通过向涉税专业服务主体购买涉税代理服务，就可以由涉税专业服务主体代为完成各种涉税手续的办理工作。

4. 购买涉税风险评估

对于涉税利益攸关方来说，将自己无力完成的"交易对象的涉税风险评估"等事务委托给涉税专业服务主体来完成，能够更为有效地保障自身在市场交易中的经济安全。

参考文献

［1］丁芸，张岩."互联网＋"背景下税收征管模式探究［J］.会计之友，2019（17）：131－135.

［2］韩晓琴，杨贵荣.减税降费背景下推动社会化纳税服务的思考［J］.税收经济研究，2019（4）：48－52.

［3］马龙，尚玮.浅析建立"一带一路"跨境涉税争议协调解决机制［J］.财政科学，2019（6）：62－69.

［4］佘家金，张宇红.充分发挥涉税专业服务组织在资本市场的监督作用［J］.注册税务师，2018（4）.

［5］郑光忠，陈意云，龚雪岚.供给侧改革视角下的税务机关购买中介服务机制建设［J］.2018（1）（2）.

［6］田雷，曲军.涉税代理服务监管路径探讨［J］.注册税务师，2018（12）.

[7] 中国税收筹划研究会. 中国注册税务师行业发展报告（2015）[M]. 北京：首都经济贸易大学出版社，2016.

[8] 李应博. 中国社会中介组织研究[M]. 北京：中国人民大学出版社，2018.

[9] 戚玉良. 建立多方沟通机制实现对涉税专业服务有效监管[J]. 注册税务师，2017（7）.

[10] 丁芸. 税务代理（第二版）[M]. 北京：北京大学出版社，2015.

[11] 岳杨. 我国涉税专业服务行业的定位与发展研究[D]. 北京：首都经济贸易大学硕士学位论文，2017.

[12] 陈郭治. 涉税专业服务标准化探析[J]. 注册税务师，2016（2）.

[13] 上海德勤税务师事务所. 国外税务中介行业发展和立法趋势——经合组织对部分国家税务中现状的分析研究[J]. 注册税务师，2014（10）.

[14] 郑杰. 论税收征管改革中涉税专业服务行业的发展方向[J]. 注册税务师，2016（2）：58-59.

[15] 刘英杰. 浅议税务机关对涉税专业服务行业的管理[J]. 注册税务师，2016（2）：60-61.

[16] 徐向真，宋舜玲. 国外纳税服务的经验及借鉴[J]. 注册税务师，2016（3）：65-67.

[17] 许慧萍. 我国税务代理主体问题探析[J]. 农村经济与科技，2016（20）：99-100.

[18] 赵恒群，曲军. 论我国涉税专业服务的未来走向[J]. 理论研究，2015（2）：62-63.

[19] 理宁. 浅谈税务师与注册会计师的差异[J]. 2016（7）：51-52.

[20] 李楠. 涉税专业服务创新呼唤"融合协作"——"2015中国税法论坛暨第四届中国税务律师和税务师论坛"专家观点综述[J]. 注册税务师，2016（1）：8-10.

[21] 倪红日. 税收新趋势为税务师行业发展带来新机遇[J]. 注册税务师，2016（1）：22-24.

[22] 黄棋双. 新形势下我国税务代理制度的性质、现状与完善[J]. 武汉纺织大学学报，2016（1）：67-70.

[23] 林培霞. 以新增长推动税务师行业发展[J]. 注册税务师，2016（1）：32.

[24] 杨津琪. 抓住税务师行业发展的新契机 [J]. 注册税务师, 2016 (1).

[25] 王天明, 许振谦. 落实中央要求 充分发挥涉税专业服务社会组织积极作用——访全国政协委员、中税协会长宋兰 [J]. 注册税务师, 2016 (4): 7-9.

[26] 王东梅. 会计师事务所涉税业务发展策略探讨 [J]. 财税纵横, 2011 (12): 67-68.

[27] 吕云弟. 关于涉税鉴证业务的几点思考 [J]. 财政税收, 2016 (2): 22-23.

[28] 王天明. 社会各方齐发声：涉税专业服务亟须健全法治保障 [J]. 注册税务师, 2016 (6): 8-12.

[29] 余文韬. 试论大数据时代下涉税服务的优化 [J]. 审计与理财, 2016 (10): 50-53.

[30] 樊其国. 税务师有许多涉税鉴证业务可做 [J]. 注册税务师, 2016 (9): 46-48.

[31] 乔游. 浅析"互联网+"背景下的税收风险管理 [J]. 税务研究, 2016 (5).

[32] 雷炳毅. "互联网+税务"要解决的问题与推进思路 [J]. 税务研究, 2016 (5).

[33] 施正文. 建立税务代理制度是《税收征管法》修订的重要使命 [J]. 注册税务师, 2015 (7).

[34] 李林军. 个税改革给税务师行业带来更多机遇 [J]. 注册税务师, 2019 (2): 10-11.

[35] 柳光强, 周易思弘. 大数据驱动税收治理的内在机理和对策建议 [J]. 税务研究, 2019 (4): 114-119.

[36] 闫海. 论纳税人信息权、税务信息管理权及其平衡术 [J]. 中国政法大学学报, 2019 (6): 180-192, 209.

[37] Khadijah Mohd Isa, Salwa Hana Yussof, Raihana Mohdali. The Role of Tax Agents in Sustaining the Malaysian Tax System [J]. Procedia-Social and Behavioral Sciences, 2014 (164): 366-371.

[38] Rex Marshall, Malcolm Smith, Robert Armstrong. The Impact of Audit risk, Materiality and Severity on Ethical Decision Making, An Analysis of the Per-

ceptions of Tax Agents in Australia [J]. Audit Risk, Materiality and Severity, 2016, 21 (5): 497-519.

[39] U. S. Internal Revenue Service. 2011 Internal Service Revenue Data Book [R]. 2012.

[40] Japan National Tax Agency. National Tax Agency Report 2012 [R]. 2012.

[41] Cheung, Daniel K. C., Mak Aldous. An Exploratory Study of the Framework of the Hong Kong Tax Agent System [J]. The International Tax Journal, 1999, 24 (4): 69-89.

[42] Slemrod, Blumental. Tax Prepares: The Crisis in Tax Administration [J]. Washington D. C. Brookings Institution Press, 2004.

[43] Peggy A, Hasseldine J. Tax Practitioner Credentials and the Incidence of IRS Audit Adjustments [J]. Accounting Horizons, 2000 (17).

[44] Michael I. Saltzman. IRS Practice and Procedure, Warren Gorham Lamont [R]. 1991: 180-183.

第五章

纳税便利化指标体系研究

一、引言

（一）研究目的及意义

随着新公共服务理论在政府管理中的应用，政府职能转变和服务型政府的建设成为行政体制改革的当务之急。党的十八届三中全会提出推进国家治理体系和治理能力现代化的战略部署，为税收事业发展指明了前进方向。为了加速我国税收现代化进程，2013年12月召开的全国税务工作会议上，国家税务总局提出全面推进税收现代化，建立"六大体系"，"六大体系"包括完备规范的税法体系、成熟定型的税制体系、优质便捷的服务体系、科学严密的征管体系、稳固强大的信息体系、高效廉洁的组织体系。其中，国家税务总局提出的建立"优质便捷的服务体系"是实现税收现代化的工作目标之一。税收服务现代化是实现税收现代化的重要基础，纳税服务质量对于提高纳税人的纳税遵从度、降低纳税成本、增强税务企业沟通方面起着重要作用，直接影响税收征管模式的效率。而提供优质便捷的纳税服务体系无疑直接关系到纳税服务的质量和效率，对于纳税服务从便利化视角构建全面、客观、公正、科学的指标体系，不仅可以考量税务机关对于总局提出建立"优质便捷的服务体系"的实现程度，还可以根据指标的得分情况和问卷调查结果反映纳税人的办税需求。

与此同时，世界银行从2003年起每年发布《营商环境报告》。2006年开始在《营商环境报告》引入纳税指标（paying taxes），经过十多年的完善，在国际上具有较高的认可度和重要影响力，成为衡量区域税务营商环境的权威标准。该指标主要选取典型企业，分析该企业的纳税次数（payments）、纳税时间（time to comply）、总税率和社会缴纳费率（total tax & contribution rate）及税后流程（post-filingindex）四项关键指标，经过加权汇总后得出的纳税指数评定一个国家或地区的税收营商环境总水平。该套有关纳税便利的指标体系已经成为评估世界各国税务营商环境，衡量经济体竞争力的主要指标之一。随着2008年以来我国税务部门不断采取措施推进办税便利化改革、持续优化营商环境的深入推进，税收改革成效在世界银行《营商环境报告》中得到体现。世界银行2018年《营商环境报告》中，纳税评价指标采纳我国税务部门在便民办税春风行动、更新12366纳税服务热线平台、实施"互联网+税务"行动方案三个方面的部分改革成效，对我国税务部门大力压缩纳税人办税时间的成效予以认可。率先探索构建中国本土化的税务营商环境评估指标体系，对于评价和优化地区营商环境竞争力，具有重要的现实意义。因此，本研究通过借鉴世界各国纳税服务的先进经验，旨在构建一套既适合中国国情的，又对标国际的全面、客观、科学的纳税服务便利化指标体系，用以纳税服务质量与效率，打造纳税服务新体系，优化税收营商环境。

1. 理论意义

2016年5月，原横琴新区国税、地税联合第三方专业机构启动"纳税便利化指数"编制工作，通过借鉴澳大利亚、新加坡、中国香港以及中国澳门等国家和地区的先进经验，结合横琴新区自身实际，并经过问卷调查，推出了全国首个纳税便利化指数报告，标志着在实践层面上我国税务机关的纳税服务已走向标准化管理和评价道路。然而，通过对现有的文献进行梳理发现，纳税便利化在学术研究方面滞后于实践，理论研究更多的是纳税服务质量评价体系和纳税人满意度评价指标，并没有关于纳税便利化指标体系（指数）的研究，因此，研究纳税便利化指标体系对于客观地评价纳税服务绩效，寻找工作结果与预期目标之间的差距，持续深化纳税服务体系建设，使之从监管型向服务型转变具有理论价值。

2. 现实意义

纳税服务是税务机关在纳税人依法履行纳税义务和行使权利的过程中，依据税收法律、法规的规定，为纳税人提供的规范、全面、便捷、经济的各项服务措施的总称。自1996年税收征管改革以来，我国对纳税服务的原则、基本行为准则、工作规划进行了多年的探索和实践，目前以办税服务为基础的纳税服务体系逐步建立，健全的纳税服务制度体系保障了纳税服务质量的提高。世界银行与普华永道联合发布的《2019年世界纳税报告》显示，2017年中国的纳税服务成效显著，特别是全年纳税时间进一步缩短为142小时，同比降低31.4%，纳税次数缩短为7次，企业办税便利化程度持续提升。但从宏观上看，各地工作的基础不同，地方发展程度不同，服务水平也参差不齐，在纳税服务工作中仍存在着一些问题与不足，不能完全满足纳税人的需要。这些问题的存在都对纳税人的办税形成了一定的障碍和困难，亟须构建一套既适应中国国情，对纳税服务工作能够客观评价，又可以对标世界税收营商环境的纳税便利指标体系，因此，有必要对纳税便利化指数从理论层面进一步深入研究，对于制定对标国际的纳税便利化指数具有现实指导意义，对于构建科学全面、可复制推广的纳税便利化指标体系具有参考价值。

（二）对已有相关研究的梳理及评述

目前国内能直接搜集到的关于纳税便利化的理论研究较少，并主要基于两种视角，一是从法学视角谈纳税便利原则，二是从纳税实务角度谈纳税便利概念等基础理论。因此，研究现状只能从现有纳税服务研究中的纳税满意度、税务绩效管理、税法遵从等方面提取整理与纳税便利相关的信息。

现有研究是基于不同视角开展纳税服务问题的研究。其中，有基于绩效管理视角、基于新公共服务视角的、基于纳税满意度视角、基于税收遵从视角的纳税服务问题研究。

纳税服务是新公共管理理论在税收管理方式上的应用和实践，新公共管理理论作为一种现代公共行政理论，为税务机关的纳税服务改革带来了全新的理论基础（王仲，2012）。随着20世纪90年代发达国家税收征管模式由"监督检查型"向"服务管理型"的转变，以理性经济人的假设前提取代了传统人性本恶的假设前提，纳税服务的功能也发生了深刻变化，税务机关从过去以完成税收任务为目标，转变为注重对纳税人服务，通过提高服务质量、降低纳税成本来提高税收遵从度。经过几十年的探索和发展，已基本形成了一套完整的纳税服务体系，并辐射到世界许多国家和地区，形成了一种国际潮流（徐向真、宋舜玲，2016）。

1. 基于绩效管理视角

绩效管理产生于 20 世纪初期，最初被运用于企业的人力资源管理，20 世纪 70 年代以后形成体系，扩展为组织、团队、员工三个层次。20 世纪 80 年代，在西方国家的"再造政府"运动中，绩效管理被引入政府管理领域。20 世纪 80 年代末至 90 年代初，绩效管理在美国被率先引入税收实务领域。

国外从纳税服务绩效评价的指导原则、指标体系等方面展开研究。美国在 20 世纪末实施了纳税服务改革法案，建立了全新的绩效考核评估体系，"3E"（经济、效率、效能）则成为纳税服务绩效评估的标准指标，建立了以税法遵从、纳税人和合作机构评价、政府评价三类指标体系为核心的纳税服务绩效评估体系。美国联邦税务局在 2007 年的《纳税服务蓝图第二阶段报告》从战略层面和执行层面系统地提出了纳税服务绩效评价指标体系。加拿大的纳税服务作为税收工作首要目标，在世界都处于领先地位，这取决于他们建立了科学的纳税服务水平考核机制，把纳税服务的标准纳入税务干部绩效考核协议中，评估标准包括与纳税人互动、纳税申报和交税处理两方面等 28 个项目。澳大利亚税务局使用四组绩效指标来衡量工作绩效。这四组绩效指标为：完成政府规定职责（deliver to government）、保持公众信心、改善遵从以及打造高效、廉政、应变的政府机构（efficient, ethical and adaptive organization）。由此可见，西方国家都将纳税服务水平进行量化，有相应的标准考核体系，同时更加注重公民的满意度，将税务机关视为公共产品的提供者，将纳税人视为顾客，以顾客（纳税人）的需求为导向，以顾客的满意度作为标准来对公共产品的服务进行评价。这也是新公共管理理论所提倡的目标。

国内学者杨新颜（2005）认为，纳税服务绩效评估的本质是客观纳税服务绩效信息的主观反映，它实际上是一个信息反映模型，因此，判断纳税服务绩效评估好坏的基本标准应该客观评判绩效信息的失真程度，失真越小，说明这个绩效评估体系越有效；失真越大，说明这个绩效评估体系越无效，当失真超过一定的界限，就应认为这个绩效评估体系已经失效了。胡世文（2005）提出衡量纳税人满意度的主要指标为"纳税服务质量、税法的公平适用"两方面，认为进行纳税人满意度调查的最佳方式应是委托第三方进行专业调查。刘合斌（2010）通过深入访谈，构建了一套测量纳税人满意度的指标体系，该指标体系包括"办税环境、人员水平、税收宣传、合规执法、纳税服务"五类指标，利用李克特量表（likert scale）获得19个测量指标的调查数据，对该套指标体系进行了因子分析。彭骥鸣、张景华（2011）以美国顾客满意度模型为参照，通过对纳税服务特征分析建立"质量感知、价值感知、纳税人期望、纳税人满意度、纳税人投诉和纳税人信任度"六大潜变量指标和的纳税人满意度模型，但是在计量指标的构建上没有明确的定义，只是一般性地提出从"税收宣传、纳税咨询、办税服务、权益保护"等业务设计计量指标。该方法引入了"顾客满意度"模型，虽然具有借鉴意义，但是并未突破私人绩效评估的框架，其评估结果也难以引入政府管理系统之中。于越（2019）认为西方国家将纳税服务绩效评价作为一项根本制度，建立了科学、客观的指标体系，并不断提升其科学性，评价工作由中立的第三方承担，体现了客观性和规范性，值得中国借鉴。

2. 基于新公共服务视角

20世纪80年代，新公共管理开始出现并兴起，新公共管理思潮对行政变革产生了深刻的影响。早期的新公共管理理论把政府视为企业，公民视为顾客，它强调政府管理者的责任，并不关注过程与投入，而是重视产出；强调公民顾客的重要性，并阐明政府管理者的责任（David Osborne, 1994）。20世纪90年代，新公共服务理论强调政府的主要作用是服务，而不是指导。这一阶段的进展在于将政府视为服务型政府，将政府的价值取向定位为公共利益，在非传统意义上为公民而不是顾客服务（珍妮特·V.丹哈特、罗伯特·B.丹哈特，2004）。在运用新公共管理分析方法的基础上，新公共服务放弃了纯粹的"企业型政府"概念，在新公共管理理论为主导的公共行政领域脱颖而出。新公共管理理论视角倡导在政府管理和公共服务供给中引入市场和竞争机制，来提升政府管理和公共服务的效率；而新公共治理理论视角旨在统一整合政府内部管理和外部服务，强调通过公共服务主导的逻辑和共同生产，提升公众或服务使用者对公共服务的体验，从而创造更多的公共价值（赵强、宋丹丹，2019）。党的十九大提出坚持"以人民为中心"的发展思想，为求解公共管理中公共服务组织成本高企与公共服务供给有效性不足的全球性难题提供了可能的中国方案，即"以民众为中心"的公共管理。"以民众为中心"的公共管理是指在资源有限的前提下，公共服务以民众需求作为设计、供给的核心标准，通过民众与公共服务组织的共同生产，最大限度地实现公共服务供给与民众真实需求相匹配

（郁建兴、黄飚，2019）。

服务过程中，服务评价对服务主体及服务客体都是十分重要的因素，它反映了服务的效果。服务效果一般由服务满意度体现，而服务满意度由两个维度组成，一个是服务本身的重要性，另一个是提供服务的有效性。二者共同组成服务的满意度矩阵，最后可以得出服务是满意或不满意的结果（Abduhm、Dsouzac、Quazia，2007；Parasuramana、Berryl、Zeithamlv，1988）。具体到税收领域，世界银行每年发布的营商环境指标和与其配套的世界纳税指数，事实上就是新公共管理理论在政府税收管理实践中的数字化体现。新公共管理理论与优化税务营商环境有着良好的契合点，可以运用新公共管理的理念、战略和战术对税收职能、征管流程、纳税服务等进行再造（王志荣，2018）。

3. 基于纳税满意度视角

满意度，也称顾客满意度（custom satisfaction degree），最初是由商业企业所提出用来衡量顾客对于其服务的满意程度。20世纪80年代，瑞典纳维亚航空公司最早提出了一个企业能否成长，首先是取决于其服务质量，取决于顾客需求被满足的程度，并率先建立了世界上第一个顾客满意度指数模型（SCSB），包括5个结构变量，即顾客预期、感知价值、顾客满意度、顾客抱怨、顾客忠诚。根据状态理论，顾客满意度是用户经历购买行为过程后的主观感受（林燕，2006）。在美国，很多专家和学者对公共领域和商业界的"顾客"满意度进行了深入的研究，顾客满意度标准与企业中的运用一样广泛应用于政府运作过程中（迪莫克，1936），这表示满意度正式运用到公共部门。20世纪90年代，美国学者奥斯本和盖布勒合著的一本书——《改革政府——企业家精神如何改革着公共部门》，在当时的美国公共领域引起了很大的轰动与重视，被美国当时执政的民主党政府誉为政府改革的蓝图。这本书主张政府管理部门应该学习先进的企业管理理论，倡议在公共领域引入竞争机制，树立服务意识，秉承"顾客至上"的理念，关注公众满意度的提高，使政府的角色由"管理者"向"服务提供者"转变。受此理念影响，克林顿政府发动了一场大规模的政府管理机制变革，也被称为"重塑政府运动"，这一变革旨在创建一个事半功倍的政府，提高政府部门的效率，从而实现政府服务公众满意度的大幅度提升。1994年秋，美国根据当时的国情建立顾客满意度指数模型，为后来的"顾客"公众满意度测评奠定了坚实的基础。

国内满意度理论研究始于1998年，清华大学经济管理学院接受相关部门的委托建立了国内第一个的顾客满意度指数模型（CCSI），该模型包括7个结构变量：形象、预期质量、感知质量、感知价值、顾客满意度、顾客抱怨和顾客忠诚。随后，不同学者从不同的层面对顾客满意度理论进行了深入研究。如何大义、南剑飞等学者均对顾客满意度的内涵、特征、功能及测量方法进行了深入的分析和探讨。同时，也有学者将满意度测评引入税务机关纳税服务质量测度上来，朱远程、毛雪梅（2008）通过对ACSI（America Customer Satisfaction Index）顾客满意度指数模型的中国化、实践化的修正，结合中国税收实际，选择不同类型、不同层次的、有代表性的纳税人，通过分组、深入访谈以及问卷调查等方式，建立适合中国现状的纳税人满意度模型，使用SPSS、AMOS等相关统计软件利用数据进行处理，基于模型思考下，提出为纳税人服务的方向。丁媛（2012）、何洁琼（2014）、白亚卿（2018）等对于不同区域的纳税服务满意度进行了测评研究，其研究特点均是在借鉴西方国家评价模型的基础上，结合当地税务部门实际特点与业务架构设置构建了纳税人满意度绩效评价模型。王长林（2016）基于成本收益理论的分析框架构建了"互联网+"背景下纳税人对税务机关满意度的形成机制模型，利用206份有效样本数据和Smart-PLS软件对模型中的路径关系进行了验证。结果表明，"互联网+"背景下，纳税人对税务信息系统的满意度是形成其对税务机关满意度的基础和桥梁。马岩、冷秀华（2018）使用Smart PLS3.2.6软件以偏最小二乘法对搜集到的481份纳税服务人员的问卷资料进行实证分析，探索纳税服务人员公共服务动机与情绪劳动对其工作满意度的影响，以及情绪劳动在公共服务动机与工作满意度之间的中介作用，认为纳税服务人员的公共服务动机、情绪劳动对工作满意度的影响应引起足够关注，通过提升纳税服务人员的公共服务动机和建立健全纳税服务人员激励措施，最大限度提高纳税服务人员的工作满意度。

4. 基于税收遵从视角

税收遵从为现代纳税服务的发展提供了重要的理论支撑和学术依据，并为优化纳税服务的研究提供了一个全新的视角：如实地表述社会视野和人性视野中的纳税行为，实事求是地正视税收遵从或不遵从的原因，寻求个性化服务、促进遵从的纳税服务，有效地指导纳税服务工作实践。

国外学者对纳税遵从与不遵从行为进行了分类，对各类型行为的成因进行了分析，大量研究表明税收遵从成本是税收成本的组成部分，在纳税人遵从税法的活动中产生。OECD 专家研究和分析了纳税人税收遵从的态度、影响纳税人行为的因素及税务当局实施的相应策略进行，建立了税收遵从模型，具体如图 5-1 所示。

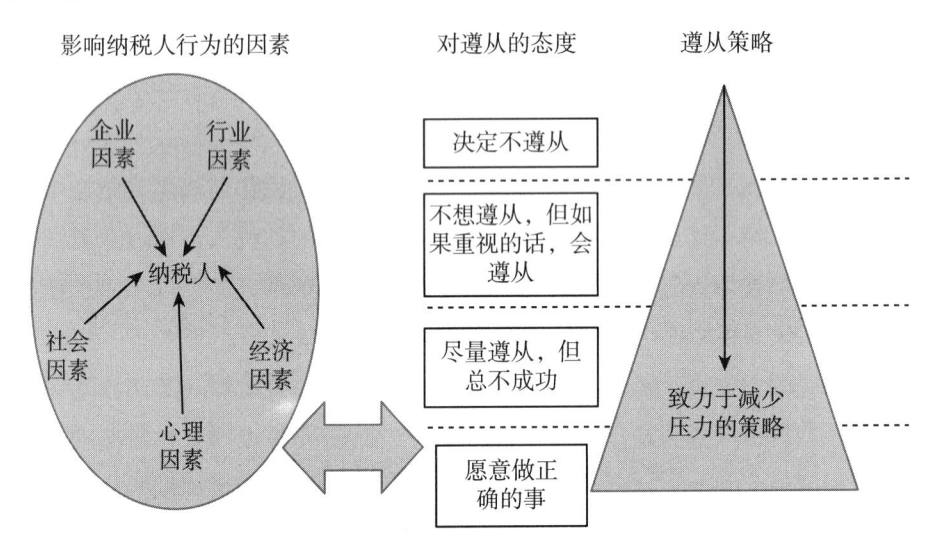

图 5-1　BISEP 模式和纳税人税收遵从态度及税务部门遵从策略

如图 5-1 所示，五个方面的因素影响纳税人行为，即模式，包括：企业因素（business）、行业因素（iundustry）、社会因素（sociological）、经济因素（economic）、心理因素（psycholodical）。纳税人对遵从的不同态度，受到这五个因素的综合影响和作用。三角形的左边是对税收遵从的四类态度：第一类是主观上愿意遵从的纳税人；第二类是主观上会试图遵从，但常常不成功的纳税人；第三类是主观上不想遵从，但如果被税务部门关注，也会遵从的纳税人；第四类是不管情况如何，坚决不遵从规定的纳税人。BISEP 模式的价值在于能够让税务部门更深刻地了解纳税人的行为，并能够采取有针对性的、正确的服务策略来提高纳税人税收行为的合规性。

国内学者马国强（2008）将纳税人的行为分为两种基本类型：原生性税收遵从和原生性税收不遵从，为减少原生性税收不遵从，税务部门要提供全面、有效的纳税服务。将无知性税收不遵从改变为引导性税收遵从。税收遵从成本意味着纳税人在办理纳税事务时需要投入的心理成本、时间成本和货币成本等额外负担（徐小明，2007）。税收遵从成本越高，纳税人的额外负担就越重。如果遵从成本很高，纳税人有可能选择逃避纳税义务等相应的应对方式来避免遵从成本，而非选择忍受现状，被动承受遵从成本负担。最终结果将使纳税人的自觉遵从意愿和遵从水平下降。研究表明，税收不遵从程度与税收遵从成本之间有着很强的正相关性。也就是说，税收遵从成本越高，税收合规成本越高，纳税人的额外负担就越重。如果合规成本高，不合规的程度就会增加。如果降低税收遵从成本，合规成本也会降低，这将有助于提高纳税人的遵从水平。降低遵从成本，提升纳税遵从水平的关键在于优化纳税服务、提高纳税服务水平。

任何一种纳税遵从行为都会令纳税人付出一定的成本，如时间成本、费用成本等。而当这些行为成本高于纳税人的预期时，就容易诱发纳税不遵从行为的发生。如，办税程序过于复杂、手续过于繁琐，纳税人往往不愿过问和办理纳税事项。因此，从纳税服务角度就要优化业务运作以促进遵从。

基于税法遵从下的纳税服务重新调整了定位和理念，更加注重引入遵从理念。尽管表述不同，但都旗帜鲜明地将提升纳税遵从度作为纳税服务发展策略的理念内核。如，美国国内收入局于2004年提出"服务＋执法＝遵从"的核心发展理念；我国也于2009年将纳税服务工作格局从"始于纳税人需求、终于纳税人满意"调整为"始于纳税人需求、基于纳税人满意、终于纳税人遵从"（李传玉，2011）。税收遵从问题的研究对于税务机关建设"数字服务"工作有着重要的理论意义，因为科学高效的"数字服务"会大大降低纳税人的税收遵从成本，从而提高纳税人的税收遵从度。所以，提高税务机关"数字服务"水平的同时也是不断提高纳税人税收遵从度的过程（河南数字纳税服务课题组，2018）。

5. 文献述评

目前搜集到的与纳税便利理论研究直接有关的有两篇。单飞跃（2019）从法学视角对纳税便利原则进行阐述，认为在事实层面，纳税便利原则以多种表现形式存在于我国现行税法规范之中；在价值层面，纳税便利原则强调从保障纳税人基本权益的视角进行税制构建与税法实施。纳税便利原则根植于《中华人民共和国宪法》规定的人民主权与人权保障原则，主张国家有义务为纳税人提供与其履行纳税义务相匹配的便利条件，税收立法确定、简便、易懂，税收执法规范、科学、以人为本，是形式方便与实质有利、征税便利与纳税便利的有机统一。学者于光（2015）则从纳税服务优质便捷化的基本概念和内涵出发，探讨了推行纳税服务优质便捷化的现实背景和理论背景，总结探索青岛国税系统的有效做法及面临的矛盾和问题，提出了进一步推动纳税服务优质便捷化的对策建议。由此可见，上述与纳税便利化直接相关的两篇文献均是从纳税便利化的基本概念、内涵、原则方面进行阐述，尽管这些内容为本研究构建纳税便利化指标体系的理论基础和概念原则提供了可借鉴的理论基础，但仍需从理论层面进一步深入研究。

现有纳税服务中的税收便利化有两种类型的研究，一类侧重于税收便利化服务的本体，这些研究以如何建立便捷的纳税服务体系为出发点，侧重于探索提高纳税服务质量和效率的方法和途径。在现有的研究成果中，纳税服务通常是建立在税收征管关系和谐的基础上，与税收实践紧密结合，具有明显的实践价值，比如，美国纳税服务改革法案提出的"3E"（经济、效率、效能）绩效考核评估体系为本研究建立纳税便利指标体系提供了可借鉴的方法。另一类侧重于纳税服务的关联性，对纳税便利化服务问题的研究主要从纳税服务与新公共服务、纳税遵从、纳税满意度等相关理论的关系进行展开，比如，新公共服务理论提出的将政府视为服务型政府，通过提升政府管理和公共服务的效率来赢得纳税人的满意，正是新公共服务理论与纳税便利良好契合的基础；顾客满意度理论模型中的感知质量和感知价值也是本研究构建纳税便利化指标体系需要考量的重要因素；同时，税收遵从理论提出从纳税便利化服务角度优化业务运作、提高效率、简化程序以促进遵从。这些研究为纳税便利化服务指标体系的建设提供理论支撑，有利于纳税便利化服务措施的调整和优化。

当然，通过文献梳理，目前纳税服务质量评价的研究主要集中于纳税人满意度测评，认为影响纳税人满意度的要素包括：纳税人对于税收的期望、纳税人的质量感知、价值感知。尽管纳税人满意度测评指标体系可以有效全面地监督和评价税务部门的服务质量，但指标的设计是反映征税行为发生后，纳税人对税收交易过程没有直接的影响与制约作用的事后评价。同时，在纳税便利方面没有体现针对性，导致通过纳税人满意度指标并不能准确有效地衡量当地的税务营商环境，进而影响纳税人的投资决策。

世界银行每年发布的《营商环境报告》得到世界各国政府、投资者的高度关注，已成为政府改善投资环境、市场主体选择投资场所的一项重要参考指标。作为《营商环境报告》的配套报告，世界银行联合普华永道发布的《世界纳税指数》，通过"纳税次数""纳税时间""总税率和社会缴纳费率""税后流程"四项关键指标评估190个经济体的中型私营企业的税务营商环境，其中"纳税次数""纳税时间"和"税后流程"均是反应纳税便利程度的指标，由此可见，纳税便利是评价税务营商环境的关键指标，有必要对纳税便利指标进行深入系统研究，制定符合中国国情、对标国际、科学全面、可复制推广的纳税便利化指数。

（三）研究内容、方法与思路

1. 研究思路

本章首先基于亚当·斯密的税收四原则理论、新公共服务理论和税收遵从理论对纳税便利化指数构建理论框架，形成本章的理论基础。然后针对现行世界银行纳税便利化指数应用现状，分析优点及存在的问题，运用软系统分析法构建基于3E的纳税便利化指数。

2. 研究内容

本章主要从以下四个方面展开具体研究。

（1）文献梳理：通过对现有纳税服务理论的纳税人满意度视角、税法遵从视角、税收绩效管理视角等方面相关研究的梳理来探寻纳税便利的研究基础。

（2）理论框架：基于亚当·斯密的税收四原则理论、新公共服务理论和税收遵从理论构建纳税便利化指数研究的理论框架。

（3）问题分析：在界定纳税便利化和纳税便利化指数的内涵基础上，分析现行世界营商环境中有关纳税指数编制的应用现状和存在的问题，对此产生的启示和借鉴提出本研究的必要性分析，并提出对标国际的纳税便利化体系设计的总体思路。

（4）指标体系构建：通过指标的选取、权重的设定，构建量化模型进行纳税便利化指数测度研究。

3. 研究方法

本章的技术路线如图5-2所示。

```
                        ┌─────────────────────────────┐
                        │   纳税便利化指标体系构建研究   │
                        └──────────────┬──────────────┘
                                       │
                ┌──────────────────────┼──────────────────────┐
                │                                             │
                │                                   ┌─────────────────────┐
                │                                   │  纳税便利化相关文献梳理  │
                │                                   └──────────┬──────────┘
   ┌────────┐   │   ┌──────────────┐                           │
   │ 查阅资料 │───┼──▶│  税收四原则理论 │                ┌─────────────────────┐
   └───┬────┘   │   ├──────────────┤                │  纳税便利化指标体系    │
       │        │   │  新公共服务理论 │───────────────▶│     理论基础          │
       ▼        │   ├──────────────┤                └─────────────────────┘
   ┌────────┐   │   │  税收遵从理论  │
   │ 规范研究 │   │   └──────────────┘
   └───┬────┘   │   ┌──────────────┐
       │        │   │ 纳税指数编制方法│
       ▼        │   ├──────────────┤                ┌─────────────────────┐
   ┌────────┐   │   │ 优点及存在的问题│                │  世界营商环境报告中纳  │
   │ 经验研究 │───┼──▶├──────────────┤───────────────▶│     税指数解读        │
   └───┬────┘   │   │  纳税指数的启示│                └─────────────────────┘
       │        │   ├──────────────┤
       ▼        │   │纳税便利经验的国际比较│
   ┌────────┐   │   └──────────────┘
   │ 实证研究 │   │   ┌──────────────┐
   └───┬────┘   │   │  构建思路、原则│
       │        │   ├──────────────┤                ┌─────────────────────┐
   ┌───┴───┐    └──▶│模型选择、指标选取│───────────────▶│  纳税便利化指标体系   │
   │因子│主成│       │权重设定、测度方法│                └──────────┬──────────┘
   │分析│分析│       └──────────────┘                           │
   └────┴───┘                                          ┌─────────────────────┐
                                                      │       提交报告        │
                                                      └─────────────────────┘
```

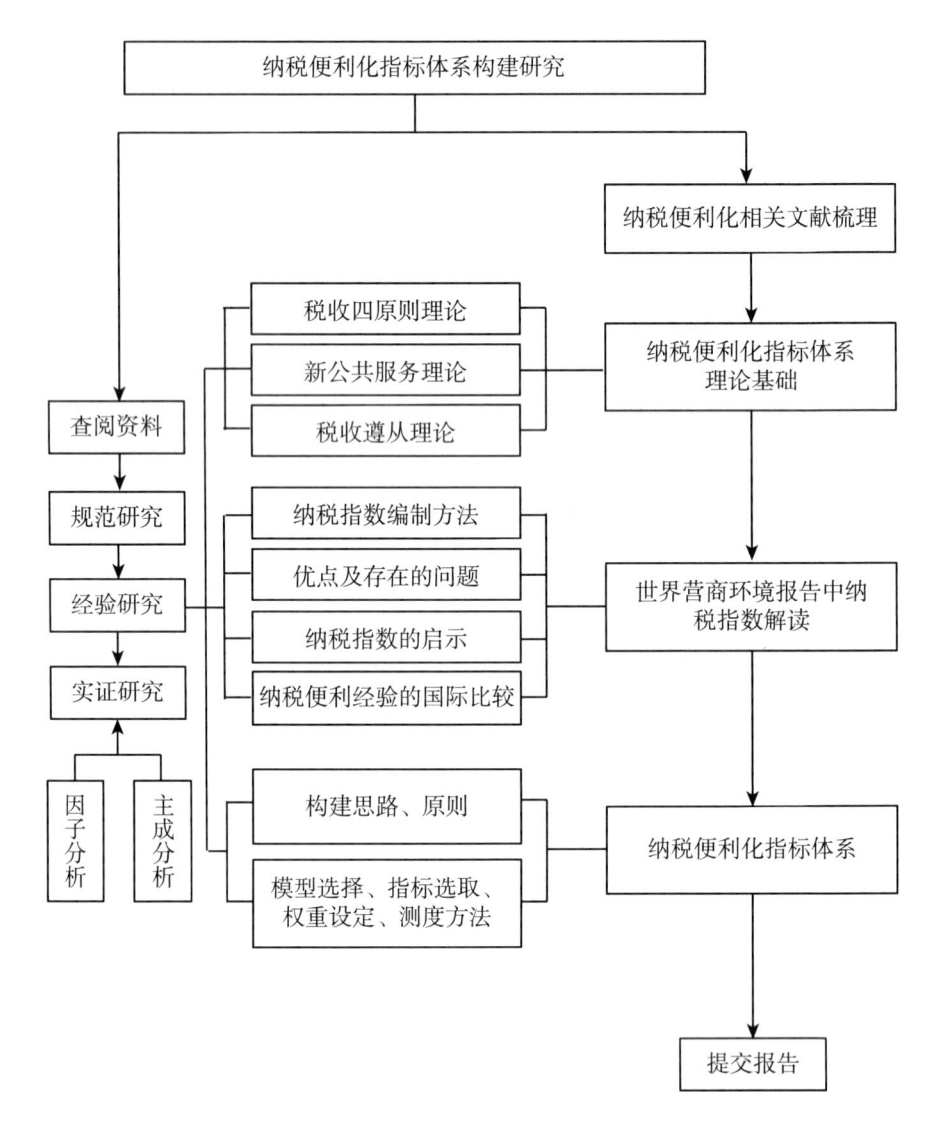

图 5 – 2　技术路线

二、纳税便利化指标体系构建的理论框架

（一）纳税便利思想的理论诠释

1. 纳税便利的理解

纳税便利的文字含义可理解为使纳税人在履行纳税义务过程中更容易或者其履行纳税义务过程中的困难更少。

于光（2015）认为，纳税服务优质便捷化是指税务部门在遵守宪法和各种税收法律法规及部门规章的原则下，运用便捷的信息化服务手段，搭建综合性服务平台，健全服务机制和保障体系，为纳税人提供宣传咨询、办税服务、权益维护等优质的服务内容，降低办税成本，满足纳税人的合理需求，营造宽松的纳税环境和诚信的纳税氛围，使纳税人履行义务的过程更加顺畅，提升纳税遵从，进一步调节经济秩序，维护国家利益。

自20世纪以来，肇始于西方国家的新公共管理运动带来了政府职能的转变，以服务为特征的"服务行政"的理念大行其道。税务部门作为代表国家行使征税权的行政管理部门，其服务纳税人的理念也随之产生、发展和深化。美国最早提出服务纳税人为治税宗旨，把"为纳税人提供最高质量的服务"作为一项"使命宣言"，这一理念很快作为一种国际潮流在北美、拉美、澳洲等世界上很多国家普及并推广应用。纳税便利通过简化和协调征纳税阶段所涉及的各种程序，为纳税人创造更加便捷、开放、透明的税收营商环境，因此，纳税便利思想是以方便并有利于纳税人为核心内涵。纳税便利原则以纳税人基本权益保护为出发点和落脚点，在明示权利的基础上培养纳税人的自愿遵从意识。因此，纳税便利在税收征管实践中具有更直接、更人性化、更加符合建设服务型政府的实施效果。纳税便利对于保障与实现纳税人基本权益，促进纳税人自愿主动遵从，推动税收良法善治具有积极作用。

关于纳税便利思想的理解，应体现以下三方面。

（1）纳税便利应着眼于征纳税双方便利的统一。

税法赋予了征税人和纳税人双主体的地位，双方法律地位平等。从征税主体便利化角度是以最便捷的征税程序最小化的征税成本实现最大化的税收收入，体现了税收的效率原则，追求的是税收收入和税收成本的效用最大化。从纳税主体便利化角度则是以纳税人权益为本位的目标理念，为纳税人提供公开、便捷、高效的纳税服务，使纳税人在办税过程中有良好的体验和更高的满意度和获得感。因此，纳税便利是从税收征管双方的角度出发，从征纳双方的便利需求及行为习惯反思税制和征管的便利性、合理性。也正是因为如此，国家税务总局于2013年12月提出税务部门要实现税收现代化，就必须创新理念和机制，逐步建立包括优质便捷的服务体系在内的六大组织体系。纳税便利化是税收治理体系和税收治理能力现代化的必然要求。

传统的纳税服务对降低征税成本考虑较多，但这种征收成本的减少，有的是以增加纳税人的办税时间和费用为代价的。优化纳税服务应该遵循尊重纳税人这一基本原则，尽可能地降低纳税成本。要纳税人办税更经济，确立纳税服务运行成本最小化的工作目标。既要为纳税人提供全方位和详尽周到的纳税服务，又要保证纳税人的办税成本不能过高。

（2）提高税收征管的效率是纳税便利的有效途径。

国家税务总局颁布的部门规章中有以"纳税便利"为内涵的原则表述，如《关于发布〈税收减免管理办法〉的公告》第 3 条规定："各级税务机关应当遵循依法、公开、公正、高效、便利的原则，规范减免税管理……"在税收征管实践中税务机关为纳税人提供优质纳税服务时利用"互联网＋税务"、人工智能、大数据等高科技手段，以信息技术为支撑提高税收征管效率，增强纳税主体在办税活动中的便捷性和获得感。《世界纳税指数 2018》报告研究发现，2016 年，中国的"纳税时间"指标表现亮眼，相较于 2015 年大幅缩短了 52 小时，即 20%，反映了中国税务机关在不断推进、落实纳税便利化改革方面的成效。近年来，国家税务总局重点打造的"互联网＋税务""便民办税春风行动"等，引入一系列便利纳税人的措施，取消大部分纳税人的增值税发票扫描认证，减少办税环节，降低增值税纳税人准备、申报、缴税的时间。

广东省电子税务局为进一步优化纳税服务，减轻增值税小规模纳税人纳税申报填表负担，提高纳税申报效率和数据质量，已于 2019 年 5 月全面升级小规模纳税人网页端和移动端申报渠道的功能，实现发票数据的"一键采集"，对小规模纳税人向税务机关代开的增值税发票、自开开具的发票进行智能归集，汇总展示给纳税人，并可经纳税人确认后将发票数据一键汇总导入申报表（非税控票除外），实现纳税人从"填表申报"向"确认申报"的转变，有效缩短了小规模纳税人纳税申报准备和办理时间。

为了让精简报表更有"底气"，国家税务总局还致力于健全数据共享共用机制，加快金税三期系统与增值税发票管理新系统、网上办税系统的集成步伐，实现三大系统功能整合、数据自动传递，一处录入多处使用，进一步便利纳税人办税。

《世界纳税指数 2018》报告称赞了中国的"互联网＋税务"行动，指出中国的一系列措施充分释放了大数据的潜力，促进了政府各部门的信息共享、发票便利、纳税人在线学习，以及其他纳税服务。一系列推陈出新的优化纳税服务举措、改进征管方式，配合科技平台的运用，切实帮助中国纳税人大幅缩短了办税时间，税务机关的办税效率也显著提高，相关税改红利不断显现，税收服务的持续优化为企业松绑减负，营造了便利高效的营商环境，进一步提升企业的获得感。可以说，信息化的支撑极大地提高了税收征管效率，建设"数字服务"使纳税服务实现了从量变到质变，是实现纳税便利化的有效途径，也是实现纳税服务现代化的关键。

（3）纳税便利不仅体现为程序方便，还体现为实质方便。

便利的纳税机制不仅取决于程序方便，还依赖于应纳税额大小、征税的简便程度以及对所有纳税人的平等对待。事实上，简便（simplicity）一直是财税学者关注的重要税制评价标准。原因在于随着经济形势的复杂，税收立法日益增多，税制复杂性增加，会影响税收实质透明度和纳税人遵从度。基于便利性原则，程序方便强调税收征管规则简便，实质方便一方面强调在尊重税法的前提下，从以纳税人为本的理念角度可以做出有利于纳税人原则的税法解释；另一方面，实质方便还强调税制的可预期性、连贯性、清晰度等方面。营造良好的税收环境，有效引导预期至关重要。关于税收预期，大到下一步税改的方向和具体举措，小到纳税服务便民措施的应用，都要让纳税人有明确的预期。这一方面，要求税收法规和政策的制定与变更更加明确、透明，以提升我国税制的可预期性；另一方面，要求在税制改革过程中，税务部门通过积极宣传释放明确的声音与信号。

税制的可预期性要求税法的拟定应当更加明确，执行层面的指导法规尽量与政策性的法规配套推出，避免政策落实困难，同时应当将基层税务机关的自由裁量权限制在合理范围内，以提升税法执行的一致性，同时能够降低征管成本，也减轻企业的合规负担。以减税降费为例，为应对全球性减税浪潮，我国加力提效积极的财政政策，于2019年实施更大规模的减税降费。2019年3月5日，国务院总理李克强作政府工作报告时表示，2019年将全年减轻企业税收和社保缴费负担近2万亿元，比2018年减税降费规模1.3万亿元提高7 000亿元左右。减税降费是深化供给侧结构性改革的重要举措，对减轻企业负担、激发微观主体活力、促进经济增长具有重要作用。然而政策落地实施过程中也存在着诸多具体细节问题：比如，减税政策文件复杂、实际操作空间较大、信息不对称导致一些企业没有享受到优惠；同时减税一般有时限，到期后是否继续执行的主动权在于政府，增加了未来的不确定性，影响社会预期；税收征管加强以及营改增后中小微企业面临进项税增值税发票获取困难的问题，降低了一些企业减税的实际获得感。由鉴于此，国家税务总局于2019年1月21日发布了《关于深入贯彻落实减税降费政策措施的通知》，要求各级税务机关要牢固树立以纳税人和缴费人为中心的服务理念，持续优化管理服务措施。税务机关要深入研究和不断优化便利纳税人和缴费人享受减税降费政策的举措，该简化的程序一律简化，能精简的资料一律精简，尽快实施扩大税收优惠备案改备查范围、加快税务证明事项清理、推进涉税资料清单管理等措施，确保落实减税降费政策措施提质增效。省以下税务机关要结合当地实际，积极主动推出管理服务创新举措，充分发挥计算机自动识别、政策提示、标准判定、协助计税（费）等功能，进一步提升纳税人和缴费人享受减税降费政策的良好体验。办税服务厅要全面落实首问责任、限时办结、预约办税、延时服务、导税服务和"最多跑一次"等各项服务制度，确保对纳税人和缴费人的问题及时解答、事项及时办理，以更高的便利度和满意度，为纳税人和缴费人带来更强的获得感。由此可见，营商环境是否便利、税收环境是否友好，很大程度上与纳税人在预测税法趋势和潜在变化时能否有效获取相关信息以及国家税收优惠政策能否有效落地实施有重要关系，清晰可靠的经营环境对企业至关重要。因此，在建立评价体系时应当从税制的可预期性、连贯性、可操作性、简易性、清晰度等多维度评价纳税便利程度，体现营商环境的便利程度、税收环境的友好程度、减税降费的落地程度。

2. 纳税便利度与纳税满意度的区别

纳税服务满意度是指，纳税人对所在地税务主管部门所提供纳税服务的一种主观反馈感受，是纳税人对办税环境以及办税场所的软硬件设施等所产生的感官体验，从而对税务部门履行纳税服务义务时的满意度转化为对接受税务部门纳税服务的认知程度。一般来说，纳税人对税务部门提供的纳税服务有主观期望，当纳税人的主观期望越接近现实，他们的满意度就越高；反之，满意度就越低。影响纳税人满意度的因素是多方面的。现有关于影响纳税人满意度的原因要素包括：纳税人对于税收的期望、纳税人的质量感知、价值感知等维度，构建质量感知、价值感知、纳税人期望、纳税人满意度、纳税人投诉和纳税人信任度等指标体系进行测评，通过了解纳税人期望，制定对策，提高纳税人的质量感知，提高质量优化服务以增大纳税人的认可度，进一步增强纳税人的满意度。纳税人满意度指标更多地要客观反映纳税人的心理感受，税务部门在纳税人心中的形象直接影响到纳税人期望、纳税人满意以及纳税人信任，尤其对纳税人信任的影响更为突出，从而最终影响纳税人的行为意向，因此，相比纳税便利度来说，纳税人满意度指标应从纳税人预期、感知质量、感知价值、纳税人满意度、纳税人抱怨和纳税人忠诚的维度考量，以纳税人满意为核心，通过纳税人满意度调查，深度挖掘纳税人对纳税服务不满意的原因，并寻求提高满意度的意见和建议。

而纳税便利度则是税务机关通过提供纳税便捷化服务使纳税人在履行纳税义务过程中更容易些或者减少其履行纳税义务过程中的困难。纳税便利思想的核心是方便纳税人，在税收征管实践中税务机关为纳税人提供优质纳税服务时利用"互联网＋税务"、人工智能、大数据等高科技手段，以信息技术为支撑提高税收征管效率，增强纳税主体在办税活动中的便捷性和获得感。因此，与纳税人满意度相比，纳税便利度更加注重税收效率的提高给纳税人的获得感。

现有对于纳税人满意度测评指标的研究中认为影响纳税人满意度的要素包括：纳税人对于税收的期望、纳税人的质量感知、价值感知。尽管纳税人满意度测评指标体系能够全面有效地监控和评价税务部门的服务质量，然而，在纳税便利方面没有体现针对性，导致通过纳税人满意度指标并不能准确有效地衡量当地的税务营商环境，进而影响纳税人的投资决策。目前，世界银行每年发布的《营商环境报告》得到世界各国政府、投资者的高度关注，已成为政府改善投资环境、市场主体选择投资场所的一项重要参考指标。作为《营商环境报告》的配套报告，世界银行联合普华永道发布的《世界纳税指数》，通过"纳税次数""纳税时间""总税率和社会缴纳费率""税后流程"四项关键指标评估190个经济体的中型私营企业的税务营商环境，其中"纳税次数""纳税时间"和"税后流程"均是反映纳税便利程度的指标，已经成为衡量经济体税收竞争力的主要指标。而目前税务系统开展的纳税人满意度调查，只有办税时间指标，没有其他指标。国内外评价体系不同，评价指标无法有效对接。针对这种差异，国家税务总局纳税服务司副司长于耀财（2017）表示：国家税务总局正在着手加强指标对接研究，开展纳税便利度调查。通过对标国际先进水平，认清差距、查找不足、准确分析、精准施策，在不断满足纳税人需求、减轻办税负担的同时，进一步提升我国纳税便利度国际排名。因此，构建中国本土化的税务营商环境评估指标体系，对于评价和优化地区营商环境竞争力具有现实意义。

（二）亚当·斯密的税收四原则理论

1. 内容

亚当·斯密（Adam Smith）在1776年发表的著作《国富论》中，阐述了"平等、确定、便利、节约"四大税收原则，他强调税收平等，认为政府运行主要依赖公民缴纳的税收,纳税人有权利对纳税方法和纳税期限进行了解,纳税日期和纳税方法的确立也应当最大限度地方便纳税人,并且一经确认不得随意变更。上述思想可以说是纳税服务理论的雏形,体现了减少税收成本、方便纳税人的观念,对后来纳税服务理论的发展起到了非常重要的作用。

2. 对纳税便利化的支撑

"平等、确定、便利、节约"是建立在自由放任和自由竞争、政府"守夜人"的市场经济基础上,纳税便利强调纳税程序上的快捷、方便。平等指的是征纳税双方法律地位平等,作为征税人享有法律赋予的权利和承担相应的义务,作为纳税人同样享有法律赋予的权利并承担相应的义务,双方都不能只有权利不尽义务,也不能只尽义务没有权利,基于此,纳税人只要履行了纳税义务,就有权利要求作为政府公共部门的税务机关提供便捷的纳税服务。确定性指的是税种确定、税额确定、缴纳方式和缴纳期限确定,确定性要求税制的稳定性、连续性、透明度等保障纳税人的税法遵从。便利则是强调便利的纳税程序,亚当·斯密认为便利原则(convenience of payment)是指完纳的日期及方法须予纳税人以最大便利,如果纳税程序复杂繁琐,会降低纳税人的税法遵从程度。节约则是从成本效益原则角度降低税收征管成本,提高税收行政效率,以最小化的征税成本带来最大化的税收收入,因此,要从税收效率的维度评价纳税便利程度。

(三)新公共服务理论

1. 内容

传统的公共行政以威尔逊、古德诺的政治—行政二分论和韦伯的科层制论为其理论支撑点,新公共管理则以现代经济学和私营企业管理理论和方法作为理论基础。新公共管理从现代经济学中获得诸多理论依据,如从"理性人"的假定中获得绩效管理的依据;从公共选择和交易成本理论中获得政府应以市场或顾客为导向,提高服务效率、质量和有效性的依据;从成本—效益分析中获得对政府绩效目标进行界定、测量和评估的依据等。另外,新公共管理又从私营管理方法中汲取营养。新公共行政管理理论认为,私营部门许多管理方式和手段都可为公共部门所借用。如私营部门的组织形式能灵活地适应环境,而不是韦伯所说的僵化的科层制;对产出和结果的高度重视,而不是只管投入,不重产出;人事管理上实现灵活的合同雇佣制和绩效工资制,而不是一经录用,永久任职,等等。总而言之,新公共管理理论认为,那些已经和正在为私营部门所成功地运用着的管理方法，如绩效管理、目标管理、组织发展、人力资源开发等并非为私营部门所独有，它们完全可以运用到公有部门的管理中。

2. 对纳税便利化的支撑

新公共服务理论带来了纳税服务理念的变化，征纳双方的"行政—管理"关系向"服务—客户"关系的转变。在建立服务型政府的理念驱动下，税务机关开始改变以往管理者的形象，逐渐形成以纳税人为中心的新型征纳关系。1998年美国国会通过的《国内收入局重组和改革法案》将IRS使命定义为，"通过帮助纳税人理解和承担税收责任为其提供高质量税收服务，并秉持对所有人公正诚信的原则执行法律。"IRS根据不同类型纳税人群体的需求将组织机构改组设置四个业务局，突出体现便利纳税人理念。新公共服务理论吸收私营部门的经验，将政府与公众之间的关系比拟为企业与顾客的关系，以追求顾客满意为基本目标。税收管理部门提供的公共产品，是税收行政管理，是税务行政服务。纳税人缴纳税收作为一种价格支付，接受政府相关部门的公共产品服务，税收服务也是其中之一。新公共服务主义提倡征税机关的主要职责是服务，而不是掌舵，纳税便利理念在税收征管改革过程中得以复兴。在新公共服务理念的支撑下，需要将关于纳税服务便利化的具体阐述转化为一整套被广泛接受的数据指标，精准衡量以客户为导向理念的落实程度、纳税人正当需求被满足程度、纳税人办税便利程度、纳税人合法权益被保护程度以及依法轻松办税标准等，才能更加明确突出针对性，也更加有利于税务机关自查和提高纳税服务质效。

（四）税收遵从理论

1. 内容

税收遵从成本的测量源于1934年，美国学者海格（Haig）首先对税收的遵从成本进行测量，他对美国联邦和州税收的税收遵从成本进行了研究，但是没有明确地对遵从成本进行定义。之后不断有学者对其进行测量，直到20世纪80年代，英国巴斯大学的锡德里克·桑福德（Cedric Sandford）教授，在税收遵从成本领域取得了大量的研究成果，将许多国家政府的目光都吸引到了这一长期被漠视的领域。西方纳税人遵从理论认为，纳税人会对遵从成本（包括时间成本、货币成本、心理成本等）和不遵从成本（罚款）进行比较，从而做出是遵从税法还是逃税的决定。时间成本是指纳税人搜集、保存必要的资料和收据、填写纳税申报表所耗费的时间价值；货币成本是指纳税人在纳税过程中向税务顾问进行咨询所支付的咨询费用或者交由税务代理等中介机构办理纳税事宜所支付的中介费用及拜访税务机关所花费的交通费用等；心理成本是指纳税人认为自己纳税并没有得到相应报酬而产生不满情绪或担心误解税收规定可能会遭受处罚而产生的焦虑情绪。

2. 对纳税便利化的支撑

税收征管活动会引起两方面的成本：征税成本和纳税成本。纳税服务的质量直接关系着纳税遵从成本的高低，进而直接影响征税效率。如提供网上咨询或12366服务有助于减少纳税人的信息搜集成本；提供申报纳税风险预警可以降低纳税遵从成本；实施限时服务可以节约纳税人的时间成本。世界银行的《世界纳税指数》报告用两个指标衡量税收遵从成本：一是纳税人年均缴税次数；二是纳税时间。实证研究结果显示，中国企业税收遵从成本的影响因素按重要性大小，位列首位的是税收征管情况，其后依次是税制特征、企业纳税素质和税收环境等。进一步就税收征管因素的分析揭示，征管效率和纳税服务是影响税收遵从成本的两个最主要因素（孙玉霞、毕景春，2014）。税收遵从问题的研究对于纳税便利有着重要的理论意义，因为科学高效的纳税便利化服务会大大降低纳税人的税收遵从成本，从而提高纳税人的税收遵从度。所以，提高税务机关纳税便利化水平的同时也是不断提高纳税人税收遵从度的过程。纳税服务质量影响纳税人的纳税难易度和税法遵从性，纳税人的遵从行为又会影响税收征管质量，税务机关就要通过提高纳税服务水平，提供便利化纳税方式，降低纳税遵从成本，达到促进纳税人遵从，提高征管效率的目的。

三、《营商环境报告》中有关纳税便利指数的解读

（一）世界纳税便利指数的编制方法

最早对营商环境的研究开始于20世纪八九十年代，专家调查或企业调查的重点是总体营商环境，通常使用的是人们对营商环境主观感受的数据，往往缺乏对那些非常明确的步骤、法规和制度的关注，同时缺乏对全球营商环境的对比研究。为理解和改善营商环境提供一个全球各经济体之间可比较参照的衡量依据，推动各国积极制定有利于商业活动的监管法规，世界银行特

此成立《营商环境报告》(Doing Business, DB) 小组,从 2003 年起,每年都会发布一份《营商环境报告》,通过选取各个经济体最大城市的中小企业(人口超过 1 亿人的经济体选取两个城市),在将企业进行标准化案例假设的基础上,呈现关于企业生命周期各个不同阶段各种适用法规的量化指标。通过搜集、计算指标体系的相关数据,对经济体的营商环境进行排名,并对营商环境指标体系的变化及一些国家营商环境的改革进行说明,至 2020 年已经发布了 17 份。

《营商环境报告》用标准化案例来衡量一个标准化企业所支付的税金和缴纳的费用,以及一个经济体税务合规系统的复杂性。该案例使用了一整套财务报表以及对一年之中进行的各类交易所作的假设。在每个经济体中来自不同公司的税务专家会根据标准化案例研究得出数据,对其服务单位内的税项和强制性派款进行计算。此外,还对经济体的申报和缴纳频率以及遵守税法所需的时间等信息进行汇编。为了使各个经济体的数据具有可比性,《营商环境报告》对企业作出了诸多假设。

1. 指标的选择

从国际上看,世界银行从 2003 年首次发布《营商环境报告(2004)》(Doing Business in 2004)后每年都发布一份长篇报告,以评价在各经济体经商的容易度,即政府的监管法规是否有助于推动或者限制商业活动。其中,纳税指标从 2006 年版开始引入,衡量的是纳税便利度(the ease of payingtaxes),也就是我国所说的税务营商环境。到 2019 年版包括四项二级指标,衡量的内容如下:

纳税次数反映样本公司支付所有税费(包括增值税、个人所得税等企业扣缴的税费)的次数。若某一经济体提供全面的电子申报和税款缴纳便利,并且被大部分中等规模公司采用,即使全年的纳税申报和税款缴纳非常频繁,也将该税种的全年缴税次数合并视为一次统计。

纳税时间衡量样本公司准备、申报、缴纳三种主要类型税费所需的时间,即企业所得税、增值税,以及劳动力税费(包括个人所得税和社保、公积金)。

总税率和社会缴纳费率衡量样本公司经营第二年负担的全部税费占其商业利润的份额。分子样本公司负担的税费总额包括企业所得税、由雇主承担的社会保险及住房公积金部分、土地增值税、房产税等,但不包括由公司扣缴但不负担的税费(例如个人所得税、由个人承担的社会保险及公积金部分、可转嫁的增值税)。分母商业利润是税前净利,即企业负担所有税费前的利润。

税后流程指标是 2017 年报告新增的内容，包括增值税出口退税、税务审计和行政税务上诉等，涵盖报税后的流程。该指标衡量企业在纳税申报之后发生以下四种事项所需要花费时间的平均值：申请增值税留抵退税所需时间、获得增值税留抵退税所需时间、企业所得税更正申报所需时间、完成企业所得税更正申报时间。2017 版税务营商报告强调了行政税务上诉的重要性。在公司所得税审计后，当纳税人不同意税务机关的最终决定时，在一个经济体中存在的一级行政申诉程序，这个一级行政申诉程序的数据不包括在纳税前沿距离分数的计算中。针对税务信息化世界银行在 2020 年发放的案例问卷 C6 节中加入了纳税人使用数字技术的新问题。

2. 选取依据

纳税次数和纳税时间这两个指标衡量了一个经济体税收合规制度的复杂性。过度复杂的税收制度容易使企业选择逃税行为，并与更大规模的非正规部门、更多的腐败和较少的投资相关联。因此，精心设计税收制度的经济体能够帮助企业发展，最终促进整体投资和就业的增长。同时，这两个指标也具有内在的关联性，当一个经济体税项总数较低，缴纳方式较为便利，则纳税所花费的时间也较低。这两个指标显示了一个经济体是否具有较为简单易行的税收制度，从而为众多经济体进行税制改革提供依据。

总税率和社会缴纳费率旨在对企业负担的所有纳税成本进行全面测量。研究表明，高税率与公司投资和创业水平呈负相关。另一项研究显示，总税率提高 1 个百分点可能与逃税增加 3 个百分点有关。因此，保持合理的税率对于鼓励私营部门的发展和企业的正式化是非常重要的。这也是营商环境设立此指标的重要原因，同时，该指标为经济体降低税率和企业税收负提供了重要参考。

税后流程指标反映了遵守增值税退税流程和完成企业所得税更正所花费的时间，之所以设立这一指标，是因为在不同的国家和地区合规时间往往是不同的，这为评估一个国家的增值税退税制度和企业所得税合规制度提供了重要的依据。

3. 数据来源

《营商环境报告》数据的来源是各经济体内部根据法律或规章所制定的营商监管信息，监管对象是本地中小企业，调查获取数据的对象主要是行业律师、会计师、法官和政府官员等相关领域的专家，同时也依赖于知名咨询公司或者协会的合作等。项目调查涵盖的经济体数目从最初的 133 个扩大到目前的 190 个，囊括世界绝大部分经济体。早期项目调查只选取经济体内最大商业城市的数据，2013 年以后，对于人口在 1 亿以上的经济体选取其 2 个最大商业城市的数据（2013 年符合此条件的经济体包括中国、印度、美国、尼日利亚、孟加拉国、印度尼西亚、墨西哥、日本、俄罗斯、巴基斯坦、巴西）。

4. 权重设定

自 2015 年起，营商便利度开始采用前沿距离水平方法计算。前沿距离代表《营商环境报告》所覆盖的所有经济体自 2005 年以来在每个指标上曾达到的最高水平，100 为最优，0 为最差，由各个指标的实际数值距离、最高水平的距离，计算各指标的最终分值。综合排名的成绩是由十个大指标和大指标下的二级指标（部分二级指标下还有三级指标甚至四级指标）距离前沿水平的分数决定的。这样计算得出的营商便利度，能够反映出各个经济体历史上在各个指标上绝对改进或者倒退的程度。每个大指标的数值由其二级指标的平均数构成，十个大指标值的平均数即为经济体综合分值。因此，每个大指标的权重是一样的，而大指标下的所有二级指标权重也基本相同。对于考察城市数量为两个的经济体，各个指标的值根据两个城市的人口数量进行加权平均后得出。便利度指数排名由经济体各个一级指标排名的简单算数平均得出。

世界银行纳税便利度以纳税数量、税费负担、纳税时间、税后流程四项指标的简单加权值为排名依据，加权值 = 25% × 纳税次数 + 25% × 总税率和社会缴纳费率 + 25% × 纳税时间 + 25% × 税后流程。世界银行报告对中国税务营商环境的排名，主要基于世界银行和国际金融公司的专家小组对上海市和北京市中等企业纳税情况的调查。具体如图 5 – 3 所示。

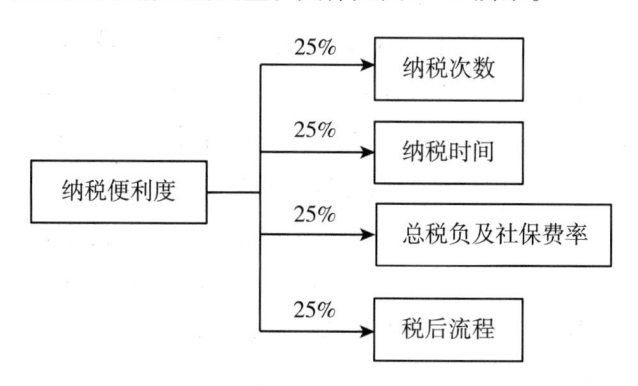

图 5 – 3　纳税便利度一级指标及权重

（二）世界银行纳税便利指数的优点及存在的问题

1. 优点

（1）开创性和跨国可比性。

2003年，世界银行发布第一份《营商环境报告》，此前很少有用来衡量商业法规的指标，而可以进行全球比较的指标就更少。在20世纪八九十年代，开展研究使用的是人们对营商环境主观感受的数据。这类专家调查或企业调查的重点是总体营商环境，通常反映的是企业经营过程中的直接感受，这些调查往往缺乏《营商环境报告》所具有的针对性和跨国可比性。《营商环境报告》考察位于每个经济体内最大商业城市的中小企业，衡量本地企业面临的营商法规，重点关注那些非常明确的步骤、法规和制度，而不是那种关于营商环境的一般性和基于主观感受的问题。

纳税指数记录了一家标准化案例研究公司（中型公司）在某一年必须缴纳的税款和强制性缴款，并衡量纳税时间、纳税次数、税后流程。之所以采用标准化案例研究是为了确保各国应对措施的可比性。因此，在被访者填写问卷时，都应关注标准化公司（称为Taxpayerco.）的关键假设。从跨国可比性看，《营商环境报告》以标准化的案例研究为基础，选取全球经济体的企业实际运营中都会经历的生命周期为指标体系，对选取的指标进行量化后，在各个国家都具有可比性。

（2）便于量化。

世界营商环境中纳税便利指数在计算分值时，通过简单平均将每个经济体的单个指标的得分汇总为一个得分，在每个指标下赋予了二级指标相等的权重，并未使用多指标综合评价中较为客观复杂的主成分贡献率和因子贡献率作为权重，这是为了总体的容易操作和简便易行。这样做的考虑是世界银行引用詹科夫（Djankov，2005）的研究成果，认为主成分法和未观测分量法得到的排序与简单平均方法的排序几乎相同，并没有太大的差异。因此，纳税便利度指数排名由经济体各个二级指标的简单算数平均得出，所有二级指标权重相同。对于考察城市数量为两个的经济体，各个指标的值根据两个城市的人口数量进行加权平均后得出。因其计算简便，易于推广，世界银行纳税指数成为衡量各经济体税务营商环境的重要标志。

（3）简洁性。

自2015年起，营商便利度开始采用前沿距离水平方法计算。前沿距离代表《营商环境报告》所覆盖的所有经济体自 2005 年以来在每个指标上曾达到的最高水平，100 为最优，0 为最差，由各个指标的实际数值距离、最高水平的距离，计算各指标的最终分值。在指标处理时，41 个成分指标 y（总税收和缴款率除外）被归一化处理，每一个 y 都使用线性变换 $(worst-y)/(worst-best)$ 重新计算。在这一公式中，最高分代表着 2005 年以来或收集该指标数据的第三年以来，所有经济体在该指标上的最佳监管表现。最佳监管绩效和最差监管绩效每 5 年评定一次，主要根据其所在年度的《营商环境报告》数据确定，并且在未来 5 年内保持在这一水平，而不管中间年份的数据有何变化。因此，一个经济体可以用这个指标而确立最佳的监管绩效，即使它在随后的一年里可能没有最高的得分。相反，如果在设定了最佳监管绩效后进行经济改革，则这个经济体的得分可能高于最佳监管绩效。例如，对于获得电力的时间来说，最好的监管性能设置为 18 天。韩国现在需要 13 天才能用到电，而阿联酋只需要 7 天。尽管这两个经济体的时间不同，但两个经济体的通电时间都达到了 100 分，因为它们都低于了 18 天的阈值。

总税率和社会缴纳费率计算得分的方式不同于其他指标。所得的总税率和社会缴纳费率的分值在成为纳税分值之前，以非线性的方式进行转换。由于非线性变换，提高总税率和社会缴纳费率对其纳税分值的影响不大。此纳税分值低于 2015 年《营商环境报告》中的值，而 2015 年的值是采用此方法之前的平均总税率和社会缴纳费率（图 5-4 中的 B 线小于 A 线）。对于总税率和社会缴纳费率极高（相对于平均税率非常高）的经济体，提高总税率和社会缴纳费率对其纳税分值的影响比以前更大（图 5-4 中的 D 线大于 C 线）。

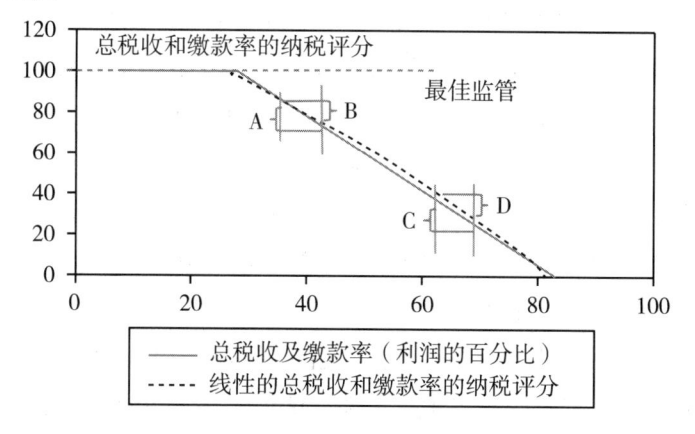

图 5-4 总税率和社会缴纳费率的纳税分值标准化转换

这种非线性转换并不是基于任何"最优税率"的经济理论，即在一个经济体的整个税收体系中最小化扭曲或最大化效率。相反，它在本质上主要是经验主义。伴随阈值的非线性转换，降低了经济指标的偏差，因为政府不需要对《营商环境报告》评定标准中的案例研究公司征收高额税款，而是通过其他方式增加公共收入，例如通过对外国公司征税，对制造业以外的部门征税，或者对自然资源征税（所有这些都不在方法学的范围内）。因此，通过对指标的线性变换和非线性变换进行归一化处理更加便捷快速，能够对纳税指数以分值形式对不同经济体排名。

（4）透明性。

世界银行每年都会发布纳税指数报告，将指标体系的内容、计算方法、数据收集的路径以及国家排名的依据等信息进行公开。此外，世界银行建立了专门的网站（世界银行营商环境官网网址：http://doingbusiness.org.）可以免费下载最新的报告，而且可以获取地方报告。如《2019年中国税务营商环境报告》，同时会对世界各个经济体税务营商环境改革进行说明。此外，网站附录各个指标选取时的参考论文，对实务部门和研究者进一步理解指标体系具有重要的辅导作用。

2. 存在的问题

尽管世界银行发布的《营商环境报告》中的纳税便利度指数具有开创性、可比性、简洁性、透明性和便于量化等优点，但指标体系也存在诸多局限性，主要体现在以下四点。

（1）指标范围过小。

李林木（2018）认为，世界银行的营商环境评价指标至今仍然存在不足，还没有包含许多重要的政策领域，如宏观经济稳定性、金融体系发展。同样，营商环境中的纳税指标也未包括税收管理的廉洁公正程度、税务争端解决时效等一些重要方面。姚轩鸽、庞磊（2019）认为，世界营商环境的纳税指数仅仅设置4项指标作为评价税务营商环境的标准，范围过于狭小，应该考量包括税收舆论和教育要素、征管方式、涉税司法机制等影响要素的作用。此外，王绍乐和刘中虎（2014）、罗秦（2017）也持同论。

（2）样本企业假设前提过多。

世界银行发布的《营商环境报告》通过选取各个经济体最大城市的中小企业（人口超过1亿人的经济体选取两个城市），在将企业进行标准化案例假设的基础上，呈现关于企业生命周期各个不同阶段各种适用法规的量化指标。

在中国选取北京和上海的中小企业，从企业运营时间、地点、规模、主要生产经营活动、固定资产、员工雇用、财务指标等多方面对"纳税"指标进行了严格的假设。该假设对样本企业的资产、人员等指标设定了购入及签署劳动合同的时间，财务关键指标以人均国民收入为基数进行了计算，虽然界定较为全面，也符合主流经济学研究所习惯采用的模型假设及验证的研究范式。但问题是，该假设过于片面，并未考虑现实中的具体情况，无疑将影响研究结论的可信度和代表性。如假设中样本框仅仅为北京和上海的中小企业，不包括其他地区的企业，因此，在地区经济差距较大的情况下无法全面反映税务营商环境。企业股东为5个自然人，企业员工为60人，启动资金为人均收入的102倍，显然，大多数现实企业并不满足此类假设。又如，假设企业从事的主要经营活动为生产并销售花盆，也并不能反映企业生产经营活动的概貌。尽管该项经营活动在世界各国确实存在，但其仅能代表低端生产制造业，而对各行业而言不具有普适性。而且该情形仅适合于增值税为一档税率的情况，但实际的情况是，世界上尚有数十个经济体存在增值税税率在两档或两档以上的情形。值得注意的是，企业所得税则往往存在数量众多的税收优惠政策，发展中国家尤其如此，但在此假设下均无法进行有效反映。

（3）权重设置不科学。

世界银行纳税便利度以纳税数量、税费负担、纳税时间、税后流程四项指标的简单加权值为排名依据，每个指标权重均为25%，这样虽然简便易行，但是并没有考虑到每个指标对税务营商环境的作用大小和贡献度，主观性比较强，不科学。

（4）未考虑不同经济体的异质性。

娄成武（2018）认为，各指标代表的经济社会效应差异大，未充分考虑不同经济体的现实国情；忽视政府监管的积极面，政府有效的干预有时是必须的；对政府监管的质量重视不够，监管环节除了手续、时间、成本还有质量维度更为重要；未顾及在不同发展阶段的经济体中监管的差异性以及积极影响。中国人民大学朱青教授（2017）也认为，用一把尺子量全球，是否客观有待商榷。比如，相对其他国家，我国经济体量大，纳税人户数多，仅个体工商户数甚至就超过了欧洲一些中小国家的人口数量。在这样的背景下，我国税收征管的难度是成倍增长的，不可避免地导致纳税成本特别是时间成本相对较高。因此，用一把尺子量全球，即用同样的几项指标在世界范围内进行横向比较，并不完全具有可比性。

(三) 世界银行纳税便利指数的启示及借鉴

准确测度纳税便利化水平，把握影响纳税便利的因素，揭示纳税便利化的区域差异，对于推进税务机关提高纳税服务水平，简化纳税流程，降低纳税成本，提高纳税遵从，为纳税人创造一个透明、便捷、稳定、可预见的税务营商环境具有重要意义。

《营商环境报告》中所使用的研究方法旨在成为一种易于复制的方式，以用于衡量商业监管的具体特征——包括政府如何实施监管以及私营企业如何实地操作。同时，世界银行也承认在使用数据时，要考虑其优势和局限（见表5-1），有针对性地选取数据。

表5-1　　世界《营商环境报告》所使用方法的优势和局限性

特征	优势	局限
采用标准化案例	使各经济体和数据具有可比性	缩小数据范围；仅能系统跟踪所衡量领域内的监管改革
专注于最大的商业城市	使数据收集易于管理（成本效益）和数据具有可比性	如果各地区存在显著差异，则会降低经济数据的代表性
专注于国内和正规的私营企业	关注法规相关且公司效率最高的正规部门	无法反映非正规部门（当非正规部门占比很大时，这很重要）或面临不同限制的外国公司的实际情况
依赖专家受访者	确保数据反映了那些在进行案例所衡量的交易类型方面经验最丰富的人的知识	指标较少能够捕捉企业家经验的变化
专注于法律	使指标"可行"，因为政策制定者可以改变法律	如果缺乏系统的对法律的遵守，监管变革将无法实现所需的全部结果

资料来源：《营商环境报告（2019）》。

目前关于纳税指数国内外评价体系不同，评价指标无法有效对接。世界银行《营商环境报告》的纳税便利度指标由四部分组成，包括纳税次数、纳税时间、总税费率、税后流程（如退税），而国内税务系统开展的纳税人满意度调查，只有办税时间指标，没有其他指标。国家税务总局正在着手加强指标对接研究，开展纳税便利度调查。通过对标国际先进水平，认清差距、查找不足、准确分析、精准施策，在不断满足纳税人需求、减轻办税负担的同时，进一步提升我国纳税便利度国际排名。世界银行《营商环境报告》为我国财税部门推行改革、开展工作带来了启示，即：科学设计既与国际接轨又结合我国国情、税情特点的改革和工作评价指标。尽管世界银行采用的衡量指标远非完美，但在更好的指标体系出现前，该指标体系仍然在比较各国税收营商环境中具有较强的参考价值，因此，本研究也在借鉴该指标体系的基础之上进一步设计和构建适合中国国情的纳税便利化指标体系。

（四）纳税便利经验的国际比较

从上述关于世界银行《营商环境报告》的描述中可以看到，世界银行将纳税便利度作为评价国家（地区）营商环境的重要指标，从时间成本、缴纳成本、总税率三方面对纳税遵从进行定量分析，遵从成本越低，纳税便利度越高。《世界纳税指数》的四项关键性指标衡量的均是纳税便利程度，截至2019年世界银行已经连续发布了该系列的第13本报告（包含了14年的数据），展现的是各国2017年的纳税环境，报告所涉全球190个经济体中160个经济体的数据。

《2019年营商环境报告：强化培训、促进改革》以电力供应、获得信贷、纳税等10项指标对全球190个经济体2017年的营商环境进行评估。其中，中国营商环境便利度列由2016年的第78位上升到第46位，《世界纳税报告》是世界银行《营商环境报告》中纳税指标的详细解读，通过四项关键指标评估全球190个经济体的中型私营企业纳税环境。四项指标分别为"纳税次数""纳税时间""总税率和社会缴纳费率""税后流程指标"，报告显示，2017年中国纳税改革表现亮眼，纳税排名由130位上升到114位，特别是全年纳税时间进一步缩短为142小时，同比降低31.4%，体现了税收数字化正在颠覆传统办税模式；纳税次数缩短为7次，企业办税便利水平持续提升。

《营商环境报告（2020）》旨在衡量监管法规是否有助于推动或是限制商业活动，《营商环境报告（2020）》记录了自2018年5月至2019年5月之间发生的294项监管改革。在全球范围内，有115个经济体使商业活动的进行在《营商环境报告（2020）》衡量的领域内更加便利。《营商环境报告（2020）》中改善最为显著的经济体是沙特阿拉伯、约旦、多哥、巴林、塔吉克斯坦、巴基斯坦、科威特、中国、印度和尼日利亚。在2018~2019年，这些国家实施了全球范围内记录的1/5的改革。中国营商环境便利度由第46位上升到第31位，在纳税报告部分中国税务表现持续亮眼，纳税排名由114位上升到105位。

"纳税"作为《营商环境报告》中的一项重要指标，是近年来中国致力于提升的领域之一。政府通过实施"减税降费"和推进"放管服"改革，不断优化税收营商环境，助力企业持续健康发展。报告显示，中国"纳税"指标排名继续稳步提升，其中，总税收和缴费率相较上一年度降幅超过5个百分点，近期持续"减税降费"举措的积极影响初步显现。近几年中国"纳税"指标的具体情况如表5-2所示。

表5-2　　近年中国纳税便利指数得分（2015~2020年版）

版本	纳税排名	纳税次数	纳税时间	总税率和社会缴纳费率	税后流程
2015	120	7	261	64.60	—
2016	132	9	261	67.80	—
2017	131	9	259	68.00	48.62
2018	130	9	207	67.30	49.08
2019	114	7	142	64.55	50
2020	105	7	138	59.20	50

资料来源：https://www.doingbusiness.org/。

表5-3是2015~2020年期间中国在纳税便利方面的举措。

表5-3　　近年中国在纳税便利方面的举措（2015~2020年版）

版本	纳税便利举措
2015年版	中国通过加强纳税申报电子系统和在纳税人服务中采用新的沟通渠道，让企业更容易纳税，这些变化既适用于北京，也适用于上海。此外，中国通过降低社保缴费率，降低了上海企业的纳税成本
2016年版	中国通过降低社保缴费率，降低了上海企业的纳税成本
2018年版	中国通过引入几项放松合规的措施，使纳税变得更加容易
2019年版	中国取消了营业税，允许所有印花税的联合申报和缴纳，并实施了几项行政改革以缩短合规时间，从而使纳税变得更加容易。这些改革适用于北京和上海。北京还通过降低雇主支付的住房基金利率，降低了纳税成本
2020年版	中国通过对小企业实行优惠的企业所得税税率、降低某些行业的增值税税率以及加强电子申报和支付系统，使纳税更加容易。这项改革适用于北京和上海

资料来源：https://www.doingbusiness.org/。

良好的营商环境是一个国家经济软实力的重要体现。习近平总书记曾多次指出，要营造稳定、公平、透明、可预期的营商环境，推动我国经济持续健康发展。作为营商环境的重要组成部分，我国税收便利化改革近年来成效显著。2019年，便民办税又有新目标，到年底，70%以上涉税事项"最多跑一次"，一次性办结，或者实现全程网上办理，一次都不用跑。以"新税务·新服务"为主题的"2019便民办税春风行动"在2019年3月底前再取消一批税务证明事项，实现年底前对纳税人向税务机关报送的资料再精简25%以上。发票办理是纳税人办税的堵点、痛点，税务部门推出一揽子优化发票办理的便利举措，确保增值税优惠政策落地见效。在提速增效方面，税务部门提出21条措施，包括优化流程提速、申报缴税提速、系统整合提速，让事项更简、办税更易。在税务信息化建设方面，国家税务总局重点打造的"互联网+税务"充分释放了大数据的潜力，促进了政府各部门的信息共享、发票便利、纳税人在线学习，以及其他纳税服务。国家税务总局发布的《全国税务机关纳税服务规范》（3.0版）（以下简称《新版纳服规范》），聚焦纳税人、缴费人的新需求新期盼，《新版纳服规范》按照"最大限度便利纳税人，最大限度规范税务人"原则，大幅精简纳税人办税资料，70种外部门证明类资料不再需要报送，148个事项实现"最多跑一次"。简政便民的同时，创新思路转变服务方式，还权还责于纳税人，明确纳税人自主纳税申报缴税、自主选择享受税收优惠等内容，给纳税人更多自主选择权。群众对办税便利程度感受最为直观，税务总局重点聚焦各地反映的办税痛堵难，抓好整改优化提升，并充分体现到《新版纳服规范》上，打造舒心便捷的税收营商环境。在整合涉税事项方面，将原国税地税98个共有办税事项由"两次办""联合办"变为"一次办"，对附加税（费）申报、房产交易申报等34个关联事项实行"串联办"；同时简化办税流程，提供操作指引，整体提升办理效率。在规范业务流程方面，将业务流程分为受理、办理、反馈、存档4个环节，明确各环节执行步骤；严格落实"窗口受理、内部流转、限时办结、窗口出件"等要求，加强前后台衔接，消除办理流程差异，有效规范纳税服务工作。在拓展办税渠道方面，加强电子税务局建设，提高网上办税、自助办税比重，明确通过电子税务局、移动端或自助终端办理事项，为纳税人提供多元化办税渠道。《新版纳服规范》公布税收优惠事项清单内容，明确除依法须核准和备案的情形外，一律由纳税人"自行判断、申报享受"，支持减税降费政策落地落细。如，对增值税退税，规定留抵税额退税时间由20个工作日提速到10个工作日，入库退（免）税时间由20个工作日提速到15个工作日，出口退税时间由20个工作日提速到10个工作日，全面提速增值税退税时限。税务部门牢固树立以纳税人为中心的理念，努力为纳税人、缴费人增便利减负担，确保党中央、国务院减税降费等各项决策部署在税务系统落地生根。

四、对标国际的纳税便利化指标体系构建

（一）构建纳税便利化指标体系的必要性分析

根据国家税务总局推进纳税服务工作的总体要求和纳税服务中长期规划，我国将着力构建"以法制化为前提，以纳税人为中心，以信息化为依托，以降本提效为原则，为满足纳税人的合法需求提供全过程、全方位高效便捷的服务，使纳税人的合法权益得到充分尊重和保障，提高全社会税法遵从度，构建和谐税收征纳关系"的纳税服务体系。便利办税是纳税人最切实的期盼。围绕"最大限度便利纳税人、最大限度规范税务人"这一目标，税务总局出台深入开展"便民办税春风行动"的意见，推出10类31项便民办税举措，着力解决纳税人办税多头跑、纳税成本较高等问题，打响了改革的"当头炮"。目前，简并申报缴税次数、推出二维码一次性告知等30多项成熟经验已在全国推开。同城通办、省内通办、无纸化办税、免填单服务等措施的集中落地，让服务更规范、办税更便利。各地税务机关累计推出19项3737条办税便利化措施，持续提速纳税服务。如今，70%以上事项可即时办结，报送资料减少40%，报送环节压缩60%，办理时限缩减50%。[①] 12366纳税服务热线由"听得见的纳税服务"提升为"能听、能问、能看、能查、能约、能办"平台。一系列推陈出新的优化纳税服务举措、改进征管方式，配合科技平台的运用，切实帮助中国纳税人大幅缩短了办税时间，税务机关的办税效率也显著提高，相关税改红利不断显现，税收服务的持续优化为企业松绑减负，营造了便利高效的营商环境，进一步提升企业的获得感。

尽管如此，我国税务机关提供纳税服务时在纳税便利方面仍存在一定的问题，主要有：首先，纳税人申报纳税，填纳税申报表所需时间较长，尤其是每年企业所得税汇算清缴期间需要填报的主表和附表共计37张申报表，稍有不慎就会面临逃漏税风险，增加了纳税遵从成本；其次，由于我国现阶段

---

① 资料来源：2016·税收改革攻坚这一年：抓改革——凝心聚力推进税收征管体制改革，http://www.chinatax.gov.cn/n810219/n810724/c2412157/content.html。

经济发展水平的制约，尤其是对税法宣传力度不够，使我国纳税人了解有关税法规定、收集和保存相关资料的渠道比较少，所花费时间较长；最后，由于受到技术水平等相关因素的限制，我国现在的纳税申报还做不到像美国等发达国家一样完全电子化申报，还需要纳税人去税务机关和银行缴纳税款，需要大量的时间成本。所有这些税务机关在纳税便利化服务的成效和不足均应用科学客观的指标进行衡量和测度。纳税便利化指数是对纳税便利程度的测度指标，通过构建纳税便利化指标体系，设定各指标权重，根据多指标综合评价模型测算纳税便利程度。涉及税法宣传、12366热线服务、办税服务厅、办税信息化、联合办税、涉税审批、小微企业税收优惠、营改增工作、出口退税、投诉举报、税款征收等多个项目，能一定程度地反映程序与实体两方面的纳税便利状况。

根据国家税务总局《"十二五"时期税收征管工作规划》中提出的不断提高税法遵从度和纳税人满意度、降低税收流失率和征纳成本的总目标要求，为进一步优化办税流程，提升纳税服务质效，应当从降低征纳成本、减少税收流失入手，达到提高纳税人对税收工作的满意度，从而最终提高纳税人税法遵从度的目标。因此，纳税服务工作职能定位是帮助纳税人遵从税法，提高纳税遵从度。以上纳税人申报纳税过程中感受到的涉税事务便利程度，有必要通过科学客观的测度衡量和评价作为服务型政府部门的税务机关提供的纳税服务质量和效率。制度经济学认为，在产品质量多维性的条件下，如果考核机制对某一维度给予了较高的评价，就会导致牺牲其他维度而使这一维度的供给过多或虚假供给。在管理型政府时期，税务机关的考核指标主要集中在完成税收收入任务上，对于纳税便利化服务缺乏系统全面的考核标准和机制，从而导致纳税便利化服务工作不到位。

从已有世界税务营商环境评价指标体系的设计中可以看出，现有指标体系比较偏重于对纳税人税收负担的观测与评价，包括税收种类的繁杂程度、纳税成本的高低程度等，基本没有涉及对纳税人主体权利与主观权利的观测与评价。纳税成本是一项经济效率性指标，不属于纳税人权益性指标的范畴。即使有"税收满意度"指标的设计，也只能被认为是征税事实发生后，纳税人对该事实的事后评价，且对税收交易过程并无直接的影响与制约作用。正如世界银行坦言：现行的指标体系是一个"窄维度"，而且指标本身和所采用的统计调查方法也存在诸如标准样本企业过于简化、指标未能反映税收全貌、过于关注法律法规本身而忽视其实际执行和实施情况以及仅对专业人士进行调查而忽视不同企业的个性化现状和体验等问题。世界银行营商报告"仅是'抛砖'之举，必须与其他调查或评价结果放在一起来看方能窥得全貌。"因此，我们不宜单纯或机械地局限于世界银行的指标本身，应着眼于指标背后所关注的内涵和导向，制定一套既对标国际，又适合中国国情的纳税便利指标体系。

应当考虑在借鉴现有税务营商环境评价指标体系基础上考量纳税便利因素，考察纳税人权利与利益的保护状态，着重测度纳税人对税收义务的情感与心理认同态度、对税制结构的适应程度、税收权利的实现幅度、税收服务体系的便民力度、税收救济程序与机制的健全维度等指标。构建纳税便利化指标有助于改变以往将征税主体与纳税人之间关系认定为主客体关系的思维惯性，通过对纳税人权利主体身份与内涵的强化，平衡两者之间的法律关系；有助于改变过往以满意度来测定征税机关及其工作人员绩效的事后评价机制，使纳税便利成为一项独立的纳税人权利保护状态的考察指标和征税主体义务履行状态的考核指标。

在服务型政府时代，只有建立健全纳税便利化考核和评价体系，设置科学客观的规则和指标体系，才能使纳税便利化真正落到实处，公平、公正地评价纳税服务质量，对贯穿于税收征收管理全过程的纳税服务系统给予有效的激励和约束。

（二）指标体系构建的思路

基于前述对纳税便利化思想的理解和对世界银行编制的纳税便利指数存在的问题分析，结合中国的国情和目前大规模的减税降费情况，本研究认为在构建纳税便利化指标体系时要秉承如下思路："便利"的逻辑应当是从是否更简单以及是否减少困难两个层面来进行，在是否更简单方面着重考察"简化度"，在是否减少困难方面着重考察"成本"。便利应该从征纳双方的角度出发，从征纳个体的便利需求及行为习惯反思税制和征管的便捷性、合理性，坚持以纳税人权利为本位的目标理念。因此，征税便利也是至关重要的考察内容。

第一，指标设置上要从征纳双方便利角度考虑选择指标。纳税便利是从征纳双方的角度出发，从征纳主体的便利需求及行为习惯反思税制和征管的便捷性、合理性。因此，既要有体现纳税程序便利方面的指标，还应有体现实体税额计算简便的指标，比如税制的可操作性、简易性、清晰度、稳定性，从征税主体便利化角度衡量以最便捷的征税程序最小化的征税成本实现最大化的税收收入，体现税收的效率原则，实现税收收入和税收成本的效用最大化，从而增强纳税人的满意度和获得感，提升纳税遵从度。

第二，权重设置采用更加客观的主成分分析法。在指标体系的综合评价中，有的指标在综合水平形成中的作用大些，有的则小些，需要加权处理，必然会涉及权数的问题。世界银行的纳税便利指数权重设定采用简单算术平均法匹配各二级指标权重，尽管简便易行，但并不客观和科学。目前对指标体系综合评价里权重确定的方法主要有层次分析法、专家咨询法、主成分分析法和乘积标度法等，其中专家咨询法和层次分析法是属于主观赋值法，主观性比较强，在一定程度上影响了指标体系综合评价的科学性；根据表 5-4 权数设置方法，多指标综合评价时应根据实际问题的需要和各种方法的特点，选取某种较合适的方法来生成权数。本研究在权重设置上采用主成分分析法。主成分分析法是属于客观赋值法，将提取因子主成分的方差贡献率作为权重，能够反映影响因子对指标的解释程度和重要性，也可以根据纳税环境变化而进行科学的动态调整，因此，比较客观和科学。

表 5-4　　权数分类以及赋权方法分类的对应关系

权数分类		赋权方法的归类		赋权方法分类
实质性权数		选择赋权法		
虚拟性权数	信息量权数	比重权数	熵值法	客观赋权法
		变异权数	变异系数法	
		排序权数	秩和比法、秩和法、等级相关法	
		距离权数	双级值距离法	
		独立性权数	简单相关系数法、复相关系数法、偏相关系数法	
		系统效应权数	第一主分量法、坎蒂雷法、主成分分析	
	估价权数		德尔菲法	主观赋权法
		比较评分法	两两比较互补式评分法、两两比较互反式评分法、环比评分法	
		先定性排序后定量赋权法	排序对数商法、排序二项系数法	
	可靠性权数		移动平均法、指数平滑法、折扣最小平方法、三点法等	

资料来源：曾宪报. 统计权数论 [D]. 大连：东北财经大学，1998.

第三，按照纳税便利化思想的目标导向设置指标体系的维度。本研究根据前文对纳税便利思想内涵的理解，设置税收政策宣传辅导、税制简化程度、税务流程简化程度、办税成本、办税时间、信息化程度、纳税人权益维护共七个维度分别反映宣传咨询、征管效率、办税服务、互联网信息化服务、权益维护等方面的便利化程度。同时根据每一个一级指标涵盖的外延下设二级指标来反映具体的纳税服务便利情况。比如，根据国家税务总局《关于深入贯彻落实减税降费政策措施的通知》提出的，"要求各级税务机关要牢固树立以纳税人和缴费人为中心的服务理念，持续优化管理服务措施，办税服务厅要全面落实首问责任、限时办结、预约办税、延时服务、导税服务和'最多跑一次'等各项服务制度，确保对纳税人和缴费人的问题及时解答、事项及时办理，以更高的便利度和满意度，为纳税人和缴费人带来更强的获得感。"在办税成本一级指标下设置限时办结、预约办税、导税服务、首问责任、延时服务等二级指标考量国家减税降费措施落实过程中的纳税服务情况。

第四，应突出体现"互联网＋税务"服务智能化。从古典经济学时期亚当·斯密提出的"平等、确定、便利、节约"征税四原则到近年来较为流行的新公共服务理论，效率都是征税活动中应考虑的重要方面。"互联网＋税务"是利用大数据优势和信息化手段，通过为纳税人提供便捷服务，节约税务机关征收成本和纳税人缴纳税款过程中的货币成本、时间成本和精神成本，是税务机关利用信息化手段实现纳税便利化提高税收效率的有效路径。移动税务能为纳税人提供便捷、透明的信息和服务，对提高纳税人服务质量和满意度、提升税务机关公信力、打造服务型和透明型税务机关具有重要作用（Tan et al., 2013）。感知风险是纳税人在使用移动税务服务时对时间投入和金钱损失的感知。一般来说，高风险会降低纳税人对其价值的感知（Liu et al., 2015；Fang et al., 2005）。本研究在反映互联网信息化程度方面设置了人工智能自动预警、人工智能协助计税等感知风险预警指标，衡量智能税务服务为纳税人最大程度地降低纳税风险提供的纳税便利程度。

（三）指标体系构建的原则

1. 目的性原则

指标体系要紧紧围绕提供纳税人办税便利这一目标来设计，并由代表纳税便利各组成部分的典型指标构成，多方位、多角度地反映纳税便利的水平。

2. 科学性原则

指标体系结构的拟定、指标的取舍、公式的推导等都要有科学的依据。只有坚持科学性的原则，获取的信息才具有可靠性和客观性，评价的结果才具有可信性。

3. 系统性原则

指标体系要包括纳税便利所涉及的众多方面，使其成为一个系统：即指标体系要形成阶层性的功能群，层次之间要相互适应并具有一致性；不仅要注意指标体系整体的内在联系，而且要注意整体的功能和目标。

4. 可测度性原则

指标的设计要求概念明确、定义清楚，能方便地采集数据与收集情况。而且，指标的内容不应太繁太细，过于庞杂和冗长，否则会给评价工作带来不必要的麻烦。

5. 可比性原则

指标体系中同一层次的指标，应该满足可比性的原则，即具有相同的计量范围、计量口径和计量方法，指标取值宜采用相对值，尽可能不采用绝对值。这样使得指标既能反映实际情况，又便于比较优劣，反映纳税服务薄弱环节。

6. 定性与定量相结合的原则

指标体系的设计应当满足定性与定量相结合的原则，亦即在定性分析的基础上，还要进行量化处理。只有通过量化，才能较为准确地揭示事物的本来面目。

需要指出的是，上述各项原则并非简单地罗列，它们之间存在如图5-5所示的关系。也就是说，指标体系设立的目的性决定了指标体系的设计必须符合科学性的原则，而科学性原则又要通过系统性来体现。在满足系统性原则之后，还必须满足可测度性，可测度性原则还决定了指标体系必须满足可比性的原则。上述各项原则都要通过定性与定量相结合的原则才能体现。最后，所有上述各项原则皆由评价的目的性所决定，并以目的性原则为前提，是一个闭环体系。

```
┌─────────────────────┐
│     目的性原则       │←┐
└──────────┬──────────┘ │
           ↓            │
┌─────────────────────┐ │
│     科学性原则       │ │
└──────────┬──────────┘ │
           ↓            │
┌─────────────────────┐ │
│     系统性原则       │ │
└──────────┬──────────┘ │
           ↓            │
┌─────────────────────┐ │
│    可测度性原则      │ │
└──────────┬──────────┘ │
           ↓            │
┌─────────────────────┐ │
│     可比性原则       │ │
└──────────┬──────────┘ │
           ↓            │
┌─────────────────────┐ │
│  定性与定量相结合原则 │─┘
└─────────────────────┘
```

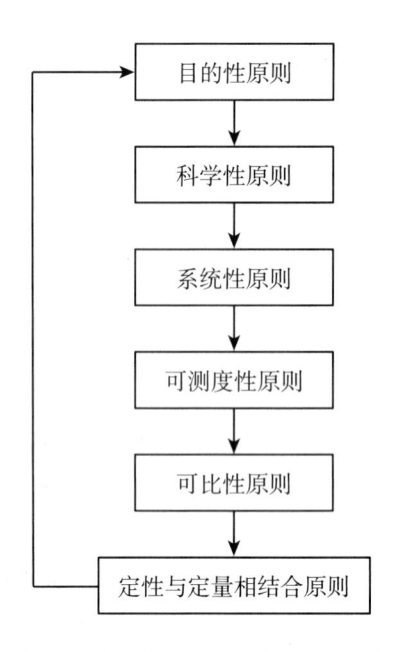

图 5–5　纳税便利化指标体系构建原则关系

（四）纳税便利化指标体系的构建

1. 基于软系统方法论（SSM）的纳税便利化指标体系构建逻辑

SSM 是切克兰德（Checkland）等提出从系统观点的角度来认知和处理复杂问题的方法，其理论核心是任何一个被分析评价对象都可以从回答下列三个问题入手，分别是：

做什么——具体的对象和内容（P）；

如何去做——怎样才能实现（Q）；

为什么做——做这件事的目的和意义（R）。

SSM 认为总是能够从三个方面监督和评价一个系统产出（E1）、效率（E2）和效果（E3）。产出反映 P，它测量系统的输出量；效率和 Q 相关，它评价资源使用效率；效果反映 R，它评估系统的产出是否对系统的上一层有意义或者说有用处。SSM 是对复杂社会环境影响下的组织机构评价和管理分析的有效工具，其提供了一个根据定义的转换过程去构造指标体系的理想方式。

因此，逻辑上可以根据这三类标准去评价一个组织，每一个都需要有绩效测量指标和绩效标准，即什么构成了令人满意的绩效。所以，产生的指标可以归类为以下三个：E1（efficacy）——产出：关注系统产出形式；

E2（efficiency）——效率：关注系统产出的手段；E3（effectiveness）——效果：关注系统产出这些输出达到的目标（见图 5-6）。

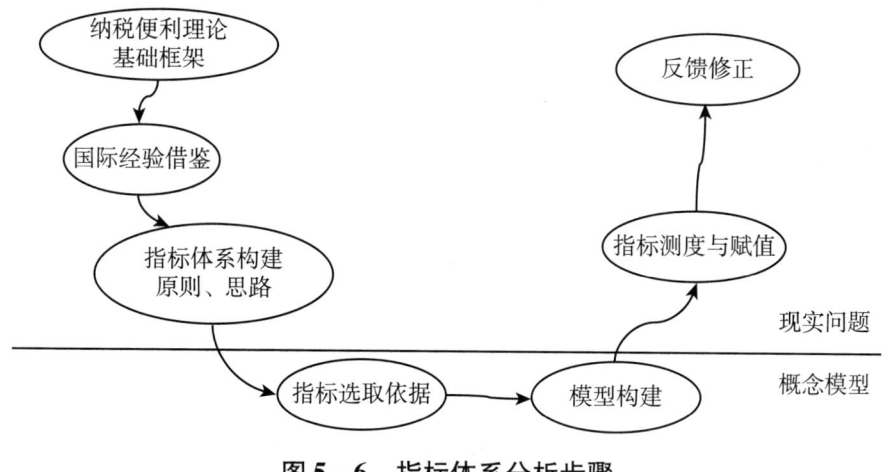

图 5-6　指标体系分析步骤

运用 3E 测量框架不仅可以测量绩效的各要素过程测量＋成果测量（E1、E2 作用前者，E3 作用后者），而且它还是发展各层次流程的评价指标的工具。事实上，此方法的主要优点不仅是绩效指标的分类清晰和具备连贯性方面，而且表现在它是无须严格遵循现有组织流程而产生层次结构指标的严谨和系统的方法。

本研究运用 SSM 方法构建 3E 纳税便利化指标体系模型，如图 5-7 所示。

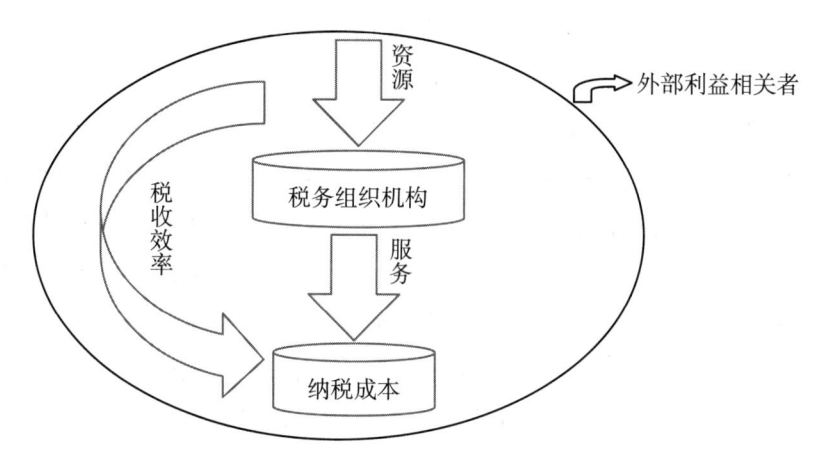

图 5-7　基于 SSM 的 3E 纳税便利化指标体系模型

3E 指标可以用来监督和控制系统，因为产出和效率是对期望的输出的衡量，关注的是内部运营水平效果着眼战略层面，关注是否产生正确的输出，即产出是否符合上级系统的期望。应用到纳税便利化指标体系中在税务机关战略层面更关注税制的简化、办税成本和办税时间,这些都属于效果(E3)方面的指标,税务机关为达到这些目标,根据自身特点和税务资源有计划、有组织地展开相应的纳税服务活动,比如进行税收政策辅导和对纳税人的权益保护的纳税服务活动,这些都属于产出(E1)方面的指标,降低纳税人税收遵从成本;在纳税申报时更加关注税务流程简化程度和信息化程度等属于效率(E2)方面的指标,提高征纳效率。E1和E2属于税务机关内部运作和管理,在这个层面需要制定有关指标来衡量税务机关产出和效率,这属于内部调控过程。基于此分析,纳税便利化服务所有的活动都可以用3E指标测量。

基于产出的纳税便利化指标选取依据:

一是税收政策宣传辅导指标:营造良好的税收环境,有效引导预期至关重要。关于税收预期,大到下一步税改的方向和具体举措,小到纳税服务便民措施的应用,都要让纳税人有明确的预期。这一方面,要求税收法规和政策的制定与变更更加明确、透明,以提升我国税制的可预期性。另一方面,要求在税制改革过程中,税务部门通过积极宣传释放明确的声音与信号。因此,本研究在税收政策宣传辅导一级指标下设置税法宣传清晰度、获取政策信息便利度、纳税培训辅导专业度、纳税培训辅导及时性四个二级指标体现税收政策制定和变更方面的纳税宣传辅导服务。

二是纳税人权益保护程度指标:纳税服务工作实践中,"服务不够"和"服务过度"的声音同时存在,纳税服务需求与供给不平衡的矛盾由来已久。一方面是全国税务机关不断优化纳税服务供给;另一方面是来自纳税人的意见和投诉层出不穷。其根本原因在重供给、轻需求的制度理念。目前,科学技术已成为构建新型税收征纳关系的重要推动力,在互联网平台上提供更加快捷、完美、智能化的纳税服务已经成为必然趋势。"互联网+税务"计划的实施,是有效解决纳税服务供需矛盾的关键。在"互联网+税务"下开展纳税服务智能分析,开展以纳税人办税习惯、咨询热点、投诉焦点等为主要内容的纳税人需求分析,构建纳税人需求数据库,找准纳税人办税的堵点和难点问题,判断出未来纳税人服务需求的趋势,构建始于纳税人需求、基于纳税人满意、终于纳税人遵从的纳税服务格局,达到纳税服务供需平衡。因此,在指标的选取上本研究选取互联网下纳税人信息的保护、投诉受理速度和投诉处理满意程度三个二级指标体现纳税人权益保护情况(见表5-5)。

表 5-5　　　　　　　　E1：基于产出的纳税便利化指标

税收政策宣传辅导	纳税人权益保护程度
税法宣传清晰度	保护纳税人的信息
获取政策信息便利度	投诉受理速度
纳税培训辅导专业度	投诉处理满意度
纳税培训辅导及时性	

基于效率的纳税便利化指标选取依据：

一是税务流程简化程度指标：基于前面我们对于纳税便利的理解，纳税便利不仅体现为程序方便，还体现为实质方便。便利的纳税机制不仅取决于程序方便，还依赖于应纳税额大小、征税的简便程度以及对所有纳税人的平等对待。纳税便利原则以纳税人基本权益保护为出发点和落脚点，在明示权利的基础上培养纳税人的自主遵从意识，进而改善纳税不遵从行为。原因在于随着经济形势的复杂发展，税收立法日益增多，税制复杂性增加，会影响税收实质透明度和纳税人遵从度。纳税便利原则具有更直接、更人性的特点，更加符合建设服务型政府的现代化服务意识。因此，应当更多关注的是"税收便利"，即作为纳税人是否在履行纳税义务过程中更容易些或者减少其履行纳税义务过程中的困难。因此，在指标的选取上要有更多体现从纳税人角度在缴纳税款过程中税制简化度、实体税额计算简便度等重要的衡量纳税实质方便的指标。本研究在税务流程简化程度一级指标下设置容易完成流程、一次性告知、纳税次数反映纳税人实质便利和程序便利的情况，其中纳税次数是为了对标国际和世界银行的纳税指数统一口径。

二是信息化程度指标：信息化的支撑极大地提高了税收征管效率，建设"数字服务"使纳税服务实现了从量变到质变，是实现纳税便利化的有效途径，也是实现纳税服务现代化的关键。感知风险是纳税人在使用移动税务服务时对时间投入和金钱损失的感知。使用大数据分析和利用第三方信息的自动交叉检查，使合规管理的范式发生了转变。当企业通过风险预警系统感知到税务局掌握了有关其交易的信息时，与提供有关其交易的数据相关的遵从成本就会显著降低。人工智能下还可以通过机器学习为纳税人预填申报表，从而降低其合规成本。本研究在反映信息化程度一级指标下设置人工智能自动预警、人工智能协助计税等感知风险预警指标，衡量智能税务服务为纳税人最大程度地降低纳税风险提供的纳税便利程度（见表5-6）。

表 5-6　　　　　　　E2：基于效率的纳税便利化指标

税务流程简化程度	信息化程度
容易完成流程	电子办税覆盖面
一次性告知	人工智能自动预警
纳税次数	人工智能协助计税

基于效果的纳税便利化指标选取依据：

一是税制简化程度指标：便利的纳税机制不仅取决于程序方便，还依赖于应纳税额大小、征税的简便程度以及对所有纳税人的平等对待。基于便利性原则，程序方便强调税收征管规则简便，实质方便一方面强调在尊重税法的前提下，从以纳税人为本的理念角度可以做出有利于纳税人原则的税法解释；另一方面，实质方便还强调税制的可预期性、连贯性、清晰度等方面。本研究在税制简化程度一级指标下设置税制清晰度、可操作性、简易性、稳定性指标体现税制的实质便利情况。

二是办税成本指标：根据国家税务总局规定的办税服务厅要全面落实首问责任、限时办结、预约办税、延时服务、导税服务和"最多跑一次"等各项服务制度，确保对纳税人和缴费人的问题及时解答、事项及时办理，以更高的便利度和满意度为纳税人和缴费人带来更强的获得感，本研究在办税成本一级指标下设置限时办结、预约办税、导税服务、首问责任、延时服务二级指标反映纳税人在办理涉税事项时的便利程度。

三是办税时间指标：纳税申报是确定纳税人责任的主要手段。复杂的报税表和申报流程会给纳税人带来成本，包括填写报税表所花费的时间、保存额外税务相关记录的成本以及聘请会计师或律师的成本。因此，为了鼓励在法定到期日前自愿申报，简化申报准备和申报程序至关重要；退税制度的有效性，包括其充分性、退税申请人遵循的程序以及税务机关处理退税所需的时间。一个有效的退税系统会影响公司的现金流，特别是对于出口企业和初创企业。

税务机关通过优化纳税服务举措、改进征管方式，配合科技平台的运用，可以帮助纳税人大幅缩短办税时间，本研究在办税时间一级指标下设置年办税时间、申请发票业务办理速度、退税的速度二级指标反映纳税人在办税时间上的便利程度。其中，年办税时间是为了对标国际和世界银行的纳税指数统一口径（见表 5-7）。

表 5-7　　　　　　　　E3：基于效果的纳税便利化指标

税制简化程度	办税成本	办税时间
清晰度	限时办结	年办税时间
可操作性	预约办税	申请发票业务办理速度
简易性	导税服务	退税的速度
稳定性	首问责任	
	延时服务	

2. 纳税便利化指标体系

本研究根据前文对纳税便利思想的理解，基于SSM的3E纳税便利化指标体系构建逻辑，设置税收政策宣传辅导、税制简化程度、税务流程简化程度、办税成本、办税时间、信息化程度、纳税人权益维护共七个维度分别反映宣传咨询、征管效率、办税服务、互联网信息化服务、权益维护等方面的便利化程度。同时根据每一个一级指标涵盖的外延下设二级指标来反映具体的纳税服务便利情况（见图5-8）。

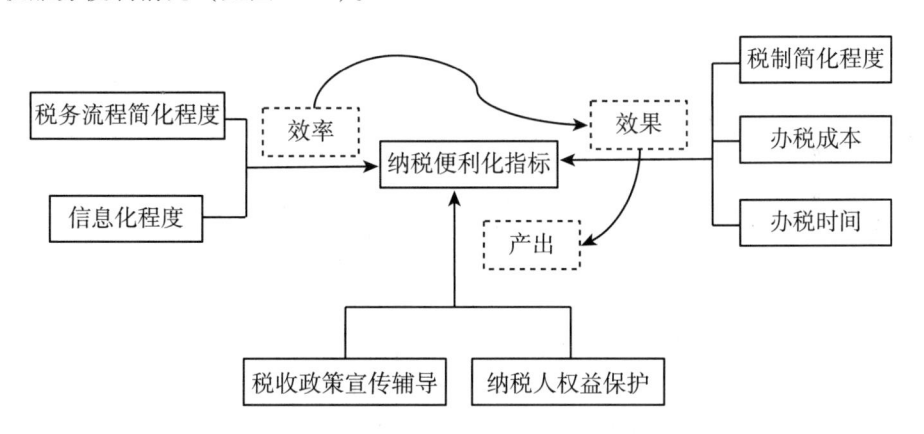

图 5-8　纳税便利化指标体系构建的逻辑框架

指标体系的构成分为目标层、准则层和二级指标。

（1）目标层。

目标层为指标体系的最高层次，将影响纳税便利指标的主要因素列为准则层。通过对准则层分配权重、加总，可得目标层的指数。本指标体系的目标层为纳税便利化指数，综合反映复杂总体研究指标的变动，可以直接衡量区域纳税便利化水平的高低。

(2) 准则层。

准则层分为七个维度分别反映税收绩效管理的效率、效果和产出三个方面，其中反映税收效率的税务流程简化程度指数、信息化程度指数，反映效果的税制简化程度指数、办税成本指数、办税时间指数，反映产出的税收政策宣传辅导指数和纳税人权益保护指数，在准则层以下构建指标层，建立起一系列可统计、可量化的指标，进行权重赋值和加总，可得准则层的指数（见表5-8）。

(3) 二级指标。

按照客观指标和主观指标相结合的原则，通过文献研究、专家访谈、政府税务部门沟通反馈、实务界沙龙等多种形式，比较分析得到七个一级指标目录下的25个二级指标（见表5-8）。

表5-8　　　　　　　　　纳税便利化指标体系

一级指标	二级指标	指标说明
税收政策宣传辅导	税法宣传清晰度	规章准则是否易懂
	获取政策信息便利度	能够通过公众号、官网、宣传手册获取
	纳税培训辅导专业度	业务人员是否专业，对税务操作的指导是否准确
	纳税培训辅导及时性	业务人员是否能够在新政策出台后一定时间内对纳税人进行培训辅导
税制简化程度	清晰度	税制便于理解
	可操作性	税制易于操作
	简易性	税制容易学会
	稳定性	税制连贯一致
税务流程简化程度	容易完成流程	业务手续是否繁冗复杂
	一次性告知	所有需要用户准备的信息税局都一次性提到并告知用户（而不需要一次次反复增加材料办理）
	纳税次数	一年内缴纳公司支付所有税费（包括增值税、企业所得税和社保费）的次数
办税成本	限时办结	一定期限内办结的比例
	预约办税	预约办理纳税业务办结比例
	导税服务	引导办理纳税业务的准确率
	首问责任	第一承办人对纳税需求负责到底的比例
	延时服务	延时为纳税人提供服务天数或时长

续表

一级指标	二级指标	指标说明
办税时间	年办税时间	一年内准备、申报、缴纳增值税、企业所得税、个人所得税和社保费的办税时间
	申请发票业务办理速度	受理纳税人领购增值税发票业务的速度
	退税的速度	一定期限内完成退税的比例
信息化程度	电子办税覆盖面	各种税务业务流程能网上办理的比例
	人工智能自动预警	将监测中发现的可能影响纳税信用等级评价的风险点，实时推送给纳税人信用管理接收端，给纳税人以风险预警
	人工智能协助计税	被智能终端协助计税
纳税人权益维护	保护纳税人的信息	关注隐私不对外泄露
	投诉受理速度	一定期限内回复投诉、举报、建议的比例（书面及电话）
	投诉处理满意度	对投诉、举报、建议处理的满意程度

3. 指标测度和权重的设定

（1）调查样本的设计。

调查范围和调查对象。本次调查涵盖广东省税务局管辖的各类型企业，调查对象包括办税人员、财务人员和法人代表，涉及的企业类型包括年纳税百万元以上企业、年纳税百万元以下企业和个体工商户。

调查方式和抽样方法。本次调查采用书面调查和网络调查相结合的方式，按照随机的原则，在税务系统管辖的纳税人中进行分层抽样调查。

调查问卷。调查问卷共分为两部分内容。第一部分内容为纳税人基本概况，包括纳税人所处行业、登记注册类型、企业从业人数、资产总额、年纳税额规模，我们可以通过这五个方面的问题对接受调查的纳税人有大概了解，为后面的作答提供合理的依据。第二部分内容为调查问卷的主体部分：在纳税便利化的总测量目标下，通过税收政策宣传辅导、税制简化程度、税务流程简化程度、办税成本、办税时间、信息化程度、纳税人权益维护七个维度，形成对应的具体题项。

本研究选择李克量表对纳税便利化程度做量化处理，李克量表是目前顾客满意度研究中应用比较广泛的量化方法。这一量化方法的特点是：答案设计比较统一，便于分类统计；答案易于理解，纳税人便于选出自己的选项。运用李克量表对纳税便利化程度的五种水平分别予以赋值，用数字来代表每种态度：非常便利赋值为5分，比较便利赋值为4分，一般便利赋值为3分，不便利赋值为2分，非常不便利赋值为1分。通常情况下，当取值低于2分时为纳税便利化程度不高，当取值高于4分时，此时为较高纳税便利化程度，介于两者之间的得分为纳税便利化程度一般。

调查样本数量及构成如表5-9所示。

表5-9　　　　　　　　　　调查问卷回收情况

收回问卷	有效问卷	无效问卷	有效率

问卷样本特征分析。基于问卷调查的5个基本信息类问题，对样本的特征进行分析，主要包括纳税人所处行业的比例、纳税人登记注册类型的比例、纳税企业从业人数的比例、纳税企业资产总额的比例、纳税企业年纳税额规模的构成。通过这些特征分析，对于纳税便利的需求方基本特征进行刻画。

（2）指标的测度。

表5-10对指标层各个指标予以定义和描述，包括计算公式、指标口径、测度方法、取值范围，数据来源于调查问卷和税务系统内部统计报告。

表5-10　　　　　　　　　　纳税便利化指标测度

二级指标	数据来源	测度方法	指标特征	取值范围
税法宣传清晰度	问卷调查	李克特量表（Likert Scale）	正向	1~5分打分
获取政策信息便利度	问卷调查	李克特量表（Likert Scale）	正向	1~5分打分
纳税培训辅导专业度	问卷调查	李克特量表（Likert Scale）	正向	1~5分打分
纳税培训辅导及时性	问卷调查	李克特量表（Likert Scale）	正向	1~5分打分
清晰度	问卷调查	李克特量表（Likert Scale）	正向	1~5分打分
可操作性	问卷调查	李克特量表（Likert Scale）	正向	1~5分打分
简易性	问卷调查	李克特量表（Likert Scale）	正向	1~5分打分
稳定性	问卷调查	李克特量表（Likert Scale）	正向	1~5分打分
容易完成流程	问卷调查	李克特量表（Likert Scale）	正向	1~5分打分
一次性告知	问卷调查	李克特量表（Likert Scale）	正向	1~5分打分
纳税次数	问卷调查	一年内支付所有税费的次数	逆向	与税务营商环境报告口径一致

续表

二级指标	数据来源	测度方法	指标特征	取值范围
限时办结	问卷调查	李克特量表（Likert Scale）	正向	1~5分打分
预约办税	问卷调查	李克特量表（Likert Scale）	正向	1~5分打分
导税服务	问卷调查	李克特量表（Likert Scale）	正向	1~5分打分
首问责任	问卷调查	李克特量表（Likert Scale）	正向	1~5分打分
延时服务	问卷调查	李克特量表（Likert Scale）	正向	1~5分打分
年办税时间	问卷调查	一年内准备、申报、缴纳企业所得税、增值税和社保费所需的时间	逆向	与税务营商环境报告口径一致
申请发票业务办理速度	税务统计报告	受理纳税人领购增值税发票的速度	正向	平均值
退税的速度	税务统计报告	一定时期内完成退税金额/当期全部应退税金额×100%	正向	0~100%
电子办税覆盖面	税务数据	以电子申报纳税次数/全部申报纳税次数×100%	正向	0~100%
人工智能自动预警	问卷调查	李克特量表（Likert Scale）	正向	1~5分打分
人工智能协助计税	问卷调查	李克特量表（Likert Scale）	正向	1~5分打分
保护纳税人的信息	问卷调查	李克特量表（Likert Scale）	正向	1~5分打分
投诉受理速度	税务统计报告	一定时期内回复投诉次数/当期受理全部投诉次数×100%	正向	0~100%
投诉处理满意度	问卷调查	李克特量表（Likert Scale）	正向	1~5分打分

笔者采用SPSS对调研数据进行因子分析，因子分析法是一种数据简化的技术，通过研究众多变量之间内部依赖关系，从而获取测量数据基本结构，并用少数几个独立的不可观测变量来表示其基本的数据结果。根据因子分析统计学原理，在对调查结果进行因子分析前，需要检验调查数据的KMO（Kaiser-Meyer-Olkin）度量和Bartlett球形度检验。只有KMO值大于0.5且Bartlett球形度检验为显著时，调查数据才适合用因子分析，当KMO值小于0.5或者Bartlett球形度检验不显著时，调查数据不适合用因子分析。关于KMO值与因子分析关联度详见表5-11和表5-12。

表 5-11　　　　　　　　KMO 值与结构效度分析关系

KMO 值	判断说明	因子分析适切性
0.90 以上	极适合因子分析	极佳
0.80 以上	适合因子分析	良好
0.70 以上	尚可进行因子分析	适中
0.60 以上	勉强可以进行因子分析	普通
0.50 以上	不适合进行因子分析	欠佳
0.50 以下	非常不适合进行因子分析	无法接受

资料来源：陈胜可. SPSS 统计分析从入门到精通 [M]. 清华大学出版社，2013：349-361.

表 5-12　　　　　　　　KMO 和 Bartlett 检验

检验维度	KMO 值	Bartlett 检验 近似卡方	df	Sig.
便捷性	0.822	866.646	10	0.000
有形性	0.847	1 073.346	15	0.000
响应性	0.832	542.321	6	0.000
移情性	0.787	553.426	6	0.000
可靠性	0.828	729.466	6	0.000
保证性	0.832	809.666	6	0.000
问卷整体	0.958	6 694.806	351	0.000

资料来源：SPSS20.0 数据分析。

（3）权重的设定。

区别于以往专家打分的主观设定权重方式，本研究选用因子分析的方式由方差贡献率来确定权重，这种方式更为客观，也可以根据纳税环境的变化而进行科学的动态调整。利用 SPSS 20.0 软件对问卷数据进行因子分析，提取公共因子以降维。关于公共因子权重的计算，可直接使用单个公共因子的方差贡献率，或使用单个公共因子占所有公共因子累计方差贡献率的比率，其基本思想是公共因子能够解释的原始变量越多（即某公共因子对所有原始变量的系数越大），其所占权重越大，该公共因子越重要。在当前这个大数据信息时代，对纳税数据的分析是提高服务精准度的关键，但同时大量的数据使得我们对数据的分析难度增加，在众多的观测数据中，不同变量间可能会存在相关性，即不同变量之间互相影响。主成分因子分析法全部采取定量指标代替部分定性指标，使得到的结果具有一定的科学性。在因子分析的过程中，变量权重、变换矩阵等的确定均由 SPSS 生成，具有较强的客观性。

4. 纳税便利化指数的计算

根据设定的纳税便利化指标体系，纳税便利化指数 C 的计算公式为：

$$C = \sum_{i=1}^{7} \beta_i c_i \tag{5-1}$$

其中，c_i 为第 i 个一级指标，β_i 是 c_i 的权重，权重 $\sum_{i=1}^{7} \beta_i = 1$。

一级指标 c_i 的计算公式为：

$$c_i = \sum_{j=1}^{j} \alpha_{ij} c_{ij} \tag{5-2}$$

其中，c_{ij} 为第一级指标 c_i 下的第 j 个二级指标，α_{ij} 为 c_{ij} 的权重，权重 $\sum_{j=1}^{j} \alpha_{ij} = 1$。

由方程式（5-1）、式（5-2）可知，纳税便利化指数的计算公式可以表达如下：

$$C = \sum_{i=1}^{7} \sum_{j=1}^{j} \beta_i \alpha_{ij} c_{ij} \tag{5-3}$$

在设定的纳税便利化指标体系中，有些指标的度量并不完全一致，不便进行比较和计算。因此在进行综合评估前，需要对二级指标进行无量纲处理。对于二级评估指标 c_{ij}，设其论域为 $d_{ij} = [A_{ij}, B_{ij}]$，其中，$A_{ij}$ 和 B_{ij} 分别是二级指标的最小值和最大值。定义无量纲化处理的标准函数是 $Z = f(A_{ij})$，其数据在 SPSS 软件中可以自动根据二级指标数值计算得到。

去量纲处理的标准化数据函数为：

$$Z = f(A_{ij}) = \frac{c_{ij} - E(c_{ij})}{\sigma_{c_{ij}}} \tag{5-4}$$

（五）纳税便利化指标体系的特点

本研究建立的纳税便利化指标体系的特点有以下两方面。

第一，对标国际。

首先，指标体系中选取的年办税时间和纳税次数指标充分借鉴世界《营商环境报告》。中共十八届五中全会通过的《中共中央关于制定国民经济和社会发展第十三个五年规划的建议》明确提出，"完善法治化、国际化、便利化的营商环境，健全有利于合作共赢并同国际贸易投资规则相适应的体制机制。"营商环境是国际贸易与投资便利化程度的重要内容，是引导国际资本流动和产业转移的风向标。世界银行自2003年以来每年发布的《营商环境报告》，已逐渐成为跨国企业在全球范围内进行投资布局的重要参考。税务营商环境是营商环境的重要组成部分。税务营商环境（以下简称"税务环境"）是指企业遵循税法规定、在缴纳税收方面的条件与状况。在经济全球化背景下，税务环境越来越成为引导资本投资、产业转移的重要因素。世界银行营商环境小组将企业在一年中的纳税数目、纳税时间（小时/年）、税收负担（税费额/税前利润）作为标准来评估各国（地区）的税务环境，已成为衡量区域税务环境的权威标准。本指标体系在二级指标设置上借鉴了世界税务营商环境的做法，采用年办税时间和纳税次数分别反映纳税人在办税时间上的便利程度和缴纳税款过程中税制简化程度。《营商环境报告（2020）》显示税收制度的复杂性是外国直接投资的主要决定因素。劳力士（Lawless，2013）利用16个高收入来源经济体和57个东道国的数据研究了这种关系，发现履行纳税义务的时间对是否存在外国投资流动有显著的负面影响。因此，测度办税时间上的便利性和税制简化程度对于评价税务营商环境有着重要作用。

其次，借鉴和参考了世界其他经济体在纳税服务方面的先进做法。电子纳税服务作为政府电子政务的重要组成部分，必须由政府统筹规划、统一协调，实现信息系统标准化和一体化，从而避免软件不兼容、数据不统一、信息无法共享的问题。例如美国在1993年9月正式出台了"信息高速公路计划"，至今已经建成了将整个局域网、ISP及广域网相连接的数据通信骨干网，完善了全国信息基础设施建设，为电子纳税服务的全面实施奠定了基础。在此基础上，美国IRS利用计算机技术，研究开发了纳税服务分析系统，对纳税人的需求进行追踪分析，进而不断改变纳税服务方式。目前，中国税务机关正在大力推行电子化政务，纳税服务已由传统的服务方式向信息化、智能化的方向迈进，积极探索"互联网+税务"背景下全方位、全流程、全覆盖、全互联的智能纳税服务体系十分必要。因此，本研究借鉴西方发达经济体美国、英国等国家在电子纳税服务方面的先进做法，在指标体系中设置了一级指标信息化程度反映电子税务在互联网智能办税提供个性化纳税服务方面的全面落实，同时选取二级指标电子办税覆盖面反映电子税务基础设施覆盖程度，二级指标人工智能自动预警和人工智能协助计税反映纳税人在纳税申报过程中的人工智能体验、在线帮助纳税人解决实际问题的情况。

第二，符合国情。

曾任国家税务总局纳税服务司司长孙玉山在"推动税收便利化，服务高质量发展"讲话中提道："2008年以来，税务部门不断采取措施推进办税便利化改革，持续优化营商环境，但税收相关指标排名仍较靠后，主要原因有两点：一是税务部门申报缴款时间存在改进的空间和必要；二是世界银行出具营商环境报告的方法论和非税因素影响较大。随着改革的深入推进，我国税收改革成效在世界银行《营商环境报告》中得到体现。世界银行《营商环境报告（2018）》中，纳税评价指标采纳我国税务部门在便民办税春风行动、更新12366纳税服务热线平台、实施'互联网＋税务'行动方案三个方面的部分改革成效，对我国税务部门大力压缩纳税人办税时间的成效予以认可。未来，我国税务部门在全面开展营改增试点部分措施、压缩办税时间、联合税务稽查、国务院系列减税政策、取消纳税信用为C级增值税专用发票认证五个方面的部分改革成效，其影响由于采集数据时间差异，未在世界银行《营商环境报告（2018）》中体现，预计将在未来报告中，对中国税收相关指标排名产生正面影响。"由此可见，我国国内税务管理部门的改革成效也正在逐渐影响世界税务营商环境排名。税务总局提出了以试点单位为引领的各省级税务机关制订提升纳税便利度优化营商环境的具体实施方案，因此，本研究构建的税务营商环境绩效考核指标体系，坚持目标导向，找准优化目前国内税收营商环境的薄弱环节，围绕压缩"申报准备时间""申报缴款时间"等提升税收相关指标排名的关键点，设置一级指标：办税成本和办税时间，解决办税的"堵点""痛点""难点"。同时借鉴国内学者李林木、姚轩鸽、庞磊的观点，在反映经济稳定性、税务争端解决时效、税收舆论和教育要素、征管方式等影响要素设置一级指标：税制简化程度、纳税人权益保护、税收政策宣传辅导和税务流程简化程度，就依法行政、纳税人权益保护、税收优惠落实、办税便利等方面选取指标，反映有针对性的先行先试措施的落实情况。因此，指标体系的构建符合中国国情。

五、结论

在服务型政府的背景下，纳税服务的水平越来越受到社会各界的关注，优化纳税服务管理提高纳税服务水平成为社会热点话题。本研究沿着"提出问题"—"分析问题"—"解决问题"的逻辑轨迹，在对国内外先进纳税服务管理理论和经验进行总结归纳基础上，结合亚当·斯密的税收四原则、新公共服务理论和税收遵从理论，建立纳税便利化指标体系的理论框架，提出了纳税便利化指标体系的优化思路、构建原则、构建方法，构建了对标国际符合国情的纳税便利化指标体系，得出如下结论：

一是纳税服务是税务部门两大核心业务之一。建立系统的、全面的纳税便利化指标体系是了解和把握纳税服务需求和满意度的渠道，同时也是税务部门绩效考评的依据和提高纳税服务效率的重要手段。

二是纳税便利化是在"互联网+税务"背景下，税务部门通过纳税服务软环境的建设，简化税务流程，节约纳税时间，降低办税成本，营造宽松和谐的纳税环境，提高纳税人的遵从度和获得感。

三是纳税便利化指标体系构建的原则应该体现纳税人需求导向原则、突出服务意识原则、简便实用原则、数据可获取原则。在指标设置上要从征纳双方便利角度考虑选择指标，按照纳税便利化思想的目标导向设置指标体系的维度，突出体现"互联网+税务"服务智能化。

四是构建全面的多维度的纳税便利化指标体系应该以纳税服务绩效考核为保障手段，以考核促服务，不断提高纳税服务质效。

本研究的理论价值在于：目前理论研究更多的是纳税服务质量评价体系和纳税人满意度评价指标，并没有关于纳税便利化指标体系（指数）的研究，本研究对于编制对标国际的纳税便利化指数具有理论指导意义，对于构建科学全面、可复制推广的纳税便利化指标体系具有研究参考价值。

本研究的应用价值在于：为纳税人提供便捷、经济、高效的纳税服务是实现服务型税务行政组织的建设目标的主要途径，国内纳税服务与国外的先进纳税服务实践相比仍然存在差距，研究纳税便利化指标体系对于客观地评价纳税服务绩效，寻找工作结果与预期目标之间的差距，对纳税服务体系持续深化，使之从监管型向服务型转变具有现实指导价值。

参考文献

[1] 孙玉山. 推动税收便利化 服务高质量发展 [J]. 中国税务，2018（2）：26.

[2] 王仲. 新公共服务理论视角下纳税服务问题研究 [D]. 辽宁大学专业学位硕士论文，2012.

[3] 徐向真，宋舜玲. 国外纳税服务的经验及借鉴——兼谈如何充分发挥涉税专业服务机构的作用 [J]. 注册税务师，2016（3）：65-67.

［4］国家税务总局纳税服务司. 国外纳税服务概览［M］. 北京：人民出版社，2010.

［5］杨新颜. 我国纳税服务评估体系的构建［D］. 厦门大学硕士学位论文，2005.

［6］胡世文. 关于纳税人满意度调查的实践与认识［J］. 税务研究，2005（10）：71-73.

［7］刘合斌. 纳税人满意度测评指标分析［J］. 税务研究，2010（7）：76-78.

［8］彭骥鸣，张景华. 纳税人满意度评价指标体系的构建［J］. 税务研究，2011（7）：66-68.

［9］于越. 乌兰察布市纳税服务绩效管理研究［D］. 内蒙古大学公共管理硕士专业学位论文，2019.

［10］王定云，王世雄. 西方国家新公共管理理论综述与实务分析［M］. 上海：上海三联书店，2008.

［11］赵强，宋丹丹. 政府创新理论研究：任务、视角及整合［J］. 行政科学论坛，2019（5）：34-39.

［12］郁建兴，黄飚. 超越政府中心主义治理逻辑如何可能——基于"最多跑一次"改革的经验［J］. 政治学研究，2019（2）：40-60.

［13］王志荣. 新公共管理视角下的税务营商环境优化——从世界银行评价指标体系谈起［J］. 税务研究，2018（9）：124-128.

［14］阳德华. 纳税人满意度测评研究［D］. 湘潭大学硕士学位论文，2010.

［15］朱远程，毛雪梅. 基于ACSI的中国税收满意度模型构建［J］. 统计与决策，2008（19）：65-66.

［16］丁媛. 广东省地税系统纳税人满意度绩效评估研究［D］. 华中科技大学硕士学位论文，2012.

［17］何洁琼. 内蒙地税局纳税服务满意度评价指标体系的构建［D］. 内蒙古大学硕士学位论文，2014.

［18］白亚卿. 基于纳税人满意度的现代纳税服务体系优化研究［D］. 首都经贸大学硕士学位论文，2018.

［19］王长林. "互联网+"背景下纳税人对税务机关满意度的形成机制研究［J］. 税务研究，2016（8）：100-104.

[20] 马岩, 冷秀华. 纳税服务人员公共服务动机对工作满意度的影响——情绪劳动的中介作用 [J]. 税务研究, 2018 (1): 106–113.

[21] 王文波. 我国纳税服务评价系统的构建与评价 [D]. 山东大学硕士学位论文, 2014.

[22] 马国强. 中国税收 [M]. 北京: 东北财经大学出版社, 2008.

[23] 徐小明. 税收遵从成本问题研究 [M]. 大连: 东北财经大学, 2007.

[24] 李传玉. 从税法遵从的视角考量纳税服务工作的优化和完善 [J]. 税务研究, 2011 (3): 84–87.

[25] 河南数字纳税服务课题组. 构建"数字服务"的实践与思考 [J]. 税务研究, 2018 (10): 82–87.

[26] 于光. 纳税服务优质便捷化问题研究 [J]. 税收经济研究, 2015 (6): 42–48.

[27] 单飞跃. 纳税便利原则研究 [J]. 中国法学, 2019 (1): 164–186.

[28] 李莹. 减税降费的需求、空间与政策建议 [J]. 发展研究, 2019 (5): 27–31.

[29] 赵镭. 地税局纳税服务满意度评价指标体系的构建及应用研究 [D]. 哈尔滨工业大学硕士学位论文, 2015.

[30] 吴白汀. 基于内控视角的 WZ 地税局纳税服务体系构建研究 [D]. 重庆大学硕士学位论文, 2018.

[31] 余显才. 亚当·斯密税收原则的重新解读 [J]. 税务与经济, 2006 (6): 69–74.

[32] 沈斌. 完善江西国税纳税服务体系的研究 [D]. 南昌大学硕士学位论文, 2009.

[33] 张秀莲. 基于税收信息化条件下我国纳税服务体系的构建 [J]. 税务研究, 2009 (8): 79–82.

[34] 孙玉霞, 毕景春. 税收遵从成本最小化视角的小微企业纳税服务优化 [J]. 国际税收, 2014 (11): 66–68.

[35] 刘京娟, 杨美莲. 纳税服务绩效指数探讨 [J]. 税收经济研究, 2015 (2): 51–59.

[36] 宋林霖. 世界银行营商环境评价指标体系详析 [M]. 天津: 天津人民出版社, 2018.

[37] 李林木, 宛江, 潘颖. 我国税务营商环境的国际比较与优化对策 [J]. 税务研究, 2018 (4): 3-9.

[38] 姚轩鸽, 庞磊. 税收营商环境评价标准研究 [J]. 税收经济研究, 2019 (2): 53-58.

[39] 王绍乐, 刘中虎. 中国税务营商环境测度研究 [J]. 广东财经大学学报, 2014 (3): 33-39.

[40] 罗秦. 税务营商环境的国际经验比较与借鉴 [J]. 税务研究, 2017 (11): 26-31.

[41] 国家税务总局湖北省税务局课题组. 世界银行营商环境报告及我国得分情况分析 [J]. 税务研究, 2019 (1): 80-85.

[42] 娄成武. 基于市场主体主观感知的营商环境评估框架构建——兼评世界银行营商环境评估模式 [J]. 当代经济管理, 2018 (6): 60-68.

[43] 高宏丽. 中国税收环境: 现状、问题及建议——"全球化视角下的中国税收环境"座谈会综述 [J]. 国际税收, 2017 (7): 33-37.

[44] 姚丽. 从程序效率到实质赋能持续优化我国税收营商环境——兼论《2019年世界纳税报告》[J]. 国际税收, 2019 (6): 68-72.

[45] 福建省税务学会课题组. 纳税服务评价指数模型的构建及实证分析 [J]. 税收经济研究, 2015 (6): 34-41.

[46] 国家税务总局苏州工业园区税务局课题组. 我国税收营商环境现状及对策研究 [J]. 国际税收, 2018 (9): 28-32.

[47] 单飞跃. 纳税便利原则的税法意义 [N]. 深圳特区报, 2019.07.09, B08.

[48] 程卓蕾. 高校绩效管理体系的研究与设计 [D]. 中南大学博士论文, 2011.

[49] 陆宁, 彭毓蓉. 纳税服务的经济学分析 [J]. 经济师, 2006 (11): 17-18.

[50] 向景. 提升国际化的税务营商环境 [J]. 中国税务报, 2015.12.02.

[51] 向景, 刘中虎. 借鉴国际经验优化我国税务营商环境 [J]. 国际税收, 2013 (8): 57-61.

[52] 章程等. 纳税服务的国际借鉴与比较 [J]. 国际税收, 2018 (8): 73-76.

[53] Abduhm, Dsouzac, Quazia, et al. Investigating and Classifying Clients

Satisfaction with Business Incubator Services [J]. Managing Service Quality, 2007, 17 (1): 74-91.

[54] Parasuramana, Berry, Zeithaml. A Conceptual Model of Service Quality and Its Implications for Future Research [J]. Journal of Marketing, Fall, 1988, 49 (4): 41-50.

[55] Tan C. W., Benbasati, Cenfetelli R. T. IT-Mediated Customer Service Content and Delivery in Electronic Governments: an Empirical Investigation of the Antecedents of Service Quality [J]. MIS quarterly, 2013, 37 (1).

[56] Liu F., Zhao X., Chau P. Y., Tang Q. Roles of Perceived Value and Individual Differences in the Acceptance of Mobile Coupon Applications [J]. Internet Research: Electronic Networking Applications and Policy, 2015, 25 (3).

[57] Fang X., Chan S., Brzezinski J., Xu S. Moderating Effects of Task Type on Wireless Technology Acceptance [J]. Journal of Management Information Systems, 2005, 22 (3).

第六章

基于欧盟国家经验的纳税服务国际比较研究

一、引言

随着我国服务型政府改革进程的加快，纳税服务作为构建征纳双方的良好关系的纽带和基础，对于增强纳税人意识、提升税收征管质量和效率，保证纳税人正当权益、降低纳税遵从成本、满足纳税人正当需求具有十分重要的作用和意义。与发达国家相比，我国的税收信息化发展速度与国际上其他国家存在一定的差距，尽管各级税务机关响应社会、政府的号召，相继推出了大量的便民措施来完善纳税服务工作，但由于我们国家纳税人数量的日渐增多、涉税数据的庞大、相关技术措施还存在一定的缺陷等原因，有关纳税服务计划的实施未达到预期的效果，导致纳税人满意度问题一直未能妥善解决。本章以国际经验比较为研究视角，以"一带一路"国家纳税服务进展为背景，结合目前国家税务总局重点关注的改善营商环境这一热点问题，将纳税服务的理论、实践情况进行比较研究。首先，采用统计数据分析方式，厘清我国纳税服务模式的国际排名情况，及此纳税服务模式是否与我国经济发展阶段相适应；其次，采用文献梳理和制度对比的方法，比较我国纳税服务模式与欧盟国家间的差距；最后，在肯定我国纳税服务发展已经取得成绩的基础上，提出符合当前经济发展阶段需要的纳税服务优化对策，为我们国家纳税服务水平的提高，提供个人的、可能存在的新视角，提出切实可行的方法、建议。

（一）欧盟经济发展概况

1993 年 11 月 1 日，随着旨在建立"欧洲经济货币联盟"和"欧洲政治联盟"的《欧洲联盟条约》（即《马斯特里赫特条约》）的正式生效，欧盟正式成立。在《欧洲联盟条约》为欧盟确定的发展目标中，第一条就是，"通过建立一个没有内部边界的区域，加强经济和社会发展的协调一致，建立起最终包括单一货币在内的经济和货币联盟，以促进成员国经济和社会的可持续与平衡发展。"其中，"经济和货币联盟"指的就是欧盟经济一体化进程。[①]

与欧洲一体化一样，经济一体化建设也经历了一个历时50多年的循序渐进的发展过程。在这个过程中，欧盟首先成立了关税同盟，接着由推出共同外贸、农业、渔业政策入手，继而建立欧盟共同预算，进而统一了内部大市场，基本实现了商品、服务、人员、资本在大市场内的自由流通。同时，欧盟的统一政策逐渐成形，最终，欧盟单一货币——"欧元"，于2002年1月1日正式开始流通，这可以说是欧盟经济一体建设成就的最直接的表现。

当然，在统一大市场中，还存在着一些阻碍正常竞争和自由流通的非贸易性壁垒，需要欧盟通过法律手段加以消除。而以欧元区为主要表现的货币联盟仍未覆盖欧盟所有的成员国，仍需向其他成员国扩展。

（二）欧盟在我国对外经济贸易中的地位

1975年，我国和当时的欧洲共同体建交，同时开始了双边贸易往来，可以说中欧间的贸易是促进我国改革开放和经济发展的重要因素，对我国的经济建设具有重要意义。到了21世纪，我国与欧盟都已经成为全球最重要的经济体之一，对世界经济的发展都有重要作用。

近年来，中国与欧盟双边关系发展良好，中欧贸易额不断扩大。随着我国的"走出去"和"一带一路"建设的发展实施，中欧贸易也迎来了快速发展的机遇期。

欧洲作为"一带一路"的目的地和目标市场，在过去，由于与我国在地理位置上较远的距离，双方之间的贸易往来通常都是通过海运来进行。但海运用时过长，已无法满足当今社会人们在运输速度上的要求。如今，随着"一带一路"建设的不断发展，中欧的货运班列已进入快速发展阶段，这大大缩短了运输周期，降低了运输成本，促进了中欧双方的贸易往来。

随着我国对外进出口贸易发展的不断加大，欧盟已成为中国第二大出口市

---

① 鉴于英国在本研究完稿前尚未完成脱欧进程，本研究将其依然列为欧盟成员国。

场和第一大进口来源地,并继续保持中国的第一大贸易伙伴的地位[①]。2018 年,中国对欧盟进出口总额达到 45 040.7 亿元,占我国进出口总额的 14.8%。[②] 在当前中美贸易摩擦形势严峻的背景下,我国与欧盟的贸易往来势必将更加密切。

(三) 欧盟国家与我国的税制结构比较

作为世界上税收一体化层次最高、范围最大的区域经济体的成员,欧盟各国都遵循统一的税收政策,并且对合理税制结构的标准存有共识,但由于本国的政治、经济、社会等因素,欧盟各国仍拥有其各自独立的税收制度,以便切实维护本国的税收利益。

从税种设置来看,我国与欧盟国家都遍布生产、流通、消费各个环节,涉及自然人和法人、收入和财产。比如在生产和流通环节,都课征商品税、增值税、消费税、关税等;在分配环节征收个人所得税、公司所得税、社会保险税、资本利得税、房地产收益税等;在财产持有和转让环节征收财产税、房产税等。

但从税种数量来看,较欧盟发达国家,我国税种数量明显偏少。我国现行税种 19 个,法国 200 多个、比利时和荷兰 100 多个、德国也将近 100 个[③]。欧盟国家的税种明显偏多,覆盖面更广,例如遗产税、赠与税等税种的征收,税制更复杂,对与税制紧密相连的纳税服务的质量与效率的要求也更高。

欧盟统一的税收政策使得欧盟各成员国在遵守统一的纳税服务体系建设的规则、建设多样化的纳税服务体系下,亦拥有各自的优势与特色。无论是在税收宣传、纳税咨询、办税服务方面,还是在权益保护、信用管理、社会协作方面。经过 20 多年的发展,欧盟兼具共性与特性的纳税服务体系已成为世界上独一无二的先进区域化纳税服务体系。

(四) 欧盟国家纳税服务经验的研究意义

欧盟是经历了半个多世纪的渐进式、阶梯式发展才达到了当前水平。研究欧盟国家纳税服务经验的意义主要涉及以下四个方面。

第一,"一带一路"倡议下,中欧贸易的重要性进一步凸显。对外贸易是我国国民经济的重要组成部分。而当前在我国外贸形势复杂严峻的情况下,

---

① 资料来源:参见海关总署历年统计月报或统计快讯。
② 资料来源:根据海关总署 2018 年报告整理。
③ 根据相关国家官方网站信息数据整理。

不确定和不稳定的因素增多，促进外贸平稳对我国的经济发展具有重要意义。近年来，欧盟已成为我国第二大出口市场和第一大进口来源地，是我国的第一大贸易伙伴。同时，鉴于欧洲是我国"一带一路"的目的地与目标市场，贸易畅通与便利高效的纳税服务机制紧密相关，为了促进中欧双边贸易的进一步增长和优化，对欧盟国家的纳税服务机制的研究显得尤为重要。

第二，维护我国企业和个人的合法权利。面对欧盟国家繁复且在某些方面不协调的税收制度和法律责任，我国"走出去"的企业与个人需深度通晓欧盟国家的纳税服务体系，才能保障自身的合法权益。

第三，学习欧盟国家纳税服务体系的科学合理之处。欧盟统一的税收政策是欧盟实现更高程度的经济一体化的基础。而欧盟国家虽然各自实行的税收制度存在差异，但都需要遵守欧盟统一的税收政策，在纳税服务方面亦然。为了遵守欧盟制定的统一的纳税服务建设的规则，欧盟国家都建立了符合欧盟要求的多样化纳税服务体系，并日趋完善，且各具特色。深入研究欧盟国家成熟的纳税服务法律制度，提炼其纳税服务在各个方面具有代表性的创新措施，不仅可为我国纳税服务的法律制度的科学性、现代化与便利化改革提供经验与借鉴，也将有利于深化我国对欧盟纳税服务体系中所体现的价值目标、结构体系、实施规则的理解与驾驭。不仅有利于促进双边贸易的深化，还可为我国的纳税服务改革提供参考与论据。

第四，学习和借鉴欧盟国家的纳税服务机制，对我国经济起到安全保障作用。随着国内市场的日益开放，大量的国外企业涌入国内市场，许多来自欧盟国家的企业和个人纷纷涌入中国。我国不成熟的纳税服务体系会导致偷税漏税的行为日益增多，降低来华企业的税收遵从度，造成税收收入的流失，从而影响我国的经济发展。因此，我国在努力完善纳税服务体系时，有必要参考欧盟国家成熟的纳税服务体系的经验，使来华的欧盟国家的企业和个人继续维持甚至提高其在原来国家的税收自愿遵从度，从而抑制偷税漏税等违法行为，保障我国的经济发展。

二、纳税服务的概念及相关理论依据

（一）纳税服务的概念与特点

纳税服务有广义和狭义之分：广义的纳税服务，包括从税收立法、税收司法、税收执法、税收筹划、税前辅导、税收管理、税收协助、税后的意见反馈收集和行政法规救济的整个税收链条；提供纳税服务的主体涵盖了税务机关、税收立法机关、司法机关、营利性的中介服务机构以及各类的志愿者组织和非营利组织。而狭义纳税服务是指：税务机关依据税收法律、行政法规的规定，在税收征收、管理、检查和实施法律救济的过程中，向纳税人提供的服务事项和措施。其提供纳税服务的主体仅指税务机关。本研究中讨论的纳税服务仅限于狭义纳税服务的概念。

我国的纳税服务理论发源于西方的公共管理理论和公共服务理论，成熟于我国建设"服务型"政府的体制改革实践，相对西方而言，发展时间较短。1990年的全国税制改革工作会议上首次明确提出"纳税服务"的概念。经过近三十年来的探索和实践，我国的"纳税服务"工作已经趋向于规范化、制度化。根据国家税务总局2010年颁布《纳税服务工作规范》中的规定，"纳税服务，是指税务机关依据税收法律、行政法规的规定，在税收征收、管理、检查和实施税收法律救济过程中，向纳税人提供的服务事项和措施，是税务机关行政行为的组成部分，是促进纳税人依法诚信纳税和税务机关依法诚信征税的基础性工作"。因此，我们可以认为为纳税人提供纳税服务是税务机关的法定义务和职责，是贯穿整个税收工作的重要内容，主要包括税法宣传、纳税咨询、办税服务、权益保护、社会协作。

纳税服务是服务的一种，与一般的服务有所不同，具有五大特点：一是纳税服务具有强制性。纳税服务的提供者是税务机关，是税务机关根据法律法规履行的一种义务，具有强制性。二是服务对象是纳税人。纳税人在履行纳税义务需要当地税务机关为其提供帮助时，纳税服务也随之就产生。三是纳税服务体现了法律约束。纳税服务的内容和税收法律相关联，如税法咨询、申报办理等。四是纳税服务的无偿性。纳税服务作为公共服务，具有无偿性，纳税人不需要为这种服务支付任何形式的经济代价。五是纳税服务的目的是提高纳税遵从度。税务机关通过多种纳税服务手段，降低纳税人的负担，自觉履行纳税义务。

（二）纳税服务的相关理论依据

1. 新公共管理理论

新公共管理理论产生于20世纪80年代末，主张政府在日常行政管理中仅仅扮演政策制定者的角色，认为政府应以顾客（选民）或市场（自由市场行为）为导向，转变大政府行政管理模式下政府和经济、社会制度之间的关系，重新定位政府与市场之间的权责划分，主张小政府、效率政府等观点；强调政府应采用私营部门的管理方式，或也称市场自我管理和自我服务，强调行政绩效考核；推崇公共服务市场化原则，认为引入市场化的竞争能限制行政腐败，提供公共效率，推崇在行政机关内部进行公务员人力资源考核。作为当代国外行政改革的主要理论基础，新公共管理理论从某种程度上说，反映出了公共行政发展的需要和目标，对西方国家的政府行政有着巨大的推动和指导作用。

新公共管理理论的产生对纳税服务的发展有着深远的影响，其所代表的人性化、高效化、透明化、市场化等工作理念，从理论方面为税务机关向纳税人提供更优质高效的服务做出了指导，为我国完善纳税服务指明了方向。

2. 服务型政府理论

服务型政府这一概念，出现于 21 世纪初期①，区别于传统政府管理模式②，服务型政府则是将政府功能和价值定位在为社会提供公共服务和增加公共利益上。近年来形成并发展出了一种成熟的政府管理模式，就是服务型政府。服务型政府与传统的政府管理模式不同，政府需要向整个社会各个阶层提供公平一致的服务产品，维护社会的公平公正、社会的和谐稳定；政府是通过公民的合法授权，根据公民的利益成立的，根本目的就是为民众提供服务。建设服务型政府是社会发展的需要，也是历史的必然选择。

党的十九大报告中明确提出，增强政府公信力和执行力，建设人民满意的服务型政府。可见，服务型政府理论已经逐步成为我国政府治理的主要理论依据。而税务机关作为政府的一个重要职能部门，为纳税人提供优质完善的纳税服务也符合我国建设服务型政府的要求。

3. 纳税遵从理论

纳税遵从，也被称作税收遵从，是与税收一同诞生的一个古老议题。而现代社会学科是从 20 世纪 70 年代才开始关注这一议题的。20 世纪 80 年代，美国税务部门委托国家科学院（NAS）开展专题研究后，西方国家普遍认识到税收遵从的重要性。我国是在 2003 年印发的《2002 年—2006 年中国税收

---

① Denhardt, Denhardt. The New Public Service: Serving Rather Than Steering [J]. Public Administration Review, 2000, 60 (6): 549–559.

② 传统的政府管理模式指的是，政府的功能是社会的管理者、裁判员、评价者，其价值定位是在于制定出准确、可靠、可参照的考量指标。

征收管理战略规划纲要》中第一次提到这个概念，指的是"纳税人依照税法的规定履行纳税义务"。

度量纳税遵从度的意义有二：一方面，它代表了纳税人依法纳税的意识；另一方面，它体现了税务机关税收征管的质量及效率。在现代社会，衡量某个国家税收制度及管理活动是否有效的一个重要标准就是纳税遵从度，同时纳税遵从度的高低也能直观地表达征纳双方的关系是否和谐。

而在实际税务管理工作中，纳税遵从度的指标会受到多方面的因素影响：一是税收制度，完善的税收制度必须兼顾公平和效率。税收制度的好坏直接关系到税收遵从成本的高低，复杂的税收制度容易导致歧义或不易理解，进而降低纳税遵从度。二是征管方式，税收征管的方式会对纳税遵从度产生直接的影响，如果征管力度不够，纳税人会偷逃税款，大大降低遵从度。三是社会文化与传统，纳税遵从度与社会文化与传统是紧密相关的。社会文化与传统对诚信、守法等宣传和重视程度越高，则纳税遵从度也越高。纳税遵从理论为完善我国纳税服务明确了发力点，就是提高纳税人的依法纳税人意识，也使构建和谐的征纳关系有了准确的落脚点。

三、基于欧盟国家经验数据的纳税服务模式选择

所谓经济基础决定上层建筑。不同的经济发展阶段，需要与其相适应的税收政策；同时，不同税收政策下的纳税服务模式也会有不同。纳税服务模式是服务税收政策，而税收制度则是由经济发展阶段决定的。我国的纳税服务为适应不同经济时期的税制发展，也大致地经历了三个阶段。

我国于 1994 年确立财政分税制以后的较长一段时间，税收政策的关注重点是财政收入筹集能力，以期确保政府能够履行其公共行政职能。1997 年税收征管改革，期间明确提出"以申报纳税和优化服务为基础，以计算机网络为依托，集中征收，重点稽查"的征管模式，首次把纳税服务明确为税收征管的基础工作。可见 20 世纪 90 年代中后期我国经济发展形势下税制对应的纳税服务模式是强制征管性模式。

2000 年以后，随着我国国力的逐步增强，税收政策除了满足筹集财政收入的需要外，也进一步成为了政府宏观经济调控的重要工具之一；2001 年全国人大常委会修订并重新颁布了《中华人民共和国税收征收管理法》，第一次将纳税服务确定为税务机关的法定职责，纳税服务由原来的税务人员职业道

德范畴上升到必须作为的法律范畴。由此我国纳税服务模式进入了监管与服务并重的时代。

2008年以后,我国经济进入新常态,税收政策成为了重要的宏观经济调控工具,纳税服务为适应税收政策和制度的转变,国家税务总局先后成立了纳税服务处、纳税服务司,并相继修改和出台了《中华人民共和国税收征管法》《纳税服务规范(试行)》等系列法规政策。现代意义的纳税服务在我国逐渐形成并不断发展。时至2018年,在我国经济实力显著增强,经济增速进一步放缓的新形势下,国家税务总局明确提出了减税降费的税收政策,与此相对应,我国的纳税服务也转向了放管服并举的模式。

另外,鉴于本研究参照的经验样本欧盟国家,其经济发展、税制和纳税服务模式也呈现出显著的三个阶段。这是因为欧盟国家在欧洲议会设立的财政蓝图约束下,辖区存在经济发展阶段不同、税收制度迥异的各色国家。有的国家推行简税制、轻税负的税收政策,有的国家实行直接税与间接税并重的复杂税制,还有的国家正处于政权动荡时期,经济尚待复苏,税收政策重点在于保障财政收入筹集能力。我们尝试在下文中利用欧盟国家的这一特点,以2018年世界银行《营商环境报告》与税收相关的统计数据(纳税次数、纳税时间、税费负担、税后流程)作为纳税服务模式的代理变量,并以其作为被解释变量,利用Probit/Logit模型,以各国经济发展各项指标作为解释变量,进行计量模型的经验分析,得出欧盟国家纳税服务模式的经验结果。再以我国2018年全年经济发展各项指标代入不同的经验模型,以期得出我国纳税服务模式的选择的统计结论与经验借鉴。

本研究的计量分析逻辑思路如下:由于欧盟各国的纳税服务模式受到欧盟《财政蓝图》的制约,同时考虑到欧盟作为一个统一的经济体,欧盟各国的纳税服务经验各不一致,以经济发达程度来划分,大致可以分为发达国家和转型国家经验;以纳税服务的演化阶段来分,又可以分为强制征管阶段、征管与服务并重阶段和纳税信用管理阶段。影响各国的纳税服务模式的选择因素复杂,根据制度经济学的理论,大致可以认为经济发展水平、经济开放程度、财政集中程度等会影响到纳税服务模式的选择。由于欧盟成员国众多,各国中经济发展阶段各不相同,纳税服务模式经验的参考依据也较多,但他们在欧盟内部要服从相对一致的《财政蓝图》。为考察欧盟各类纳税服务模式经验是否适用于我国所处经济发展阶段,我们先简要地将欧盟28个国家分为发达国家和转型国家进行经验总结。以此作为借鉴欧盟经验的时候,经济发展水平的不一致性经验的统计参照依据。

欧盟国家中的发达国家有 20 个,分别为英国、爱尔兰、法国、荷兰、比利时、卢森堡、德国、奥地利、丹麦、芬兰、意大利、西班牙、葡萄牙、希腊、斯洛文尼亚、捷克、斯洛伐克、马耳他、塞浦路斯、瑞典。转型国家有 8 个:保加利亚、克罗地亚、爱沙尼亚、匈牙利、拉脱维亚、立陶宛、波兰、罗马尼亚。

(一) 计量分析方法与数据说明

1. 计量分析方法①

在国际经验分析部分,本研究建立以纳税服务模式类型为被解释变量,以纳税服务模式选择影响因素为解释变量的计量模型。由于纳税服务模式类型是离散变量,应使用离散选择模型 (discrete choice model),常用 Probit 或 Logit 模型。又因为纳税服务模式选择是渐进的一个过程,其大致的制度选择是从强制征管模式到服务与征管并重模式再到纳税信用模式的有序变化(类似一种排序),因此应选择有序 (ordered) Probit/Logit 模型进行分析 (Greene, 2002; Wooldridge, 2002)。有序 Probit/Logit 模型建立在一个潜回归之上。

$$y^* = x'\beta + \varepsilon$$

其中,变量 y^* 是不可观察的,x' 和 β 分别是解释向量转置和待估计参数向量,ε 是扰动项。以有三个离散选择的模型为例,能够观察到的是离散选择 y:

$$y = 0, 若 y^* \leq \mu_1$$
$$y = 1, 若 \mu_1 < y^* \leq \mu_2$$
$$y = 2, 若 \mu_2 < y^*$$

其中,μ $(\mu_1, \mu_2)'$ 是阈 (threshold) 参数。给定 ε 的累计概率分布,可解出 y 的条件概率:

$$\begin{cases} \text{Prob}(y = 0 \mid x) = G(\mu_1 - x'\beta) \\ \text{Prob}(y = 1 \mid x) = G(\mu_2 - x'\beta) - G(\mu_1 - x'\beta) \\ \text{Prob}(y = 0 \mid x) = 1 - G(\mu_2 - x'\beta) \end{cases} \quad (6-1)$$

若 ε 是标准正态分布,则 G (·) 为标准正态累计概率分布函数,模型

---

① 关于制度模式选择的统计研究有学者在货币经济学的汇率制度选择中曾经实行过,本研究借鉴了王曦、朱洁瑜 (2008) 的文章所采用的统计方法。

即为 Probit 模型；若 ε 是 logistic 分布，则 G（·）为 logistic 累计概率分布函数，模型即为 Logit 模型。

式（6-1）中的未知参数 μ 和 β 可用最大似然方法估计。对于每个 i，对数似然函数为：

$$\log(\mu,\beta) = 1[y_i = 0]\log[G(\mu_1 - x_i'\beta)] + 1[y_i = 1]\log[G(\mu_2 - x_i'\beta) - G(\mu_1 - x_i'\beta)] + 1[y_i = 2]\log[1 - G(\mu_1 - x_i'\beta)] \quad (6-2)$$

事实上，有序 Probit 模型和有序 Logit 模型给出的计量估计结果几乎是无差异的（Greene，2002），因此，本研究只使用有序 Probit 模型。

在中国应用部分，笔者利用 μ 和 β 的估计值，将中国数据直接代入式（6-2）中，利用正态分布函数即可计算出中国选择纳税服务模式的概率。

2. 指标与数据

（1）被解释变量——纳税服务模式分类指标。

纳税服务模式以符号 *TSR* 代表，0、1 和 2 分别代表强制征管模式、征管与服务并重模式和纳税信用模式三个阶段。*TSR* 的判断依据参考 2018 年世界银行《营商环境报告》中纳税服务的统计数据①，判断依据是报告中排名处于前 1/3 的国家被认为是纳税服务模式处于纳税信用管理阶段，赋值 2；报告中排名处于中间 1/3 的国家认为是纳税服务处于征管与服务并重的纳税服务阶段，赋值 1；报告中排名处于后 1/3 的国家，被认为是强制征管性的纳税服务模式，赋值为 0。

（2）解释变量。

笔者对解释变量的样本国家或地区纳税服务模式的划分，仅简要地分成发达国家和转型国家两类。

借鉴现有研究，结合可能的数据来源，笔者尽可能全面考虑各种影响因素。所谓经济基础决定上层建筑，从税收制度的发展历程来看，也符合这一人类社会的发展规律。因此，我们将解释变量再次分为经济基础变量（*OCA*）和其他变量。笔者考虑的 *OCA* 变量包括经济规模（*Y*）、经济发展水平（*YPC*）、经济增长速度（*GY*）、经济开放度（*OP*）、国际金融一体化程度（*FDEP*）、税制集中度（*TRC*），每一个解释变量的代理标准如表 6-1 所示。另外，我们还结合新的研究考虑了通货膨胀诱因和政权稳定集中度两个因素。

---

① 在本研究成文的过程中，我们调查得知的最新消息是中国在该组织的该报告中纳税营商环境四要素的排名为 31 位，跃居前 1/3 的行列。

表 6-1 给出了各变量的代理变量、单位、符号和数据来源。样本期间为 2016~2018 年，数据均为年度数据。表 6-2 是变量的统计描述。

表 6-1　　　　　　　　　　　解释变量

OCA 变量

解释变量	代理变量	单位	代表符号	数据来源
经济规模	GDP（对数）	百万美元	Y	WEO
经济发展水平	人均 GDP（对数）	美元	YPC	WEO
经济增长速度	年度实际 GDP 增长率	%	GY	WEO
经济开放度	进出口总额占 GDP 比重	%	OP	WDI
税收集中度	中央政府财政收入占全部财政收入的比重	%	TRC	DOTS
国际金融一体化	国内外币存款占总存款比重	%	FDEP	IFS

其他变量

解释变量	代理变量	单位	代表符号	数据来源
通货膨胀诱因	CPI 年度变化率	%	INF	WEO
政权集中度	政权集中化程度	1~14	POL	Freedom House

注：IFS：International Financial Statistics（IMF）；WDI：World Development Indicators（World Bank）；DOTS：Direction of TradeStatistics（IMF）；WEO：World Economic Outlook（IMF）；Freedom House 对政权集中化的评分具有一定权威性，政权越分散则分值越低。

表 6-2　　　　　　　　　　　变量统计特征

	TSR	Y	YPC	GY	OP	TRC	FDEP	INF	POL
均值	1.10	4.12	8.12	3.42	67.63	28.17	24.53	11.83	5.52
中位数	1	4.17	8.42	3.12	56.80	23.78	17.01	2.40	4.50
最大值	2	7.20	9.82	8.79	240.17	89.59	87.34	158.99	14.00
最小值	0	0.42	4.59	-4.68	17.43	6.59	0.02	-3.57	1.89
标准差	0.92	1.88	1.95	2.14	36.80	16.10	23.57	23.76	4.07

注：表中为截面数据样本特征；解释变量为先分别对每个国家或地区计算其 2016~2018 年的平均值，之后构成截面样本。

从纳税服务模式选择（TSR）的数值是离散的，若其符合标准正态分布的假设，则均值和中位数应该相一致，标准差为 1。而从我们得到的数据统计描述上来看,其均值大于中位数 1,这就意味着这个欧盟作为一个经济体,也正处于由纳税服务型机关向税务信用管理机关过渡的阶段。标准差小于 1 则说明大多数的欧盟国家,可能包含转型国家,其纳税服务模式也是以纳税信用管理制度为依据的。

(二) 基于欧盟税服务经验的统计分析

1. 全部样本

我们先将欧盟 28 个国家的纳税服务模式视为一个样本,进行回归,回归结果如表 6 - 3 所示,模型 1 是全变量模型,模型 1R 是删除了不显著的变量后的简约模型。

表 6 - 3　　　　　　　　　　　全样本模型

	Y		YPC		GY		OP		TRC	
模型 1	-0.16	(-1.10)**	0.24	-1.06	-0.11	(-1.41)	0.02	-2.44	-0.05	(-2.11)**
模型 1R	0.16	(2.65)*	-	-	-	-	0.09	(2.46)*	-0.07	(-2.14)*

	INF		POL		FDEP		μ_1	μ_2	AIC	SC	对数似然	LR统计量
模型 1	-0.01	(-1.67)*	0.1	(1.73)**	-0.02	(-2.00)*	0.67	1.24	1.89	2.28	-54.95	32.87
模型 1R	-	-	-0.03	(-2.41)**	-0.02	(-2.15)**	-0.54	0.01	1.81	2.15	-61.84	31.88

注:带 R 后缀的为简约模型;括号内为 Z 统计量; ** 和 * 分别代表在 5% 和 10% 的程度上通过显著性检验。

从 AIC 和 SC 指标上看,简约模型表现均优于一般模型;单个变量的显著程度一般也是简约模型占优,因此最终选择模型 1R 作为欧盟经验应用的全样本模型:

$$x'\beta' = 0.16Y + 0.09OP - 0.07TRC - 0.03POL - 0.02FDEP$$
$$(\mu_1, \mu_2) = (-0.54, -0.01)$$
(6 - 3)

从式(6-3)中我们可以看出,一个国家(地区)的纳税服务模式的选择与该国(地区)的经济规模、对外开放程度成正比,即经济规模(Y)、对外开放程度(OP)越高的地区,则越倾向于选择纳税信用管理这一较为先进的纳税服务管理制度;纳税服务模式与税收集中度(TRC)、政权集中程度(POL)及国际金融一体化程度($FDEP$)则成反比,即税收集中程度、政权集中程度、国际金融化程度越高,则纳税服务模式更倾向于选择更原始的纳税服务模式。

2. 转型国家模型

为了考量不同经济发展阶段对纳税服务制度的选择差异的影响，我们将欧盟内国家分为发达国家和转型国家两个模型，进行观察。

其中，欧盟国家中转型国家的经验样本为 8 个。类似全部样本的分析步骤，计量结果如表 6-4 所示。

表 6-4　　　　　　　　　转型国家样本计量结果

	Y		YPC		GY		OP		POL	
模型 2	0.08	-0.43	0.07	-0.25	-0.08	(-1.31)	0.02	(2.24)**	0.14	(1.78)*
模型 2R	0.15	(1.94)*	-				0.01	(2.11)*	-0.11	(1.96)*

	TRC		FDEP		μ_1	μ_2	AIC	SC	对数似然	LR统计量	LR指数
模型 2	-0.04	(-2.24)**	-0.01	(-0.85)	0.82	1.60	2.18	2.64	-44.79	22.06	0.20
模型 2R	-0.03	(-1.82)*	-		0.99	1.72	2.01	2.23	-47.19	19.13	0.17

注：带 R 后缀的为简约模型；括号内为 Z 统计量；** 和 * 分别代表在 5% 和 10% 的程度上通过显著性检验。

表 6-4 中各个模型的对比表现与表 6-3 十分相似：从 AIC 和 SC 指标上看，简约模型（模型 2R）表现均优于一般模型（模型 2），单个变量的显著程度一般也是简约模型占优。因此，类似全部样本回归，选择模型 2R 作为欧盟中转型国家样本的纳税服务模式选择经验模型：

$$x'\beta = 0.15Y + 0.01OP - 0.11POL - 0.03TRC$$
$$(\mu_1, \mu_2) = (0.99, 1.72) \tag{6-4}$$

对比式（6-3）和式（6-4）我们发现：在全部样本回归中显著的国际金融化程度（FDEP）在转型国家样本中不再显著；经济规模（Y）、经济开放程度（OP）在两个样本中均显著（并且作用方向相同，其绝对值大小也基本一致）；一个重要特征是，政权集中程度，即 POL 在式（6-4）中影响显著性增大，成为更显著的解释变量。

从式（6-4）中我们发现，对于欧盟中转型国家纳税服务模式经验与国际金融一体化（FDFP）不一定密切相关，而影响一个国家纳税服务模式的选择的重要原因是经济规模（Y）、市场开放程度（OP）和政权集中度（POL）。其中在欧盟非发达国家的纳税服务模式的选择中可以看出，政权集中度（POL）对其纳税服务模式的选择更加明显。

3. 发达国家模型

我们以欧盟国家 20 个发达国家为样本进行计量分析，我们发现不同模型中全样本模型和简约模型的表现基本相同。因此，为了节省篇幅，本研究下面只给欧盟中发达国家简约模型（称为模型3R）的计量结果（见表6-5）。

表6-5　　　　　　　　发达国家样本计量结果

Y	FDEP	μ_1	μ_2	AIC	SC	对数似然	LR统计量	LR指数
0.931	-0.067	-7.88	-7.43	1.46	1.70	-12.52	14.54	0.37
(-2.48)**	(-1.59)#							

注：#代表在15%的程度上通过显著性检验，在小样本回归中，15%的显著程度一般可以接受。**代表在5%的程度上通过显著性检验。

模型3R的发达国家国际经验模型是：

$$x'\beta = 0.931Y - 0.067FDEP$$
$$(\mu_1, \mu_2) = (-7.88, -7.43)$$

(6-5)

将式（6-5）与式（6-3）和式（6-4）进行对比，我们发现：只有经济规模（Y）在所有模型中都是显著的解释变量；在转型国家回归中显著的解释变量在发达国家样本中不显著；国际金融化程度在式（6-4）中不显著，而在式（6-5）成为新的显著变量。而这些差异也直接说明，一国纳税服务模式的选择除了和经济规模正相关以外，对于不同经济发展阶段的国家来说，其制度选择的偏好也是不一致的。

4. 结论及其解释

一是通过全样本、不同国家类型的样本回归模型对比我们发现，发达国家与转型国家样本回归中显著的解释变量完全不同，说明二者具有完全不同的纳税服务模式选择规律。

二是总体样本包括两个有着不同经验规律的子样本集，总体样本是一个综合，在其综合过程中，总体样本模型中显著的变量必然是两个子样本中显著变量的某种折中——保留了一些子样本的显著变量，去除了另外一些变量。其中，国际金融一体化程度（FDEP）源于发达国家样本的贡献；贸易开放程度（OP）、税收集中化程度（TRC）和政治集中化程度（POL）等源于转型国家样本的贡献。

（三）欧盟国家纳税服务模式的中国应用及结论

中国2018年底的数据指标如表6-6所示。

表6-6　　　　　　　　　　　中国数据（2018年）

指标	OP	TRAC	FDEP	POL	Y
数据	65.67	20.00	3.61	13.00	6.8

将表6-6的数据代入式（6-2），计算出 $x'\beta = -0.89$，然后结合 $(\mu_1, \mu_2) = (-6.78, -0.05)$，利用式（6-3）计算出全部样本经验模型中，中国选择三种纳税服务模式的概率。类似地，利用式（6-4）计算出 $x'\beta = 1.76$，结合 $(\mu_1, \mu_2) = (0.95, 1.616)$；以及利用式（6-5）并结合 $(\mu_1, \mu_2) = (-6.88, -3.43)$，分别得到不同样本经验下的中国选择。从表6-7中我们发现，如果以全部样本的经验来看，中国选择纳税信用制度的概率最高，为63%；以转型国家样本的经验来看，中国选择强制监管型的制度概率高达69%；以发达国家的经验来看，中国几乎一定是要选择纳税信用制度（概率接近1）。

表6-7　　　　　　　　　　　国际经验的中国应用

	纳税信用模式	服务与征管并重模式	强制征管模式
全部样本（模型1R）	0.63	0.17	0.20
转型国家（模型2R）	0.10	0.21	0.69
发达国家（模型3R）	≈1.00	1.7×10^{-9}	1.3×10^{-9}

鉴于表6-7的统计，我们还可以进一步推论，我国目前的纳税服务模式是基本符合当前总体的经济发展和制度改革现状的。纳税服务模式是保障、适应、促进税收制度改革和经济发展的必要条件。

当前我国经济发展进入新的"矛盾阶段"，是"人民日益增长的美好生活需要和不平衡不充分的发展之间的矛盾"。为了适应此阶段的经济发展需要，我国的税收制度和纳税服务模式仍需进一步改进、提高和完善，才能满足广大纳税人对税收法治环境、和谐征纳关系、便捷纳税等美好生活的需要，才能积极应对和善于解决纳税服务模式与经济发展阶段、广大纳税人纳税服务需求之间的矛盾。

为了更好地适应这一时代对我国纳税服务模式的考验，仅从数据分析进行国际经验对比考量当然是远远不够的。我们还需要将欧盟国家纳税服务模式的制度经验纳入对比分析的范畴，以求更全面地比较分析结论。

四、欧盟国家纳税服务与我国的比较

(一) 欧盟国家纳税服务概况

1. 欧盟纳税服务模式基础简介

(1) 衡量欧盟国家税务部门建设的标准——《财政蓝图》。

1993年11月1日,随着《马斯特里赫特条约》的生效,欧盟正式成立,欧洲三大共同体(欧洲煤钢共同体、欧洲经济共同体和欧洲原子能共同体)纳入欧盟,发展共同外交及安全政策,并加强司法及内政事务上的合作,而后,逐步建立了欧盟统一的税收政策。

欧盟现在已成为世界上税收一体化程度最高的区域经济体。欧盟各成员国虽然都拥有各自独立的税收制度,但都必须遵循欧盟统一的税收政策。

在税务管理建设方面,欧盟委员会在1999年发布了一份《财政蓝图》,这既是欧盟各成员国税务部门建设的基准,也是各候选国加入欧盟的一个衡量标准。2007年,欧盟委员会在1999年的《财政蓝图》的基础上进行了修改,发布了《财政蓝图——健全、现代、高效的税务管理之路》(以下简称《蓝图》),将税务管理分成了五个部分,分别为税务管理部门的组织架构、税务从业人员的行为管理、税务管理系统的运行机制、纳税人服务和技术支持。

《蓝图》的着力点在于实行评分制度,其中的每个部分都设立了明确的目标和评分标准。每个国家在每个目标的最终得分都反映了其在该部分的实现程度和有待提高的空间。通过《蓝图》这种评分测评,能准确反映各国税务管理的现状,让各国的税务部门能准确确认其优势与不足,为各国税务管理部门指明改进的方向,以达到提高欧盟整体的最终目的。

(2) 财政蓝图的纳税服务评分体系。

《蓝图》的第四部分"纳税人服务"被分为三个子项,分别为:纳税人的权利与义务、纳税人管理系统和自愿遵从。每个子项中都有不同的关注目标和量化评分方式。

首先,"纳税人的权利与义务"项的目标是:"明确和宣传纳税人的权利和义务,使纳税人对税务系统的公平和公正有信心,并且了解不遵从会引起的潜在后果。"这一目标又被分为7个子目标:一是税务管理部门以透明的方式运作,以确保纳税人有充分的法律保障("纳税人的权利与义务"项的总分是 100 分，该子目标的总分为 15 分）；二是税务管理部门根据《欧洲保障人权和基本自由公约》（以下简称《公约》）第 8 条"尊重个人和家庭生活的权利"，严格尊重个人和家庭权利（该子目标的总分为 10 分）；三是税务管理部门充分尊重纳税人根据《公约》第 6 条"公平审判的权利"，得到代理或辩护的权利（该子目标的总分为 15 分）；四是当纳税人不同意税务管理部门的决定时，为纳税人提供公平和公正的上诉和申诉程序（该子目标的总分为 15 分）；五是在履行税务登记义务的前提下的税收遵从（该子目标的总分为 15 分）；六是在履行保持记录义务的前提下的税收遵从（该子目标的总分为 10 分）；七是强有力且明智的制裁制度下的税收遵从（该子目标的总分为 20 分）。

其次，"纳税人管理系统"项的目标是："开发可以管理所有纳税人相关数据的系统。"这一目标又被分为 4 个子目标：一是全面且精确地用于记录纳税人报税单等详细信息的系统（"纳税人管理系统"项的总分是 100 分，该子目标的总分为 30 分）；二是全面且精确地用于记录应税交易、行为或供给以及收到的税款的系统（该子目标的总分为 25 分）；三是监测和管理纳税人遵从表现的系统和程序（该子目标的总分为 25 分）；四是税务申报表简单清晰，纳税人可以通过清楚易操作的系统和程序将申报表提交给税务管理部门（该子目标的总分为 20 分）。

最后，"自愿遵从"项的目标是："确保以最少的行政干预，使纳税人在正确的时间缴纳正确数额的税款。"这一目标也被分为 4 个子目标：一是积极且持续地推动自愿遵从，以作为战略性纳税人遵从模型的一部分（"自愿遵从"项的总分是 100 分，该子目标的总分为 20 分）；二是通过了解纳税人特定群体或类型的需求或方法，将纳税人的遵从成本保持在最低水平（该子目标的总分为 30 分）；三是为纳税人提供易于理解和易于获得的指导（该子目标的总分为 20 分）；四是税务登记和核算的系统易于使用且管理高效（该子目标的总分为 30 分）。

《蓝图》在这三个项目目标的设计，能够准确测评欧盟各成员国的纳税服务水平，反映各成员国在优化"纳税服务"中应该考虑的各个方面、实现方式、方法以及各个子目标在税务管理部门为纳税人服务工作中的重要程度，为欧盟各国的税务机关在未来为纳税人服务的工作中，明确了努力的方向和衡量纳税服务水平的判断标准，为欧盟各成员国的纳税服务建设设定了统一的规则。

2. 欧盟国家纳税服务的现状和特点

（1）完善的纳税人管理系统。

欧盟国家都设立了符合《蓝图》规定的纳税人管理系统，将税务管理的基本业务纳入计算机管理，通过网络与信息技术进行集中处理，为纳税人提供规范、透明、全方位的管理和服务。大力打造税务网站，发挥其便捷、准确、成本低的优势，运用电子信息技术提高纳税服务质量。在欧盟国家的纳税人管理系统中，一般都涉及两个方面的纳税服务。

一是信息服务。主要进行税法宣传，及时发布最新的税务信息，为纳税人提供税务文件下载和纳税指南视频，帮助纳税人及时、准确、完整地掌握税务信息。同时，利用社会资源来进行税法宣传。德国的纳税人协会办有月刊《纳税人》，刊载税收法律法规和各种统计数据，通过新闻媒介开展宣传活动，提供税务信息服务。法国的中小企业管理中心，对新出台的税收政策法规进行及时的宣传，保障了申报纳税的准确性。

二是办税服务。通过税务网站的建立，可以为纳税人提供更加便利的服务。欧盟国家的税务网站已经成为为纳税人提供办税服务的重要媒介，主要表现在以下三个方面。

首先，开辟网页导航，为纳税人提供简单、清楚、易操作的网上办税服务。包括网上注册、网上更新地址和联系方式、网上申报、网上缴纳税款、网上修改纳税申报、网上查询纳税记录、网上下载纳税申报表等文件、网上请求税务裁定等，信息技术被欧盟国家用于办税服务的整个过程，办税服务高度电子化、信息化，渗透到各个环节。尤其是在进行网上修改信息方面，可以让自然人纳税人及时在税务网站自主更新自己的家庭状况，比如需养育的子女的人数等，修改个人所得税税前扣除项目信息，更好地体现了纳税人管理系统的精细化和灵活性，促使个人所得税的征收管理更及时高效，便于汇算清缴。荷兰还开发出电子邮件分发自动化的系统，通过借助字符识别等工具来阅读税务网站收到的电子邮件，根据对应的关键词语，邮件将随后被系统发往对应邮箱，每位税务网站人员登录邮箱后就可以立即处理邮件。

其次，欧盟国家还根据纳税人群的不同提供不同的服务，对不同类型的纳税人实施差异化管理和服务。如比利时为不同的客户提供的个性化纳税方式选择。对于个人，建立"个人账户"登记注册后可在比利时税务网站上看到其涉税信息，包括纳税情况、税款核定情况、地址、联系电话、联系邮箱等；对于企业，建立"企业账户"，方便企业便捷访问、提交企业所得税申报表、退税事务查询等。

最后，纳税人管理系统还可以进行规范、有效的税务检查。纳税人通过网络进行申报，税务网站提供网上审核、缴纳税款的服务，同时，与其他政府部门的资源进行整合与信息共享，使税务机关通过系统对税源进行监测和稽查。如法国已将税收征管信息化作为对税收征收计算和监督管理的有效手段。税务网站与财政、银行、社保等其他政府管理部门的信息资源进行共享。法国税务管理部门对纳税人的收入实行监控、扣缴的数据资料和纳税人申报的数据资料都会一经发生则随时输入管理系统，纳税人在不同的时间、地点所获得的收入以及应税项目的原始资料都会被及时输入进系统，方便税务人员随时查找核定。

（2）税务咨询方式多元化。

欧盟各国为了提高税收遵从度，都极力向纳税人提供多样且便捷的税务咨询方式。大部分都有网络咨询服务、电话服务、税务服务中心，通过文字、语音、影像等方式向纳税人提供即时的在线咨询服务。有些国家还为纳税人提供纳税培训。比如在比利时，每年的五月、六月，税务机关都会为纳税人提供培训服务，帮助他们了解如何填写纸质版和电子版的报税单，以便纳税人可以在报税截至日期前提交纳税申报表。据比利时税务局官方统计，2019年5月2日至6月28日，共有超过61.5万人申请并接受了纳税培训服务，促进了纳税人税收遵从度的提高。

（3）规范的纳税人权利保障措施。

欧盟成员国大部分为西方发达国家，在各国税负逐年加重、纳税人大量增加的情况下，税务部门极其重视纳税人权利在法律上的保护。

第一，税收法定原则被普遍应用，欧盟国家为加强纳税人权利的保障，纷纷通过立法的方式来保护纳税人的合法权利。而对于税收事项的立法，层次往往很高，欧盟许多国家的宪法都对纳税实务有所提及，如《法国宪法》第34条规定："法律规定所有税种的税基、税率和征税方式。"也就是说，没有由法律的形式确定的税种的税基、税率和征税方式的文件都是无效的，纳税人不必遵守其中的规定，纳税人的权利由法律来保障。

第二，绝大多数的欧盟国家都以纳税人宪章或纳税人权利法案等形式的专门的法律文件来正式明确纳税人在税收事务中应享受的各种权利。如法国的《纳税人权利与义务宪章》，明确了纳税人的各项权利与义务，使纳税人可以具体了解在税收事务所享有的权利，同时，也向纳税人解释税务审查与税收救济的具体程序。这些法案和宪章所赋予纳税人的权利包括知悉权、公平对待权、税款确定权、委托税务代理权、免费获取纳税资料和帮助的权利、保护自己私人和金融信息机密的权利、上诉的权利、要求取消处罚的权利等各个方面。

第三，税法内容详细，语义明确。欧盟的官方语言有24种，这包括欧盟28个成员国的官方语言，其中法语、英语和德语是在欧盟官方法律文件中被使用最多的，而当同一份法律文件在不同种语言版本中有语义含糊甚至是冲突的时候，以法语版本为准。这是因为在法律法语中，每一个法律用词都极其严谨。而在税法法语中更是如此，连"税"这个词都有5个不同的法语单词来代表不同的税种类别，将法律用词的严谨性做到了极致。

第四，成立纳税人维权组织，代表纳税人的利益，维护纳税人的合法权利。如德国的纳税人协会，该组织的宗旨是帮助纳税人维护自身合法权益，依法履行纳税义务，监督国家机关在财税方面的政策法规，对政府的财政税收活动施加影响。它的目标是：改革税制，使政府能够有效地使用税款，节约财政；将税收的额度限制在必要的范围内；有关税收的法律法规必须顾及纳税人的承受能力；税法条文必须简洁明了，使纳税人便于理解；简化纳税手续；限制政府开支范围，国家财政开支必须符合国家的经济现状等方面。德国的纳税人协会当会员在纳税事务上遇到问题的时候，会给予无偿帮助，甚至还会帮助聘请律师，帮助其解决困难。法国的中小企业管理中心，对中小型企业进行税收指导，帮助它们管理账目；还建立企业会员名录，将其定期更新提供给税务管理部门，使会员企业得以享受税收优惠的同时，税务机关也可以及时了解和更新中小型企业的信息，确保其税收信息的真实性和准确性，保障纳税人的合法权益。

（4）成熟的纳税信用体系。

目前欧盟主要发达国家已经具备完善的纳税信用体系，公民诚信纳税意识比较强。很多国家将纳税信用与纳税人享受到的社会福利相关联，促进了国家纳税信用体系的发展。

例如法国，税收制度体系比较完善，社会公众信用意识较高。法国拥有完善的税务信息共享平台，各税务机关的内部信息达到高度共享。纳税人可以随时登录法国税务局的官方网站，查询自己的纳税信用记录，包括缴税、欠税、分期支付、税收返还等。同时，法国设置了严厉的纳税失信惩戒机制。如果纳税人逾期缴纳税款，该纳税人所有的退税、家庭补贴、儿童福利金等申请亦将被停止。这也从侧面上促进了纳税人税收遵从度的提高。

(5) 纳税服务社会化。

欧盟国家的纳税服务虽然寓于整个征管过程中，但税务机关并不会为纳税人提供无限度的服务，而是与其他提供纳税服务的社会机构合作分工，共同构成纳税服务体系。这主要体现在以下两个方面。

第一，在税务咨询方面，欧盟很多发达国家的法律都规定，每个企业、公司都必须聘请注册会计师进行查账，税务部门将注册会计师出具的报告视作重要的参考性文件，以便确定纳税人的有关税收事项。以法国为例，由于法国的税制较为复杂，纳税人了解相关税收政策一般都是通过税务代理人。极少企业、公司会自主申报纳税，更多的是委托税务代理人即会计师进行纳税申报。纳税人也可委托会计师作为税务顾问为企业提供咨询参谋等服务。这样既可以提高纳税申报质量，又可以通过会计师查账来纠正会计报表，避免大量涉税违法现象的产生。

第二，在维护纳税人的合法权利方面，如前文所述，欧盟很多发达国家都成立了纳税人维权组织。以德国的纳税人协会为例，该组织既旨在帮助纳税人维护自身合法权益，又帮助纳税人依法履行纳税义务。它通过新闻媒介开展税法宣传活动，给予纳税人无偿帮助，帮助他们解决纳税事务上遇到的困难。

3. 对欧盟国家纳税服务的评价

欧盟成员国大部分都是西方发达国家，税收工作都受到了国家各级政府的重视。20世纪80年代后，发达国家逐渐将纳税服务工作的重心转移到提高纳税人的自愿遵从度上。基于欧盟国家对《蓝图》的实践，可以通过它们的经验做法总结出以下三个特点。

第一，"保障纳税人权利"是欧盟国家纳税服务工作的基础。为了保障纳税人的合法权益，欧盟为纳税人享有的权利是否得到保障给出了详细的衡量标准，明确了纳税人应当享有的各项权利，促进了欧盟国家的税务部门对纳税人权利保护工作的优化，从而使纳税人自愿依法履行纳税义务。

第二，借助信息化管理系统，有效提高纳税服务的质量与效率。在税收管理系统方面，欧盟更强调系统的易操作性，即是否能够为纳税人提供简单、清楚的操作系统，以达到提高自愿税收遵从的目的。

第三，以提高纳税人的自愿遵从度为目标来建设纳税服务体系。欧盟强调以最少的行政干预，使纳税人能够依法自愿履行纳税义务，重视减轻纳税人的遵从成本，从而使纳税服务的水平提高。

（二）我国纳税服务的发展现状

1. 我国对纳税服务的发展历程

我国首次提出纳税服务的概念是在1990年的全国税收征管工作会议上。1997年，税收征管进行改革，国务院批复了国家税务总局提出的《关于深化税收征管改革的方案》，明确新的税收征管模式为"以纳税人申报和优化服务为基础，以计算机为依托，集中征收，重点稽查"，纳税服务首次被明确为税收征管的基本工作。

2001年修订的《中华人民共和国税收征收管理法》首次以法律的形式，将为纳税人服务工作纳入我国税务机关的职责范围内，明确了纳税人与税务管理部门双方的权利与义务，在一定程度上改善了双方地位不对等的问题，为税务机关开展纳税服务工作奠定了法律基础。

2002年，国家税务总局征收管理司设立"纳税服务处"，这也是后来2008年组建的"纳税服务司"的雏形。现在，纳税服务司已成为国家税务总局主管纳税服务工作的综合职能部门。它的主要职责是：组织实施纳税服务体系建设；拟订纳税服务工作规范和操作规程；组织协调、实施纳税辅导、咨询服务、税收法律救济等工作，受理纳税人投诉；组织实施税收信用体系建设；指导税收争议的调解；起草注册税务师管理政策，并监督实施。内设综合处、涉税服务监管处、税法宣传处、办税服务处、纳税人权益保护处、纳税信用和服务规范管理处、小微企业服务处。

2005年，国家税务总局制定了《纳税服务工作规范（试行）》，纳税服务被明确定义为："纳税服务，是指税务机关依据税收法律、行政法规的规定，在税收征收、管理、检查和实施税收法律救济过程中，向纳税人提供的服务事项和措施。"在这份文件的第二章中，纳税服务的具体内容被详细列明，可以被归纳为四个方面：税收宣传、税收征管、纳税协助和权益维护服务。

税收宣传指的是税务机关运用咨询服务等方式为纳税人、扣缴义务人向纳税人宣传税收法律、法规和政策，普及纳税知识，使纳税人、扣缴义务人能够及时、准确地了解国家税收信息，从而自觉、及时、正确地缴纳税款。

税收征管指的是税务机关为纳税人所提供的税务登记、纳税申报、税款征收、税务检查、涉税审批、税收援助等服务。

纳税协助指的是税务机关为纳税人提供便利的办税条件，比如告知纳税人联系方式、岗位职责、服务事项和监督方法；向纳税人提供提醒告知、援助服务、预约服务等服务方式；为纳税人提供便利的办税条件，比如，纳税服务厅、纳税服务热线、税务网站平台的搭建等。

权益维护服务指的是纳税人享有申请税务行政复议、提起税务行政诉讼、请求税务行政赔偿和要求举行听证的权利。

2015年，国家税务总局发布《全国税务机关纳税服务规范（2.3版）》，明确了税务登记、税务认定、申报纳税、优惠办理、税收宣传、税收辅导、纳税咨询、权益维护等纳税服务的工作规范。

2019年8月底，国家税务总局发布《全国税务机关纳税服务规范（3.0版）》。这份文件根据"最大限度便利纳税人，最大限度规范税务人"的原则，在保持原有框架的基础上进行优化调整，鼓励各地创新办税方式，进一步提高办税服务质量与效率。

《纳税服务工作规范（试行）》《中华人民共和国税收征收管理法》以及《全国税务机关纳税服务规范（3.0版）》，这三份文件相互补充，为我国税务机关的"为纳税人服务工作"明确定位，也为各级税务机关提高纳税服务水平提出了具体要求。

2. 我国纳税服务的现状和特点

（1）多渠道、多主体、全方位进行税法宣传服务。

税法宣传是税收工作的重要构成部分，是纳税服务中不可或缺的重要内容。它在社会经济活动中发挥着优化纳税服务、增强纳税遵从度、树立税务部门良好公众形象、提高整个社会依法纳税意识的重要作用。我国税法宣传在税务部门的长期努力下，开展了许多形式多样、系列化的税法宣传活动。其中最典型的就是每年一度且已成功开展的"税收宣传月"活动。税法宣传的深入开展，有效提高了整个社会的依法纳税意识和纳税遵从度，促进了良好税法环境的建设，推动了税法事业的进步和发展。当前，我国税法宣传的特点有以下三方面。

第一，我国税法宣传服务已经进入宣传渠道多样化的时期。随着我国纳税服务模式的改革，税法宣传服务从最初的宣传模式单一，已经逐步发展成结合报刊、广播、电视、手机通信、微信、微博等各媒体的性质以及特点，立体、交叉地广泛利用社会资源与文化传播系统合作开展宣传活动。重视纳税人需求，精准推送税收政策。

第二，我国税法宣传服务已经进入了多主体时期。目前，我国税法宣传的主体呈现多样化的态势，按照税收立法、税收征管、税收司法的三个阶段来分，目前我国税法宣传的主体包含人大、国务院、财政部、国家税务总局（税收立法部门）、财政部门、税务机关、海关（税收征管部门）和各级公安部门、检察院、法院（税收司法部门）。税法宣传主体的多样化确保了在税法宣传贯穿了税收立法、税收征管、税收司法的制度逻辑环节；确保了纳税人税收立法、税收征管、税收司法中的知情权；同时也进一步明确了税收"取之于民，用之于民"的权力与义务；最后通过税收司法的宣传也警示了税收违法犯罪的行为。

第三，我国税法宣传服务已经进入了个性化服务的时期。随着我国国地税机构合并改革的尘埃落定，我国税法宣传服务的流程进一步简化，统一了税法宣传的口径。

（2）新技术助力纳税咨询和办税服务质量全面提升。

随着互联网技术的不断发展，近年来云服务、"互联网+"、大数据、AI智能化技术等技术被广泛地应用于我国的纳税咨询服务和办税服务。为顺应"互联网+"发展趋势，推动互联网在税收工作各领域的深入应用，促进传统税收服务和管理模式的变革，国家税务总局制定《"互联网+税务"行动计划》。

在纳税咨询"云服务"中，纳税人需要查询相关税务知识时，仅需通过手机、计算机、平板电脑等终端设备采用文字或语音的方式在平台上输入需要查询的内容，系统就会通过智能语义分析，从知识库中自动进行问题和答案的检索、匹配，对于模糊存有歧义的问题，辅助系统会启用模拟人工互动方式，引导纳税人逐步进行问题细化，直至找到所需的相关税务知识。

同时各省份税务机关借助"互联网+"和大数据的先进技术，联合中税答疑等高新技术企业推出答疑查询系统、财务通、税管家、全国办税通、税法进万家等系列产品。

在办税服务中，基层税务局纳税服务大厅，推出了智能服务大厅业务，集中设置了智能导税、智能受理、智能取号、智能柜台及智能存取等版块，还有新型24小时自助办税区，并支持跨区远程办税。利用AI智能技术，推出了"纳税人画像"系统，通过收集系统各项数据，分析纳税人涉税情况、行为特征、潜在风险等，为纳税人提供"体检报告"，在提高纳税人涉税遵从、降低税收风险的同时，实现快速定位、精准服务的智能办税效果。

（3）纳税人权益保护服务日趋完善。

纳税人权益保护是指纳税人在依法履行纳税义务时，由法律确认、保障与尊重的权利和利益,以及合法权益受到侵害时,纳税人所应获得的救助与补偿的权利。目前,我国纳税人权益保护保障服务体系正日趋完善。

第一,2008年成立纳税服务司并下设纳税人权益保护处,指导纳税人权益保护工作;2014年开始制定纳税服务规范(1.0版~2.3版),不断提升完善纳税人权益保护工作。

第二,纳税人权益除了在税法宣传、纳税咨询和办税服务中保障纳税人的知情权和提高纳税人办税效率以外,纳税人权益还应体现在纳税人对税收立法、税收征管、财政预算和税收司法的监督权。自2015年修订的《中华人民共和国预算法》正式实施以来,纳税人对税收法律、法规、政策的各个流程的监督权也在日益加强。

第三,纳税人税收投诉和维权空间不断扩大。在国地税统一的改革大背景下,我国税务机关以12366纳税服务热线为基础,结合税务网站、公共媒体和互联网渠道,建立受理诉求、分析诉求、解决诉求、反馈结果四个快速响应机制,拓展纳税人维权空间。

第四,在本轮"减税降负"的税收优惠政策周期中,纳税人的经济权利和政策红利得到了更好的保障,推进了我国的税收公平,确保了纳税人有一个税收负担公平、合理的市场环境。

(4)纳税信用管理体制日渐成熟。

国家税务总局自2003年颁布《纳税信用等级评定管理试行办法》,到2014年10月发布《纳税信用管理办法(试行)》的十余年中,我国从纳税信用信息采集、纳税信用信息评价、纳税信用信息公布及应用四个方面构建了我国纳税信用管理的基本框架。目前我国已经建成针对企业纳税人的纳税信用评价体系。截至2019年,随着个人所得税综合申报制度的改革,我国自然人纳税信用管理制度框架也初见雏形。

(5)纳税服务行业市场化进程助推纳税服务社会协作。

我国纳税服务发展至今,随着纳税服务、税收服务市场化程度的日益深化,纳税服务社会协作也逐年深化。特别是在本轮"减税降负"的税收政策周期中,借力第三方税收服务中介结构,从"减税降负"的税法政策宣传到税收咨询服务,从税收政策的解读到纳税业务的咨询与辅导,我国税务机关利用政府采购咨询、服务等政策支持,大力推进我国纳税服务的市场化进度。利用政府、市场中介、纳税人三方的不同优势,全面推进纳税服务社会协作。

3. 我国现阶段纳税服务的评价

我国纳税服务模式经过 30 多年的发展和完善，特别是在我国服务型政府、放权减政等执政理念的引领下，依托信息化改革平台，我国的纳税服务模式也呈现出新的特点。而 2019 年 8 月，我国国家税务总局公布了的《新版纳税服务规范（3.0 版）》，使得我国办税流程更规范，税制和办税流程得到了进一步的简化，显著地提高了我国税务机关整体纳税服务水平。现阶段，我国纳税服务水平呈现出了新的特点。

（1）办税效率大幅提高。

按照简政放权要求，新版纳税服务规范取消"印花税票代售许可审批"和"非居民企业选择由其主要机构场所汇总缴纳企业所得税的审批"两项审批。为有效解决纳税人新办难、注销难问题，新版纳税服务规范改税务登记为信息报告，推行新办企业"套餐"；改税务注销为清税申报，推行"免办""即办""承诺办"，下大力气优化新办注销程序。

其中，新办企业"套餐"在部分地区试点以来，受到纳税人广泛欢迎。在广东、江苏等地，税务部门推出新办企业"综合套餐"服务，把多次填表、多个流程、多次跑路转化为电子税务局"一键申请"、办税服务厅"一窗出件"、新办纳税人"最多跑一次"。"只要在网上点点鼠标，就把税控盘和发票一次性都领到了。"

较之前《纳税服务规范》，新版纳税服务规范大幅精简纳税人办税资料，减少纳税人报送资料 1 895 份，精减 42%，148 个事项实现"最多跑一次"。"简政便民的同时，我们还创新思路转变服务方式，还权还责于纳税人，明确纳税人自主纳税申报缴税、自主选择享受税收优惠等内容，给纳税人更多自主选择权。"

据了解，为科学合理制定新版纳服规范，税务总局深入总结各地办税服务经验，将可复制推广的创新经验纳入规范，如深圳税务部门的"非正常户解除前置事项移动办"、"拓展在线缴税方式"、重庆税务部门的"一表集成""要素申报"等，引导各地对标提升纳税服务水平。

（2）构建和形成了便捷的税务营商环境。

我国 2019 年新版纳税服务规范针对整合涉税事项、拓展办税渠道、税收优惠事项清单等多个方面进行简化、优化，逐步构建和形成了便捷的税务营商环境。

在整合涉税事项方面，我国新版纳税服务规范中要求，将原国税地税 98

个共有办税事项由"两次办""联合办"变为"一次办",对附加税(费)申报、房产交易申报等 34 个关联事项实行"串联办";同时简化办税流程,提供操作指引,整体提升办理效率。在规范业务流程方面,将业务流程分为受理、办理、反馈、存档 4 个环节,明确各环节执行步骤;严格落实"窗口受理、内部流转、限时办结、窗口出件"等要求,加强前后台衔接,消除办理流程差异,有效规范纳税服务工作。

在拓展办税渠道方面,加强电子税务局建设,提高网上办税、自助办税比重,明确通过电子税务局、移动端或自助终端办理事项,为纳税人提供多元化办税渠道。新版纳服规范公布税收优惠事项清单内容,明确除依法须核准和备案的情形外,一律由纳税人"自行判断、申报享受",支持减税降费政策落地落细。如,对增值税退税,规定留抵税额退税时间由 20 个工作日提速到 10 个工作日,入库退(免)税时间由 20 个工作日提速到 15 个工作日,出口退税时间由 20 个工作日提速到 10 个工作日,全面提速增值税退税时限。

(3)办税减负和完善市场环境并举。

新版纳服规范制定过程中,税务总局坚持放管服结合,既瞄准办税负担做"减法",又在后续管理上做"加法",多举措完善事中事后管理制度,为企业创造公平公正的市场环境。

首先,办税方面,强化实名验证。全面推行实名办税,对发票领用、发票代开、税务注销等高风险事项,明确实名验证要求;对其他事项,通过减少报送资料引导办税实名验证,有效甄别办税人员身份信息,对涉嫌虚领虚开发票等违法行为进行"锁定",既有效防范逃避税风险,又切实保障守法纳税人权益。

其次,税收征管方面强化管理衔接。将管理措施向纳税人办税事项传递,比如把新办纳税人发票管理、小型商贸批发企业实行辅导期管理等内容纳入规范,明确申领发票的用量和最高开票限额;围绕加强前台风险应对,增加提醒纳税人更正纠错要求,对低风险事项合理提醒,对中高风险事项及时阻断。

最后,建立和完善税收信用制度,强化信用监管。坚持守信激励、失信惩戒,明确对 A、B 级纳税人,在发票领用、出口退税、享受税收优惠、留抵退税、税务注销等方面提供便利;对 C、D 级纳税人,在发票供应、退(抵)税办理、出口退税等方面给予约束,促进纳税人诚信自律。

（三）我国与欧盟纳税服务的比较

从前文对我国和欧盟国家纳税服务模式的相关制度梳理中，我们可以发现，我国与欧盟国家的纳税服务模式各有特点，各具优势。为更好、尽快提高我国纳税服务模式，我们先将中国及欧盟国家纳税服务模式的相关制度比对总结如下：

1. 我国较欧盟国家纳税服务模式的优势

（1）我国的纳税服务信息化手段较欧盟国家更为先进。

相较于欧盟国家纳税人的纳税习惯为使用互联网及电脑操作平台进行纳税，我国的纳税人的纳税行为习惯变化更快、行为种类更多，具有较大的代际差别。针对国内这一纳税人的行为特点，我国纳税服务信息化的服务种类更为多样，如移动办税、手机办税和云办税等服务模式更为多样，较欧盟国家总体纳税服务信息化更为先进。

（2）我国纳税咨询信息化的高科技应用方面较欧盟国家更为先进。

我国与欧盟各国都将税务管理业务纳入计算机管理范畴，极力向纳税人提供更加便捷的纳税服务。在纳税咨询服务方面，除了传统的电话咨询、服务中心咨询外，AI智能化技术也被中欧引入纳税咨询服务的领域，为纳税人的纳税申报提供了更便利化的条件，在线及时为纳税人提供纳税咨询服务。

2. 我国较欧盟国家纳税服务模式的不同与差距

（1）社会中介在欧盟国家助推税法宣传工作。

在税法宣传方面，我国与欧盟国家的税务部门都为纳税人提供了多样化的税法宣传服务。随着高新科技的发展，都纷纷利用网络媒体进行多渠道的税法宣传活动，帮助纳税人获得准确的税务信息。

不同的是，在欧盟发达国家，社会中介组织也会参与税法宣传的工作，帮助纳税人及时掌握最新的税务信息，保障纳税人的合法权益；纳税人管理系统也能及时将最新的税务信息通过文件、视频等方式传递给纳税人，帮助纳税人及时了解最新的税收动态。而我国在社会中介这方面的发展仍处于起步阶段，税法宣传工作仍然要依靠各部门的协作；各地区的税务网站建设也缺乏统一性，不利于税法宣传工作的全面进行。

（2）欧盟国家办税服务系统高效便捷。

在办税服务方面，我国与欧盟国家虽然都开辟了纳税人管理系统，为纳税人提供网上办税服务，但在税务检查方面，欧盟国家注重税务部门与相关部门的相互协作配合，信息共享。通过获取到的涉税信息，税务部门可以通过纳税人管理系统进行税务检查工作，检查纳税人是否有偷税漏税的行为。而我国的各部门信息共享建设尚未完成，无法使税务部门通过系统获得更全面的涉税信息，从而对税源实施监控和稽查。

在办税服务系统方面，欧盟国家已经实现了在信息共享的前提下，税收申报、管理系统的统一。以个人所得税为例，纳税人仅需要使用一个系统，进行纳税申报和税收返还。该系统中会记录和提供纳税人各项收入、税收优惠、加计扣除等信息，在申报期内，纳税人仅需登录这个系统审查自己的应税信息是否准确，并点击确定即可以完成个税的申报工作。申报完成后系统自动完成税收返还的核定工作，并依据税法在返还期内退还到纳税人的相应账户。

（3）欧盟国家纳税信用管理体制具有先进优势。

欧盟发达国家已具备成熟的纳税信用体系，而我国的纳税信用体系建设在纳税信用信息采集和纳税信用评价结果的应用这两个方面，较欧盟发达国家还存在一定的距离。

首先，在纳税信用信息采集方面，欧盟国家的税务部门的信息与其他相关部门的涉税信息达到资源共享，信息共享程度高，而在我国，这项工作尚未完全普及，还无法在全国范围内完全做到与其他相关部门信息资源共享，信息采集工作有待完善。

其次，在纳税信用评价结果的应用这方面，欧盟国家将纳税信用与纳税人所享有的社会福利挂钩，实施明确的纳税失信惩戒机制。而我国的纳税失信惩戒机制尚处于完善中，还未在全国范围内完成统一的多部门、跨地区的联合惩戒机制的建立，以惩戒纳税人的失信行为，促使纳税人提高诚信纳税的意识。

总之，无论是强大的信息技术支撑体系，还是刚性的失信惩戒措施，都客观上推进了欧盟国家纳税信用体系的良性发展，体现了欧盟在信用管理体制建设方面的优势。

（4）我国与欧盟纳税人权利保护措施差距明显。

随着法制建设的逐步加强，相比于过去，我国已日益重视纳税人权利的保护。但是相比于欧盟，仍然存在着较大差距。主要体现在：首先，税收立法缺少对税收法定原则的遵循。在我国现行的税收法律法规中，行政法规和各类规范性文件占了大多数，由行政机关制定和颁布的税收法律文件的数量远超立法机关所制定和颁发的税收法律文件的数量。其次，我国没有专门的法律文件来规定纳税人的权利。纳税人有关权利则散见于《中华人民共和国宪法》《中华人民共和国税收征收管理法》等相关法律法规中，纳税人的权利体现不充分。再次，由于立法技术的原因，有些权利规定的条款也不及欧盟国家的明确，不具有可操作性。最后，对比欧盟国家的实践，纳税人权利保护的三大主体，即纳税人自身、税务机关和社会组织，保护纳税人权利的力度还不够。我国税务机关由于既行使税收执法权，又是税收立法权的行使主体，往往更强调依法行使征税权，而将履行自身的义务放在次要的位置，使纳税人权利在某些时候得不到充分尊重。

（5）欧盟国家为纳税人提供更多社会协助。

欧盟国家拥有规范的纳税服务社会化体系，无论是营利性的纳税服务机构，包括会计师事务所、税务师事务所等税务代理机构，还是非营利性的、独立于政府机关的纳税服务机构，比如纳税人协会，都在不同方面、不同程度上与税务部门进行合作，在维护纳税人的合法权利方面发挥了重要作用，同时也促进了税务部门不断完善纳税服务工作。而我国的纳税服务社会协作尚处于起步阶段，虽然会计师事务所、税务师事务所等税务中介在我国持续发展，但纳税人协会这种专门保障纳税人的合法权利的非营利性的社会机构并没有发展起来，无法对政府的纳税服务政策措施施加影响，以促进我国纳税服务体系的不断完善。

五、思考及政策建议

（一）思考

根据前文中"基于欧盟国家经验数据的纳税服务模式选择"的统计经验分析，我们发现，目前我国的纳税服务模式是与我国的经济发展阶段相适应的。但与此同时，随着我国经济体制改革和政治体制改革的持续推进，税务机关、纳税服务也将面临当前社会矛盾，即人民日益增长的美好生活需要和不平衡不充分的发展之间的矛盾，这一本质的考验。为了更积极地应对这一大国崛起之路上的考验，税务机关必须适时、及时地调整纳税服务模式，以确保税收治理体系的与时俱进。而其中，纳税服务模式的与时俱进，更是税务机关与纳税人关系链接的重中之重，是体现税务机关税收治理能力的关键。

根据前文的统计经验研究结果，我们对当前纳税服务体系进行了以下四点思考。

1. 纳税服务模式须适应税收制度及其所处的经济发展阶段

经济发展阶段，需要与之相适应的税收制度；与此同时，不同的税收制度，决定了需要有不同纳税服务模式。因此，纳税服务必须要与国家、社会的经济发展阶段相适应。

经济是税收的根本，也是源源不断的税源基础。只有把发展经济、服务经济作为税收工作的出发点和归宿，才能确保税收工作促进经济发展和税收增长。税务部门应当增强为纳税人服务的意识，认真落实各项纳税服务措施，提高服务水平，这样才能促进纳税人依法纳税，促进企业经济发展。

优化纳税服务为经济发展和税源增长提供有力保障，是转变政府职能的客观需要，是建设和谐税收关系的必然需要。税收作为重要的调控手段促进经济发展。税收对企业利益与发展已经成为一个十分重要的话题。通过优化纳税服务，帮助企业在投资、筹资、产品结构调整中积极用足税收的各项优惠政策有利于企业资本和资源的优化配置，促使产业、产品结构合理布局，有利企业进一步发展，国家税收也将同步增长。同时优化纳税服务，便于纳税人纳税节省时间和精力。

2. 纳税服务模式必须明确其服务主体与对象

纳税服务模式要服务于税收制度，而完整的税收制度包括税收立法、税收征管、税收司法三大环节。与此同时，税收制度的三大环节中所面对的纳税人主体也不尽相同。因此，为更有效地进行纳税服务，需根据税收制度三个环节进一步明确纳税服务的供求双方的权力与义务。

从欧盟国家的先进经验中我们发现，欧盟国家的税收制度彻底实现了立法、执法、司法权的三权分立。不同的税收制度环节对应明确的提供纳税服务的主体，不同环节中的纳税服务对象也有区别。仅以税收征管（执法）环节为例，欧盟国家的先进经验中，将财政部、税务机关、海关、民政机关等涉税业务的行政管理主体分列，明确不同部门的涉税政策相关的纳税服务权责与义务。这样降低了税务机关本身纳税服务的压力，同时也让纳税服务更加有针对性和政策权威性，能够高效地满足纳税人多样性的纳税服务需求。

3. 我国与欧盟国家纳税服务模式的本质不同却各有所长

纳税服务模式受限于税收制度和经济发展阶段，各国的纳税服务模式不尽相同，甚至是相去甚远。仅以我国及欧盟国家为例，两者的纳税服务模式的本质也是不尽相同的。欧盟国家纳税服务模式是在服从欧盟《财政蓝图》制约下的各国税制的差异化的产物。鉴于欧盟国家的政治体制基本一致、其文化历史背景差异不大，纳税服务模式以市场为主体，更多地尊重纳税人的自由意志。在此基础上，各国具体的纳税服务形式多样，税务行政机关在纳税服务中仅处于从属地位，纳税服务的信用管理制度、纳税人权益保障等方面发展更为充分和完善。

而我国作为一个政治权力更为统一和完整的国家，纳税服务是在国家税务总局领导和指引下发展起来的，具有很强的政府行政属性的公共服务。我国的纳税服务模式以政府为主导，在尊重纳税人权利的前提下，更注重确保国家各项税收政策落实到位。在此基础上，我国的税务行政机关为纳税服务的重要关键部门，在税法宣传、税收征管和税收信息化服务等方面发展更具有优势。

4. 我国需因地制宜地借鉴欧盟国家纳税服务经验

从前文经验数据的统计研究中可知，仅从我国近年来经济总体规模来判断，我国已经成为仅次于美国的全世界第二大经济体，这一经济发展总体规模提示我们今后纳税服务模式应选择纳税信用管理模式这一先进的纳税服务模式。然而，鉴于我国的人均 GDP 较低，区域间经济发展差别较大，各地区税收征管面临的问题也不尽相同，因此，因地制宜地推进纳税信用管理的纳税服务经验更适合我国的具体国情。

首先，纳税服务政策顶层设计上应以纳税信用管理制为目标，需要分别从国家法规政策基础支持和国家税收信息数据库建设两方面入手：一是国家法规政策基础支持。早在 2014 年，我国《中共中央关于全面推进依法治国若干重大问题的决定》中就提出："加强社会诚信建设，健全公民和组织守法信用记录，完善守法诚信褒奖机制和违法失信行为惩戒机制，使遵法守法成为全体人民共同追求和自觉行动。"此为纳税服务模式以建立纳税信用制度为改革目标的顶层设计的国家法规政策依据。而在践行建立纳税信用制度的纳税服务模式改革中，基层机关应植根于其萌发的法律土壤，科学地搭建出符合其目标的制度框架。二是建立完整的纳税信用管理数据平台。建议由国家统一协调，建立跨部门、高层次的纳税信用数据平台，将纳税人所有的消费、金融、投资等原来分散的信息实时传输到信息平台，为税务机关开展纳税信用的评价提供信息支撑。纳税信用等级评价结果经有关部门审核后，在政府网站进行公布并提供自助查询，同时还要建立不良信用记录数据库，包括黑名单、失信行为、失信程度等信息，并将相关信息推送到政府各部门。

其次，纳税服务模式改革在基层落实上不能"一刀切"。鉴于我国是一个发展中的大国，人均GDP较低，区域间经济发展差别较大，各地区税收征管面临的问题也不尽相同，因此，因地制宜地推进纳税信用管理的纳税服务经验更适合我国的具体国情。另外，鉴于同一地区不同企业的经营特点也不一样，纳税服务模式的改革要针对企业多样化经营特点，进行有针对的服务，不能简单地贴标签。

同时值得强调的是，即使是同一企业，其在不同的发展阶段所面临的税收政策信息也是不一样的，这更要求我们基层税务机关要动态地考察和考量纳税服务的质量，而不是简单地将对同一家企业的纳税服务标签化、固定化。

最后，因地制宜地做好纳税服务模式转型，谨慎借鉴发达国家经验。所谓一方水土，一方人。不同国家之间，国情相差迥异，民情风俗更是相去甚远。鉴于目前国际政治经济形势严峻，在纳税服务模式改革转型的进程中，我们更需要擦亮眼睛审慎借鉴他国经验。税务部门需要了解和掌握自己辖区的实际情况，并了解和熟知辖区内各类纳税人的纳税行为特点。税务部门能对辖区内的经济、社会信用情况有较好的掌握，以银行信托机构等信用信息作为支持纳税信用管理的辅助工具。在辖区内经济发展水平、纳税人信用程度符合特定发达国家指标的时候，审慎推动纳税服务模式向纳税信用管理制度转型。设立和建立相应的纳税服务模式改革制度风险评价指标和体系，做好相关的统计评估工作，预防制度改革中的系统性风险。

（二）借鉴欧盟国家纳税服务经验的建议

根据前文的制度比较可以看出，我国的纳税服务模式与欧盟国家相比具有优势，但也有可以进一步改善与提高的空间。以欧盟国家中的先进经验为例，可以借鉴其社会信用体系成熟发达、运转高效、税务代理行业监管规范有效以及社会公众对纳税服务机关监督有力、高效的社会税收征管效率水平等先进经验。

笔者认为，我国纳税服务主要依靠税务机关来实施，而代理机构（第三方市场）、社会公众（纳税义务人）在纳税服务中存在职能缺位。借鉴欧盟国家经验，为进一步完善我国纳税服务体系需在如下三个方面进行进一步的调整与完善。

1. 建立完善且统一的纳税人管理系统

要建立完善且统一的纳税人管理系统，需结合当前我国税务制度改革情况，考虑纳税服务体系面临现实问题，进行更长远的规划和设计。2018～2019 年为我国的税收制度改革年，期间发生了个税体系改革和社保入税改革。而纳税人在这样的制度调整中，往往因面临政策的不确定性，而生出种种疑虑。这更需要我们税务机关在今后一段时期内，做好纳税服务体系改革的调整，以更好地消除纳税人的疑虑，进一步提高和完善我们的纳税服务工作。前文则以新一轮税收改革为起点，对进一步完善我国纳税服务体系提出了短、中长期的路径规划。

（1）短期内，针对个税和社保入税改革完善纳税服务体系。

自 2019 年 1 月 1 日个税改革是我国个税征管从分类征收到综合征收改革的第一步。当前，税务机关面临最严峻的个税纳税服务问题就是汇算清缴工作。其中又有两方面是纳税人关注的重点，也是纳税服务发挥作用的重要战场：第一，纳税人个人所得申报工作得按时、准确地进行；第二，纳税人申请退税的及时退还。在新个税改革落地的过程中，涉及的纳税人个体情况千差万别，尤其是涉及专项附加扣除后需要考虑家庭及社会的因素非常多，需要涉及多个部门的管理水平持续加强及数据实时传递，因此，需要构建一个以地方税务机关为主体，地方财政局、教育局、社保局、房产局、公积金中心、街道办、代扣代缴单位等多级跨行业机关和单位分工配合实施的信息共享平台。整合信息、合并纳税信息管理平台、进一步推进"税银通"的数据共享，是短期内快速提升个税纳税人税收优惠政策获得的关键所在。

我国社保自 2019 年 1 月 1 日由税务机关负责征收，至今，改革已经试行近一年。目前的改革仅是将基本养老保险、基本医疗保险、失业保险、生育保险、工伤保险等各项社会保险均交由税务机关统一征收。但仍存在社保费管理与征收机构分离、社保费缴纳比率区域间差别较大、社保费缴纳违规风险高、社保追缴任务重等影响社保缴纳人获得感的关键问题尚未解决。

为提升纳税服务体系，社保入税之后的改革还应涉及三个方面：首先，整合社保管理机构，搭建统一的社保、涉税管理平台。管理机关的层面可考虑将现有社保局和税务局的相关部门进行整合，并联。在管理平台上借助金税三期的省局统一信息管理优势，合并社会保障缴费系统，将税收、社保费用真正意义上纳入税务机关管理。其次，在区域内（省级）逐步统一社会保障缴纳比率，保障区域内的公平。仅以广东省为例，目前省内珠三角九市已经完全实现了社会保障费用跨地市使用。税务机关可以在这一基础上，逐步统一社保费缴纳比率。并以此为基础，逐步推广辐射至全省，以建立省内统一社保费率缴纳的公平机制。最后，在构建社保统一管理体系和实现区域内公平的基础上，推进社会保障线上、资金管理平台和税务管理系统的直接对接，实现税务局对社保费用风险的管控。

（2）中长期内，整合涉税、商业信用数据，打造"涉税云"平台。

在"互联网＋"背景下，各级税务机关应积极探索如何将政务信息化过程中积累的海量数据和商业数据充分结合，深度挖掘云端数据的政用、民用和商用价值，为群众提供更便捷的智能服务，优化提升行政效率和质量。

涉税数据与商业信用管理数据有三大共同点，都具有真实、连续、及时的三大特性。并联商业信用数据，构建涉税信用云，将促使税务机关多维度多层次地对税务数据进行清洗、加工、分类等，能够强化已有税务大数据的优势，甚至能够为建设覆盖全面的社会信用体系提供云信息公开、涉税信用画像、金融信用服务、政府涉税服务、涉税数据监控等全方位的功能服务。旨在联通税、企、政、银四方共享数据，共同打造为纳税人普惠便利的税务信用服务平台，让纳税人凭借税务信用申请贷款，让信用贷款更便捷，同时为税务部门、金融机构、政府部门提供科学化决策参考。中长期内搭建"涉税云"服务平台的设想优势如下：

在税务管理与服务方面，"涉税云"帮助打造智慧税务管理的最强大脑，提供公开查询 A 级纳税人和重大违法案件的公示信息的通道，帮助各级政府部门、金融机构、纳税人查询企业的税务情况，提高服务效率。

在面临涉税风险前置的税务征管难题中，"涉税云"可以通过并联的商业信用管理数据，建立智能风控系统，对接多个商业信用数据源，共同建设"涉税风险"等信用产品风控模型，及时对企业涉税风险评级作出反馈。

在解决中小企业贷款难的问题中，"涉税云"平台可以为中小企业免费提供纳税信用级别结果查询、线上预授信服务。将中小企业纳税信用资源变成"无形资产"，使税务信用变成授信贷款，破解中小企业融资难题。

在为政府服务方面，"涉税云"还可以通过整合企业的税收经济数据，向政府各职能部门和政策机关提供多维度、多角度的数据，实现涉税信息、经济数据共享，社会行政管理共治，为各级政府在实施招商引资、产业扶持、项目规划等方面提供数据支撑。

2. 推进我国税收信用管理的建议

欧盟国家先进的纳税服务经验是以其成熟的社会信用管理体制为基础的。在欧盟国家中，税收信用是重要的社会信用评价指标，仅以法国、德国等

OECD 国家为例，纳税人的涉税信用将会直接影响到纳税人在享受社会服务、金融贷款、教育住房、就业等生活工作的方方面面。结合我国现有国情，健全和完善我国的纳税信用管理体制的建议如下：

（1）提高税收信用数据质量，确保信用管理成效。

需要税务机关提升涉税数据质量。欧盟涉税信用管理的基础有两个：涉税风险统计模型和集成、海量的涉税大数据。而当前我国税收信用管理系统尚未实现完全的集成。仅以税收征管系统为例，集成税务机关面临的税收管理模块、系统繁多。整合涉税数据，提高数据质量，保证数据、确保历史数据积累的连续性和全面性是目前我国税收信用管理面临的两个重大挑战。因此，税务系统应加强数据治理、提升涉税数据质量，为税收信用管理工作奠定良好数据基础。

（2）利用风控模型，提高涉税信用的量化管理技术。

目前欧盟税收信用管理机构一般拥有内部和第三方两套专业涉税信用评价团队，针对不同客户类型研发各类评级评分模型。我国税务机关可以借鉴欧盟的经验，利用国内商业银行较为成熟的信用量化模型和指标，提升量化管理技术在税收信用管理工作中的运用。这样做的好处有三：一是借鉴国内商业信用评级降低了调试成本。国内商业银行信用评价模型从国外引入至今已经运行了30年，有更多的针对我国国情和市场经济特点的调整和变通，借鉴国内商业银行的信用模型，避免了试用国外税务信用评级模型初期导致国情、制度不适导致的调试成本和制度摩擦成本。二是能促使"税银"信息互通共享；"金税三期"已为税务机关借鉴商业银行信用模型和数据互通共享搭建了较好的前期平台，在此基础上可以加速平台数据的互通共享。三是能更好地促进税务信用评级的商业化，将纳税信用评级与商业信用并联，最终推动整个社会征信体系的完善。

（3）明确税收信用评级的法律地位。

目前我国税收信用评级工作依据的都是规范性文件，效力较低，难以真正起到威慑和警示作用。因此，建议从如下两个方面进行完善：一是提升税收信用管理法制化等级。全面总结这几年开展税收风险管理和纳税信用评价工作发现的问题和取得的宝贵经验，把管理办法上升到更高层面，如国务院行政法规，让税务信用评级制度更加规范、更加权威、更有约束力。二是确保评价流程和结果公开公正。税务总局现有文件中关于纳税信用评价的流程规定不够细化，纳税信用评价流程和结果并不完全对纳税人公开，为了保障税收信用的合法性,提高其在社会征信系统中的参考价值,下一步改革应确保纳税信用评价流程和结果公开公正。

3. 推动纳税服务社会协作和纳税人权益保护的建议

以欧盟国家纳税人协会的经验,以纳税人服务为中心,构建针对纳税人权益保障的纳税人协会主要有两方面:一是外部环境打造,需发挥我国税务机关主导改革优势,协助纳税人建立纳税人协会;二是内部优势培养,需发挥纳税人和纳税人协会的自主能动性,营造更好的纳税服务环境。

(1)发挥税务机关管理优势,支持纳税人协会发展。

当前,我国纳税人协会发展不足,维权能力弱。因此,税务机关应该加快转变服务方式,通过扩大对纳税人协会的委托授权,加大纳税宣传力度,构建多样服务平台等方式优化纳税服务,为纳税人维权活动提供有力支持。

首先,要扩大纳税人协会职能权限。税务机关需要转变思路,确立协作共赢的理念,从管理型政府切换到服务型政府模式,充分发挥纳税人协会的民间性、自治性、中立性,帮助协会更好履行自身职能。通过职责明确划分税务机关和纳税人协会共同承担税收风险、共享管理成果,共同应对日益复杂的征管环境。

其次,税务机关应秉持"授权是优化管理模式的最佳路径"这一理念,重新定位自身在社会管理中扮演的角色和承担的职能,将一些有着自治、服务、代表属性的事务交由纳税人协会为之处理,为协会的健康发展提供肥沃的土壤和有力的制度保障,充分发挥协会传递税务信息、整合纳税人利益需求、表达纳税人意志、支持纳税人维权、组织协调征纳关系等职能。

最后,在合理授权的前提下,税务机关还应该对纳税人协会工作情况进行适时监督,主要有以下方面:协会的管理工作是否实现了税务机关授权的目的;协会的维权行为和权利行使是否合法、合理;对协会的社会管理的执行力和合法性定期审查,对于违法行为及时查处,确保协会大力发挥自身优势在法律允许范围内规范运转。同时,明确协会的角色定位,帮助规划发展路径和创新工作机制,搭建日常交流平台,确保信息共享,对于税收征管中的难题及时沟通和讨论,切实提高纳税人协会的服务能力和服务质量。

(2)发挥纳税人协会自身能动性,加强其自身发展。

首先,建立完善的纳税人协会组织管理体系。立足我国国情,短时间建立全国性纳税人协会组织难以实现。但可以先行试点,逐步推广,可以先选择经济发达、治安良好、法制观念较强的地区(如广东省珠三角地区)进行实践，然后在全国范围内推广，先建立地区、省级总会，最终在全国范围内建立多层次、高效率、有组织的纳税人协会管理体系。总会对各地分会起到统领规范的作用，对纳税人协会中普遍性、原则性的事务进行规定，如各地纳税人协会的职能范围、服务方式、工作机制等；各地纳税人协会则在全国总会的指导和统领下并结合当地税收征管工作的实际需要，对协会内部的管理方式和运行制度进行完善和创新，以保证各地纳税人协会职能的实现，为纳税人提供优质的纳税服务。

其次，对于各个纳税人协会的内部组织机构可以借鉴我国法人组织的管理形式，以会员大会—理事会—监事会为主要架构，并内设秘书处和专门办公室作为内设机构，各个部门互相配合，互相合作，从而保证各地纳税人协会更好地履行职能。

此外，在纳税人总会和各地纳税人协会中，可以根据实际情况选择设立相关专门机构，主要有以下三种：一是税收法规咨询办公室，向纳税人传达国家法律和政策的变动信息，如税种的开征、税率的调整、相关政策的出台和失效，使纳税人第一时间了解税收法规政策的最新动态，及时对生产经营活动进行调整，避免不必要的损失，保持国民经济的平稳运行；二是税收改革咨询办公室，主要职能是将纳税人对税制改革的相关意见进行筛选和汇总，传达给政府部门，并站在纳税人立场上向政府和税务部门了解国家财政税收具体运行状况；三是争议处理办公室，对纳税人相关涉税纠纷的处理提供法律援助，切实保障纳税人的自身利益。

参考文献

[1] 蓝春艳. 构建我国新型纳税服务体系的思考 [J]. 纳税, 2019, 13 (3): 35.

[2] 樊勇, 席晓宇, 赵玉亭. 增值税纳税遵从管理: 一个分析框架与实证检验 [J]. 税务研究, 2018 (9): 96-102.

[3] 黄晓珊.《欧盟中小企业税收优惠政策情况》借鉴意义浅析 [J]. 国际税收, 2018 (10): 26-31.

[4] 刘慧平. 完善我国税收风险管理与纳税信用管理 [J]. 湖南税务高等专科学校学报, 2019, 32 (3): 37-43.

[5] 刘群. 优化纳税服务的国际借鉴研究 [J]. 天津经济, 2013 (11):

54-57.

[6] 夏添恩,刘晓玉. 中国—欧盟创新合作关系:从零和到全球网络 [J]. 国外社会科学,2018(4):159-160.

[7] 张沙沙. 地税系统纳税服务问题及对策研究 [D]. 河北师范大学,2017.

[8] 崔静. 推进纳税服务外包工作可行性分析 [J]. 税务研究,2019(1):126-129.

[9] 贾昌峰. 发达国家增值税制度、特点及对我国的启示 [J]. 会计之友,2018(1):62-66.

[10] 巴海鹰,谭伟,王彤彤. 增值税征管与收入的国际比较:以法国、德国等九国为例 [J]. 税务研究,2019(2):34-38.

[11] 王燕萍. 国地税机构改革后优化纳税服务工作的思考 [J]. 纳税,2019,13(4):41.

[12] 国家税务总局湖北省税务局课题组,胡立升,庞凤喜等. 世界银行营商环境报告纳税指标及我国得分情况分析 [J]. 税务研究,2019(1):82-87.

[13] 束维维. 欧盟税收协调法律制度研究 [D]. 安徽大学,2012.

[14] 包健. 境外纳税信用体系借鉴 [J]. 前沿,2012(9):83-84.

[15] 刘燕明. 增值税历史沿革及中国与欧盟比较——兼论中国与欧盟增值税差异 [J]. 税收经济研究,2017,22(5):69-77.

[16] 黄丛. 欧盟增值税共同制度新进展及思考 [J]. 经济研究参考,2017(29):33-37.

[17] 姚峰. 纳税信用管理研究 [D]. 西北农林科技大学,2018.

[18] 聂慧敏,方敏. 欧盟税收改革措施综述及对我国的启示 [J]. 区域金融研究,2018(8):66-70.

[19] 吴珏. 欧盟税收协调法律制度研究 [D]. 湖南师范大学,2012.

[20] 查立艳. 信息化背景下纳税服务的优化策略研究 [J]. 现代经济信息,2019(9):288.

[21] 任乐. 服务型政府导向下的包头市地税局纳税服务绩效评价研究 [J]. 价值工程,2019,38(8):47-50.

[22] 国家税务总局"区域经济一体化与税收协调"课题组. 欧盟税收协调的经验教训 [J]. 经济研究参考,2006(45):26-35.

[23] 王曦,朱洁瑜. 汇率制度选择的国际经验与中国应用 [J]. 世界经

济，2008（12）：50-63.

[24] 马小平. 管窥国外税收信用体系建设研究 [J]. 价值工程，2015，34（20）：9-11.

[25] 孙培山. 德国现行税制、税务机构、税务咨询和纳税人协会 [J]. 中国税务，1996（8）：61-62.

[26] 张肃. 京津冀协同发展背景下的区域纳税信用体系构建研究 [J]. 中国市场，2017（8）：25-28.

[27] 罗翔丹. 经济数字化的欧盟税收规则：方案设计与政策评析 [J]. 国际税收，2018（1）：37-44.

[28] 王彦莹. 权利保护视野下我国纳税人协会法律问题研究 [D]. 华东政法大学，2018.

[29] 左大成. 纳税信用等级评定中的问题及改进建议 [J]. 税收征纳，2018（8）：16-17.

[30] 湛雨潇. 欧盟税改与国际税收发展新出路——针对互联网巨头跨国避税问题的分析 [J]. 公共财政研究，2018（2）：6-17.

[31] 翁武耀. 欧盟税制概况 [J]. 重庆工商大学学报（社会科学版），2010，27（1）：62-71.

[32] 张育玮. 基于纳税人需求的基层纳税服务优化研究 [D]. 山西师范大学，2017.

[33] 余鹏峰. 数字经济背景下电子书增值税三题——基于欧盟与中国的比较 [J]. 科技与出版，2018（5）：74-78.

[34] 刘文龙，唐金萍. 新时期我国纳税遵从度提升研究 [J]. 牡丹江大学学报，2019，28（6）：12-14.

[35] 赵芸淇，王丽君，张新. 能否比肩发达范本 [J]. 国际税收，2014（10）：41-45.

[36] 孙培山. 德国现行税制：税务机构、税务咨询和纳税人协会 [J]. 中国税务，1996（8）：61-62.

[37] 郑德群. 论欧盟税收措施公平竞争审查中的选择性标准及其对我国的借鉴意义 [J]. 邵阳学院学报：社会科学版，2019，18（3）：56-61.

图书在版编目（CIP）数据

新时代纳税服务理论与实践研究/庞磊，潘启平主编.
—北京：经济科学出版社，2020.7
ISBN 978-7-5218-1755-3

Ⅰ.①新… Ⅱ.①庞…②潘… Ⅲ.①纳税-税收管理-研究-中国 Ⅳ.①F812.4123

中国版本图书馆 CIP 数据核字（2020）第 137904 号

责任编辑：齐伟娜　赵　芳
责任校对：杨　海
责任印制：李　鹏　范　艳

新时代纳税服务理论与实践研究
庞　磊　潘启平　主编
经济科学出版社出版、发行　新华书店经销
社址：北京市海淀区阜成路甲 28 号　邮编：100142
总编部电话：010-88191217　发行部电话：010-88191540
网址：www.esp.com.cn
电子邮箱：esp@esp.com.cn
天猫网店：经济科学出版社旗舰店
网址：http://jjkxcbs.tmall.com
北京季蜂印刷有限公司印装
710×1000　16 开　17.75 印张　300000 字
2020 年 8 月第 1 版　2020 年 8 月第 1 次印刷
ISBN 978-7-5218-1755-3　定价：72.00 元
(图书出现印装问题，本社负责调换。电话：010-88191502)
(版权所有　翻印必究　举报电话：010-88191586
电子邮箱：dbts@esp.com.cn)